異文化経営の世界
その理論と実践

馬越恵美子・桑名義晴【編著】
異文化経営学会【著】

Transcultural Management
Theories and Case Studies

Emiko Magoshi, Yoshiharu Kuwana
Transcultural Management Society

東京 白桃書房 神田

はしがき

　21世紀のグローバル化する世界において，企業の国際展開はますます活発化してきている。企業の国際展開は今から約半世紀前にアメリカ企業で本格化したが，その後ヨーロッパ企業や日本企業も国際化し，さらに韓国，台湾などのアジアNIEs企業も追随し，最近では中国，インド，ブラジルなどの新興国の企業の国際展開も盛んになってきている。この結果，近年では企業間のグローバル競争が一層熾烈化し，新たなビジネス・モデルや競争優位の構築が，どの企業にとっても大きな経営課題になっている。

　企業が国際化し，国際経営を展開するようになれば，当然異なる文化を持った人々と接することになる。言語，価値観，習慣，思考・行動様式など，文化の異なる人々とビジネスや経営活動を行わなければならなくなるのである。特に，グローバル企業のような世界規模で経営を展開している場合には，一組織内でも異なる言語，民族，国籍を有する人々が協働しているし，また国際マーケティング，国際提携，M&Aなどの活動を通して，そのような多様な文化的背景を持った人々とビジネス交渉する機会も日常茶飯事に生じてきている。こうして，いまや企業にとっては，異文化理解や異文化経営は不可欠の課題になっていると同時に，その研究も国際ビジネスや国際経営の分野では極めて重要なポジションを占めるようになってきている。

　もちろん，このような異文化理解や異文化経営の重要性に対する認識は，古くからあったわけではなく，比較的最近のことである。異文化問題は，かつて企業にとってはやっかいで難しいもので，どちらかと言えば避けて通りたい問題であった。このため，その問題に関する研究も，人類学，とりわけ文化人類学などの領域に属するものと考えられ，経営学の分野では長らく等閑視されてきた。しかし企業が国際展開し，その海外派遣社員やマネジャー

たちが異国の地で，異質の文化に接し，自分たちの価値観や思考様式ではどうしても解決できない問題に直面したり，失敗を経験するにつれて，その研究の必要性がビジネス界と学界の双方で認識されるようになった。加えて，最近では異質な文化や多様な文化を理解するレベルに留まらず，むしろそれを超えて文化的多様性を組織に積極的に取り入れる企業が増えている。言い換えれば，昨今のスピーディに，かつダイナミックに変化するグローバル時代では，文化的に多様な企業こそが競争力を持つ，と考える企業が増えてきているのである。最近，日本でも異文化経営やダイバーシティ・マネジメントが大きな関心を集めているのは，それを如実に物語るものである。

本書は，このような最近の異文化経営に対する関心の高まりという現状に鑑み，それにかかわる重要な諸課題について，理論と実践の両面からアプローチし，日本企業に対して何らかのインプリケーションを提示してみたい，という意図から企画されたものである。それゆえ，本書では理論，地域，企業の3つの次元から異文化経営に関する多くの焦眉の課題が取り上げられている。

さて，本書は2部15章から構成されている。1部は理論編で8つの章（第1章から第8章）から，また第2部は実践編で7つの章（第9章から第15章）から成っている。

第1部は，異文化経営にかかわる多様で重要な課題を取り上げ議論を展開している。まず，異文化経営の研究の重要性とその社会的使命について，代表的な理論を紹介・概説しながら，現代的・実務的視点から検討している（第1章），次に，国際経営の革新には異文化経営の展開が不可欠であるとの観点に立ち，その両者にかかわる基本的な課題について論述している（第2章）。続いて異文化経営（マネジメント）研究のパースペクティブ（第3章），および近年関心の高い知識創造と文化的多様性のマネジメントとの関係やそれらにかかわる諸問題を考察する（第4章）。また，国際経営には文化の重要性の認識が必要であるとはいえ，今後は文化を超えた経営（超文化経営）

が重要になる，という刺激的な議論を展開している（第5章）。さらに，1990年代以降に欧米企業で導入されたグローバル・リーダーシップ・コンピテンシーの研究の変遷とその実証研究の展開（第6章），日本企業の調査結果に基づいた，アジアにおけるグローバル人材マネジメント上の諸問題について分析を試みている（第7章）。そして最後に，21世紀のフラット化する世界や知識経済の中で，企業の競争優位の維持のための基本軸である文化の創造的役割について，ユニークな視点から論述し，今後デザイン・マネジメントが重要になると主張する（第8章）。

　第2部は，日本企業の異文化経営に関する事例，異文化面で興味深い地域や国であるイスラーム経営の特徴，およびオランダにおけるビジネス事情について紹介・解説している。まず，近年多くの日本企業でも導入され始められたダイバーシティ・マネジメントについて，特にその特質を中心にして，イトーヨーカ堂と第一生命保険相互会社の事例から考察している（第9章）。次に，パナソニックグループのダイバーシティ・マネジメントの取り組み状況について概説している（第10章）。また，世界の化粧品文化と資生堂のグローバル・ビジネス展開（第11章），中国地方の中堅企業・萩原工業の海外事業展開とインドネシアでの異文化経営の経験を紹介し（第12章），さらに視点を変えて，三菱商事の子会社であるグローバル・ヒューマン・ネットワーク社におけるグローバル人材開発の方法に関する興味深い事例をも取り上げている（第13章）。そしてまた，イスラームにおける関係重視型経営（第14章），および古くからコスモポリタン的国民性を有するオランダの特質やビジネス事情を広範な視点から紹介している（第15章）。

　以上のように，本書は異文化経営に関する重要課題について，理論，地域，企業という3つの次元からアプローチした，この分野では類書の少ない研究書である。その意味でも，本書は研究者や学生のみならず，ビジネス・パーソンにとっても貴重で有用であるとともに，日本企業に対しても少なからず有益なインプリケーションを与える書物と言えよう。

なお，本書は2003年に創設された「異文化経営学会」の創設5周年を記念して企画されたものである。それゆえ，本書の執筆陣は同学会の主要メンバーで，かつ日本における異文化経営の代表的な研究者や同学会の定例研究会で講演されたり，研究発表された方々から編成されている。それぞれ勤務先では要職に就いておられ，超多忙にもかかわらず，ご寄稿いただいた執筆者の方々に対し，衷心より御礼申し上げる次第である。

　世界が急速にグローバル化し，ますます混迷する時代にあって，広く多様な個性を生かし，異なる価値観や思考・行動様式を受け入れ，それをエネルギーの源泉として活かすことこそが，より良い企業や社会の創造につながるとの信念を込めて，ここに「異文化経営学会5周年記念出版の書」を上梓するものである。

　最後に，昨今の厳しい出版事情にもかかわらず，本書の企画に賛同され，公刊をお引き受けくださった白桃書房の大矢栄一郎社長，および編集部の河井宏幸氏に深甚なる謝意を表する次第である。

　2010年　新春

馬越恵美子
桑名　義晴

目　次

はしがき

第Ⅰ部　理論編

第1章　異文化経営とその社会的使命……………………………………… 3
第2章　国際経営の革新と異文化経営……………………………………… 21
第3章　異文化マネジメント研究のパースペクティブ…………………… 45
第4章　知識創造と文化的多様性のマネジメント………………………… 65
第5章　異文化経営から超文化経営への展開……………………………… 94
第6章　グローバル・リーダーシップ・コンピテンシー研究の展開…… 119
第7章　アジアにおけるグローバル人材マネジメント上の諸課題……… 136
第8章　フラット化する世界と異文化経営………………………………… 157

第Ⅱ部　実践編

第9章　ダイバーシティ・マネジメントの特質
　　　　　―イトーヨーカドーと第一生命保険相互会社―……………… 172
第10章　パナソニックグループのダイバーシティ・マネジメント……… 202
第11章　世界各地域の化粧品文化と資生堂のグローバル・ビジネス…… 220
第12章　異文化経営における企業文化力の重要性
　　　　　―萩原工業の事例―…………………………………………… 234

第13章　日本発のグローバル人材開発の方法論への道程
　　　　　──グローバル・ヒューマン・ネットワーク社の事例から──… 251
第14章　イスラームにおける関係重視型経営……………………………… 269
第15章　コスモポリタンのビジネス
　　　　　──異文化経営の国オランダに学ぶ──……………………… 287

あとがき

索　引

I

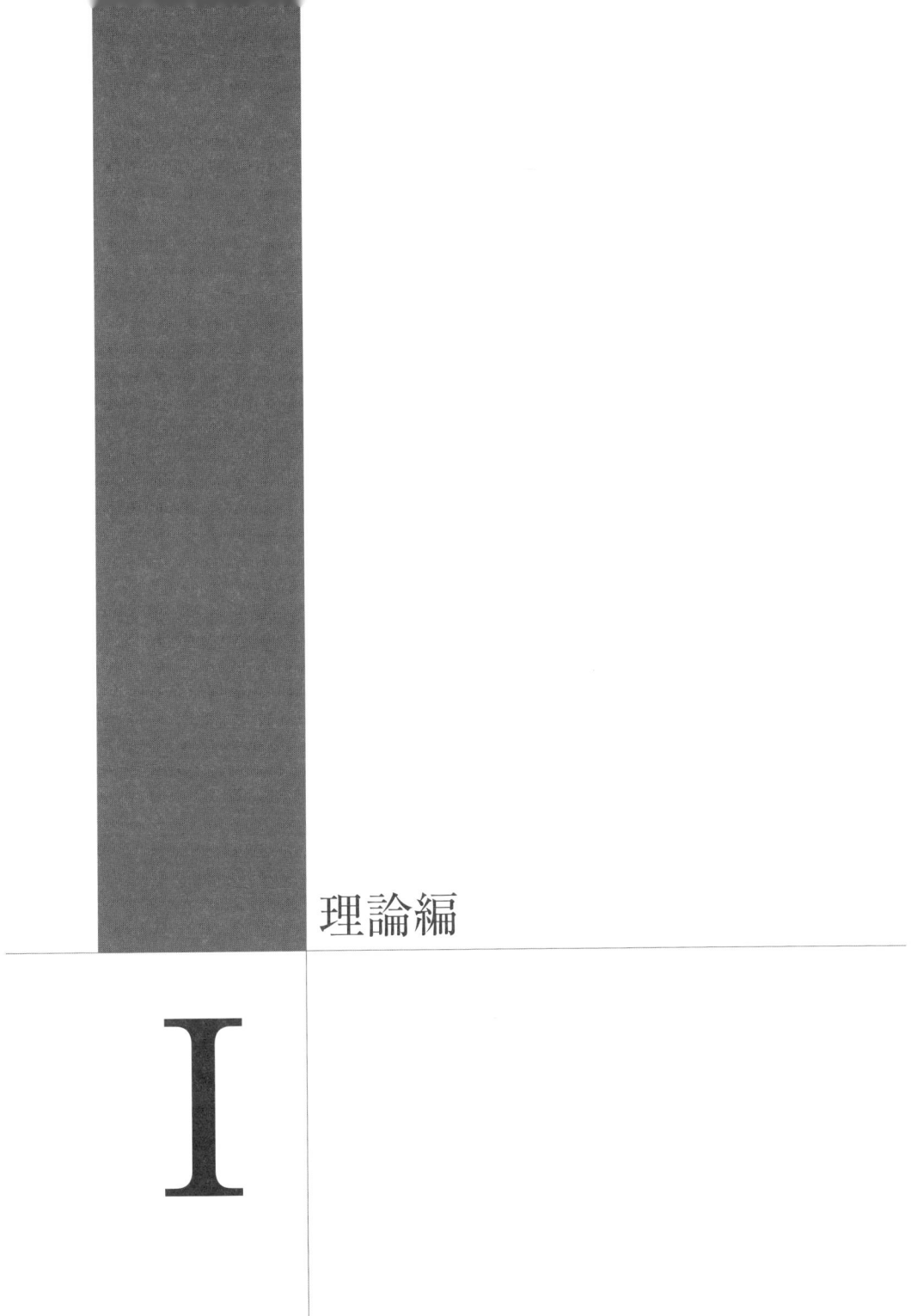

理論編

第1章
異文化経営とその社会的使命

1 はじめに

　経営がグローバル化する今日では，異なる文化的背景を持つ人々と外部で取引することのみならず，同じ組織内で共に仕事をする機会が増えつつあり，ビジネスにおける異文化との遭遇が日常的になってきている。このような環境にあって，日本企業をはじめ，世界の企業はどのような方向に進もうとしているのだろうか。本章では，まず本書の出版の基となった異文化経営学会を紹介し，次に異文化経営の古典的かつ代表的な理論を説明し，さらに異文化経営の新たな展開と現代的かつ実務的意義を叙述し，異文化経営とその社会的使命を解説する。

2 社会的発信の場，知の修練の場としての「異文化経営学会」

　初めに，異文化経営の知を集結し，社会に発信する試みとして設立された「異文化経営学会」を紹介しよう。
　異文化経営は「多民族，多国籍，多言語，多文化の人々が構成する企業を経営しビジネスを行うこと」と定義される。ここで言う「文化」には明示的な文化のみならず，「人の価値観」という深層も含まれる。「文化」を「慣れ親しんだ価値観」あるいは「共有するコンテキスト」と定義すると，人の一

生は，まさに異文化との出会い，対峙，その受け入れなど，異文化との係わり合いに終始するといっても過言ではあるまい。このように「文化」は，現実にビジネスを行ったり研究を遂行したりする場合のみならず，人が生きる上で極めて重要な意味を持つと考えられる。異文化を認め合う「多様性の社会」が求められている現代にこそ，異文化経営学会という"場"が存在する意義があり，その社会的使命は今日の日本，そして世界においてますます深まってきていると思われる。

　2003年3月に設立された異文化経営学会は，「研究と実務の幅広い連携を通じて，異文化経営の研究に寄与し，社会の発展に貢献することを目的とする」（会則第2条）。本学会の具体的な活動は，以下の3つに整理される。第1は，経済・経営のグローバル化とともに，異文化の問題を組み込んだ経営の理論的・実証的な研究を行うこと。第2は，異文化経営に関する日本企業の豊富な事例や異文化の最前線で活躍する日本人ビジネスマンの様々な経験を，研究者や実務家の間で共有すること。第3は，これまでの実務的な経験知を，異文化経営の観点から系統的に研究し発信すること，つまり経験知を形式知に転換することを目的とした組織を運営すること，である。本学会では，欧米中心主義にとらわれることなく，日本やアジアを含む全世界的視点で研究すること，そして国籍，ジェンダー，年齢等の属性を超えた学会として，権威主義を排除し，多様性のシナジー効果を生み出すことを大切にしている。文化については，これを広義に捉え，国，地域，企業，組織，個人等の様々な視点を尊重しながらマネジメントとの関連で把握している。さらに，海外の論説を一方的に取り入れる受身の姿勢ではなく，積極的に外に向けて意見を発表する日本発信型かつ双方向型のコミュニケーションを図り，日本およびグローバル社会に向けての政策提言をも視野に入れて活動している。ちなみに当学会の英文名称は，Transcultural Management Society（TMS）である。Transcultural は文化を超えるという意味であり，様々な文化を認めつつ，それを超えた経営ができるのではないかという視点に基づいている。

　異文化経営学会（設立当時の名称は異文化経営研究会）の誕生から今日ま

での世の中の動きは極めて大きいものがある。当初は，「文化と経営との関係」というテーマに対して一般の理解がなかなか得られなかったが，近頃では，異なる価値観の人々をどのように活用するかという異文化経営が日本企業においても徐々に取り入れられるようになってきている。ちなみにグーグルで「異文化経営」を検索すると，28万件以上ヒットする。

　異文化経営と同様の視点を持つものにダイバーシティ・マネジメントがある。異文化経営がもともと国の文化の違いによるビジネス慣習の違いに焦点を当ててきたのに対して，ダイバーシティ・マネジメントは社内の様々な属性のグループの活用を主眼としているというように，出発点の違いはある。しかし，様々な価値観の人々，あらゆる属性の人々を活用するという究極の目的においては，両者の収斂が見られる。この理由で，異文化経営とダイバーシティ・マネジメントは，お互いから学べる点が多数あると期待される。かつては，異文化経営もダイバーシティ・マネジメントも欧米のような多民族の国の課題であって，日本のような均質な国には関係がないと考えられていた。しかし最近では，多様性を活用しきれていない日本の企業や社会にとって重要度の高い課題であるとの認識が次第に高まっている。今後の日本は，内向きに傾くのではなく，もっと外に開かれた存在となるように，様々な能力を持つ国際競争力のある人財を育むことができる"出る杭を活かす社会"になっていく必要があろう。そして，その"出る杭"は，いたずらに自己主張をするのではなく，自立と自律ができて，他を思いやり，責任感のある杭でなくてはならない。

　異文化経営では，上述のように，文化を表面的ではなく，「人々の価値観を含む様々な属性」と広義に定義している。異なる価値観の人々がその能力を最大限活かし，世に貢献するとともに，自らも豊かな人生を送ることができるよう，一人ひとりが広い世界観と深い思いやりを持つことができるよう，学会という場において，ともに研鑽を積み，切磋琢磨して，知恵の眼を開いて，知見を積み重ねていきたい。こうした人々の小さな営み，小さな気づきが積もり重なっていくとき，世界の平和という形が見えてくるのではないだ

ろうか。より良い世界の実現の一翼を担い，低迷する世の中の一筋の光になるという願いが，この学会には込められている。

3　異文化経営論の代表的な理論

　次に，異文化経営論の代表的な理論を２つ紹介する。

3-1　異文化経営論の古典的理論：ホフスティード・モデル

　ホフスティード（Hofstede, G.）は経営と文化という問題に着目し，独自の理論モデルを開発し，定量的に分析した。ホフスティードは，異文化経営論における先駆的かつ代表的研究者であり，それ以降の経営学，経済学，社会学等の研究において文化的要素が関与する場合には，その大多数にホフスティードのモデルが用いられている。ホフスティードは人の集団としての国の文化には安定したパターンが見られるという考えの基に，各国の経営における文化の影響を比較分析している。

　ホフスティードの研究の発端はHERMESサーベイと呼ばれる調査にある。これは，当時HERMES社と仮に名付けられ，後にIBMであることが明らかにされた多国籍企業を対象に，世界40カ国の現地法人の社員に対して，1968年と1972年の２度にわたって行われた調査であり，合計116,000人から調査票に対する回答を得ている。この膨大なデータの分析を1973年から1978年にかけて行った結果をまとめたのが，1980年にホフスティードが上梓した*Culture's Consequences*である。[1]

　本書には，調査票の回答について統計分析を行った結果得られた４つの次元が示されている。４つの次元とは，「権力格差」「不確実性の回避」「個人主義／集団主義」「男性度／女性度」である。この４つの次元のそれぞれについて，40カ国のスコアを出して各国の比較を行っている。このモデルは画期的なものであったが，本書の編み方は専門的で一般的に理解し難かった。またこのモデルは各国の比較ではなく，IBMの社員の価値観を記したものであるとの誤解も受けた。この反省を生かして，その10年後に，ホフスティードは新たな著作*Cultures and Organizations*を世に出し，５つの次元

からなるモデルを提唱して，その名を不動のものにしたのである。[2)]

新しい5つの次元からなるモデルでは，調査対象の国の数は，前回の40カ国に対して10カ国と3地域を加えて合計で53となった。また新たに5番目の次元として，「長期志向／短期志向」を創出している。この新たな次元は，長年極東に住むカナダ人のボンド（Bond, M.）が，中国人の思考に基づいて作成した調査票による調査結果を分析した結果，得られたものである。

【権力格差指標】（PDI: power distance index）

PDIは，組織の権力構造の下位に属する構成員が権力の分布が不平等であることを受容する程度を示すものである。PDIはラテン諸国とアジアとアフリカで高く，アメリカ，イギリス，ヨーロッパ諸国（ラテン諸国を除く）で低くなっている。

【個人主義指標】（IDV: individualism index）

ホフスティードによれば，個人主義とは個人間のつながりが弱い社会のことで，自分のことは自分でするという考えである。集団主義はその反対であり，人は生まれたときから強力で団結した集団に組み込まれ，忠誠を誓う代わりに一生を通じて保護されるような社会である。調査の結果では，欧米ではIDVの値が高く，中南米は低くなっている。

【男性度指標】（MAS: masculinity index）

仕事の目標に関する質問を設け，それぞれがどの程度，仕事において重要かを尋ねている。男性度が最も高いのは日本であり，その他，オーストリアやイタリアやスイスといった欧州大陸の国も高い値を示している。反対にデンマーク，オランダ，ノルウェー，スウェーデン等の北欧諸国は女性度が高くなっている。

【不確実性回避指標】（UAI: uncertainty avoidance index）

ホフスティードは，UAIを確実でない未知の状況に対して恐れを抱く度合い，と定義している。この次元では，ラテンアメリカとラテン系のヨーロッパ，地中海沿岸諸国，さらに日本と韓国において，高い値が得られている。

【長期志向指標】(LTO: long-term orientation index)

　LTO は，新たに加えた指標で，「儒教ダイナミズム」とも呼ばれている。LTO の値が高いのは，中国，香港，台湾，日本，韓国などの東アジアの国である。これらの国々は近年急速に経済成長を遂げており，ホフスティードは儒教的な価値観と経済成長との間に相関性を見出している。

　ホフスティードの研究結果は大きな反響を呼び，高い評価を得ているが，調査の対象が一業種で一社に限られていることや5つの次元のうち，権力格差と男性度には重複が見られることなど，問題点もある。さらに，分析の基となるデータが主に1970年代と1980年代に集められていることから，その後30年以上が経過した現在，急速に経営のグローバル化が進展する企業経営を正しく反映するものかどうかは，疑問の残るところである。今後はホフスティードが用いたような国の文化を分析単位としたアプローチではなく，国の文化を超えた新たな分析モデルが求められるであろう。

3-2　経営コンサルタントの視点による異文化経営論：トランペナーズ・モデル

　トランペナーズ（Trompenaars, F.）の研究は，1979年に開始したロイヤル・ダッチ・シェル・グループの5社と衣料メーカー5社を対象にした調査票による調査が発端となっている。その後，15年にわたる経営に対する文化の影響に関する研究の成果をまとめたのが，*Riding the Waves of Culture*（1993）である。この中でトランペナーズは，30社の協力を得て，世界50カ国で行った調査の結果を発表している。この調査は，これらの企業が事業を行っているそれぞれの国において，同様の学歴と職務を持った100人以上の社員を対象にしており，合計15,000人から回答を得ている。[3]

　この調査では，特定の状況下においてどの方法で問題を解決するかは，文化によって異なることに着目している。この場合，人との関係，時間との関係，環境との関係という3つの視点から分析を試みている。人との関係においては，「普遍主義／個別主義」「個人主義／集団主義」「中立的／感情的」「特定的／拡散的」「業績／属性」という5つの次元があり，さらに「時間と

の関係」と「環境との関係」を加えて，7つの次元を軸に各国の比較分析を行っている。

さらに，*Riding the Waves of Culture*, 2nd ed. (1998) では，回答者数を前著の2倍である30,000人に増やし，国内の民族の多様性について詳述し，ジェンダーや年齢や組織構造の文化に対する影響についても付言している。ただし，分析枠組みについては，前著と同様である。この分析のベースとなった7つの次元がトランペナーズ・モデルの根幹を成すパラメータである。次にそれぞれを詳しく検討する。[4]

【普遍主義／個別主義】(universalism vs. particularism)

普遍主義の人はルールを好み，例外を認めない傾向があり，個別主義の人は状況によって異なった判断をする傾向がある。調査の結果によれば，プロテスタント系の国で特に普遍主義の傾向が強く，問題が起きた時に裁判所に持ち込むことが多い。また，普遍主義ではビジネスにおいて契約が非常に重視される。反対に，個別主義の人はルールを1つのガイドラインとして考え，むしろ人間関係を重視する傾向があるため，普遍主義の人が個別主義の人とビジネスをする場合には，あつれきが起こる可能性がある。このことを念頭におくと，普遍主義の人が個別主義文化の国でビジネスを行う場合には，十分に時間をかけて人間関係を構築する必要がある。

【個人主義／集団主義】(individualism vs. communitarianism)

個人主義とは個人を主体に考える傾向であり，集団主義とは共通の目的を主に考える傾向である。調査によれば，イスラエル，ルーマニア，ナイジェリア，カナダ等に個人主義的色彩が強い。欧米は一般的に個人主義の回答が多いが，フランスは例外的に中国や日本とほぼ同様に集団主義の傾向が表れている。個人主義と集団主義が相容れるには，明確な目標を与え，個々のイニシアティブを重視し，責任をはっきりさせることである，とトランペナーズは助言している。

【中立的／感情的】(neutral vs. emotional)

これは感情をどの程度表現するかを表す次元である。最も中立的なのは，

エチオピアと日本である。ヨーロッパは国によって度合いが異なり，オーストリアが最も中立的で，スペイン，イタリア，フランスは感情的な度合いが強い。中立的な人が感情的な人とうまくやるには，相手に暖かく接し，情熱を持って応えること，話の中心は人であり物ではないことを知ることが必要であり，反対に感情的な人が中立的な人とうまくやるには，交渉の前にできる限り書類を準備し，具体的な話題を中心にすることが大切である，とトランペナーズは説明する。

【特定的／拡散的】(specific vs. diffuse)

「特定的」とは，ビジネスの上下関係や肩書きが仕事の場に限られている場合である。「拡散的」は，仕事以外の私生活でもこの立場が浸透している場合である。米国，英国，スイス，北欧等は特定的であり，中国，ネパール，ナイジェリアなど拡散的である。「拡散的な文化」は一般論から入って時間をかけて具体的なポイントに至るが，「特定的な文化」は具体的な核心の部分から話を進める傾向がある。ホール (Hall 1976) のコンテクスト論に照らして，コンテクストをコミュニケーションする者同士が共有する前提条件とすれば，「拡散的な文化」は「高コンテクスト文化」で，「特定的な文化」は「低コンテクスト文化」であると言える。[5]

【業績／属性】(achievement vs. ascription)

その人の「業績」によって社会的評価が決まる文化と，年齢や階級や学歴などの「属性」によって評価される文化がある。国によって「業績」と「属性」の傾向が分かれているが，トランペナーズは，プロテスタント系の国が業績を重視し，カトリックや仏教やヒンズー系の国が「属性」を重視していると説明している。双方の文化に属する人々が共同でビジネスをする場合には，業績重視の文化の人は年配で立場が上の人を交渉のチームに配置して相手の地位を尊重するように配慮し，属性重視の文化の人はデータを十分に準備し，実務知識のある人を担当に当たらせると，両者が歩み寄ることができる，とトランペナーズは説く。

【時間との関係】(attitudes to time)

　時間に対する感覚も文化によって様々であり，過去と現在と未来の関係に国の文化による差が明確に出ている。ロシアやベネズエラは過去，現在，未来の間のつながりが切れているが，フランス，カナダ，ノルウェーでは過去，現在，未来がオーバーラップしており，特に日本やマレーシアでは重なる部分が大きく，過去，現在，未来が緊密な関係があることが示唆される。

【環境との関係】(attitudes to the environment)

　環境との関係の次元には，自然をコントロールしようとする姿勢と自分は自然の一部として存在するという2つのアプローチがある。このことはまた，自分の人生を自分でコントロールしようとする姿勢と自分以外の力を認める姿勢との違いを表したものである。欧米は総じて自分でコントロールしようとする傾向が強く，ロシアや中国は弱くなっている。

　前述のように，トランペナーズの研究は実務上の適切なアドバイスを提示している点で，ホフスティードのモデルよりも応用しやすいという評価がある。たとえば，多国籍企業が西欧諸国で現地法人を設立する場合には，「普遍主義」の文化であることを考慮して人事政策や労使関係は法律や規則に則ったものとし，契約を重視する。反対に中国やロシアの場合には，「個別主義」の文化であることを考慮して，契約よりもむしろ人間関係を重視する戦略を取る。このように，トランペナーズが見出した次元は，実際に役立たせることができると考えられる。

　しかしこのような利点はあるものの，トランペナーズの調査にはそのデータベースに関して大きな問題点がある。ホフスティードは全世界のIBMの社員を調査し，対象が明確であるが，トランペナーズは回答者の属性に関する明確な定義をしていない。また，ホフスティードは回答者の詳細なマッチングを行っており，国籍のみが異なるように操作しているが，トランペナーズはこの点も明確ではない。したがって，ホフスティードがアカデミックで精緻な研究であるのに対して，トランペナーズは学問的には精緻とは言い難いが，ビジネスに応用可能で実践に即した研究であると考えられる。

3-3 異文化インターフェイスと異文化シナジー

ここでは上記以外の主要な異文化経営論として,林とアドラーの学説を取り上げる。

(1) 異文化インターフェイス管理

異文化インターフェイス管理とは,林(1985)によれば,組織内の異文化グループ間の接点に位置して,上位から機能情報を下位に伝達し,下位のフィードバック情報を上位に伝達することを通じて,経営プロセスの効率化を図ることである。このプロセスにおいて,第1文化と第2文化が接触するが,この2つの文化間の橋渡しを行うものが,「インターフェイス管理者」である。組織内の異文化インターフェイス管理を職務とするインターフェイス管理者は経営事象に関連して,自己の所属する文化の意味体系を他の文化体に説明すると同時に,他の文化グループの意味体系を背景として発生する経営事象を,自己の属する文化の意味体系に照らして,解釈するものである。第1文化と第2文化間のコミュニケーションや自らの異文化経験を積み重ねることにより,新しい知識・意味・価値体系を持った「第3文化体」が発生する。第3文化体とは,①第1,2文化の言語ができ,②第1,2文化を充分に理解し,③第1,2グループのいずれか一方で信頼されていることが条件である。なお,第1,2文化体の両グループで信頼されている第3文化体は「超第3文化体」と定義される。第3文化体と超第3文化体は,異文化の橋渡しが可能であり,海外事業を行う企業の現地化の過程において,大きな役割を果たすものである。したがって,「異文化インターフェイス管理」は,多国籍企業経営と異文化コミュニケーションの中間に位置して両者を結び付ける概念である。[6]

(2) 文化的多様性と異文化シナジー

アドラー(Adler 1997)は,異文化経営においては文化的多様性(cultural diversity)が避けられないものであるとして,この特徴を理解したうえで,これを管理して効果的に活用することが重要であると説き,異文化が接触することによって生み出される相乗効果を「異文化シナジー」と呼んでい

る。

　企業が国を超えてビジネスを行う場合，また企業内に異なった文化的背景を持つ社員を抱える企業においては，文化的多様性が組織の効率的な運営へマイナスの影響を与えるとともに，様々なプラスの相乗効果も期待できる。この相乗効果，すなわち，異文化シナジーを持つ組織では，構成員が互いの方法の違いを認識し，かつ本質的に優劣をつけない。つまり，シナジー的な組織では，異なった方法の創造的結合が組織の運営や仕事の上で最善の方法を生み出すと考えられている。文化的多様性自体の管理よりも，その影響を管理することによって，多様性の最小化ではなく，潜在的問題を最小化する努力が払われている。同時にそうした組織は，多様性を無視するのではなく，潜在的メリットを最大化するように行動する。文化的多様性は組織にプラスとマイナスの影響を与える潜在力を持っているが，実際の結果がプラスになるかマイナスになるかは多様性それ自体ではなく，多様性へのアプローチの仕方によって，決まるのである。つまり，文化的多様性に基づいた「異文化シナジー」は，類似点をもとに相違点を融合させることで，より効果的な企業活動と管理システムを生み出すという概念である。[7]

4　異文化経営論の新たな展開

4-1　国際経営における位相変化——三段階モデル

　この新たな視座を探るために，経営の国際化はどのようなプロセスを辿ったかを考察しよう。経営の開放度を軸に，三段階モデルとして，概念的に整理すると，図表1-1に示すように，経営は次のような変遷を辿ると解釈できる。[8]

　すなわち，一国を対象とした個別的で閉鎖的な文化から，複数国の異質性を受け入れる受動的共存である文化へ移行し，最終的には，この文化を超えて，共通性を追求した普遍的かつ包括的な文明へと位相変化すると考えられる。

　具体的に経営のやり方を振り返ってみると，過去において企業は国の文化

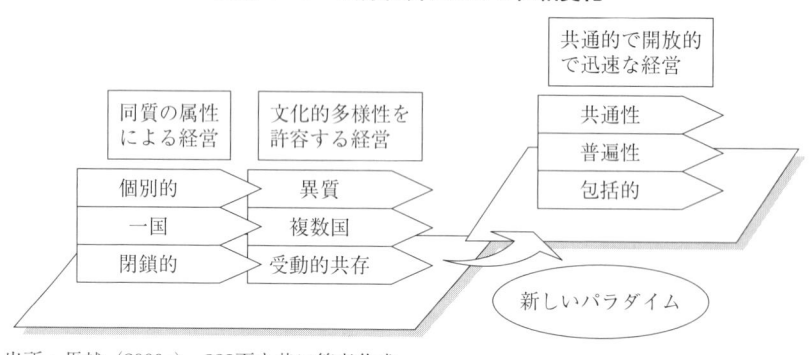

図表 1-1　国際経営における位相変化

```
                                    共通的で開放的
                                    で迅速な経営

    同質の属性        文化的多様性を        共通性
    による経営        許容する経営         普遍性
                                          包括的
    個別的            異質
    一国              複数国
    閉鎖的            受動的共存
                                      新しいパラダイム
```

出所：馬越（2000a），223頁を基に筆者作成。

に規定された価値観に基づいて，いわば閉鎖的な経営を行っていた。これを同質の属性による経営である第1段階とする。次にビジネスの国際化が進むにつれ，文化的多様性を何とか許容しようとする経営に移行し，次第に多国籍の社員による業務が行われるようになった。これが第2段階である。この段階においても依然として国の文化の違いをいかに克服するかに力点がおかれている。しかし，ビジネスのグローバル化に拍車がかかると想定される21世紀においては，情報化が高度かつ広範に進み，ビジネスはますますスピードアップする。ここでは企業には共通的で開放的で迅速な経営が求められ，多国籍のトップによる経営が行われる。これが第3段階である。

4-2　グローバル経営における普遍的視点と文化相対的視点

この経営の共通性を追求した第3段階の背景には，1990年代後半から今世紀にかけて実業界や学界で広く信じられていたと思われる，経営はつまるところ米国型経営手法へ収斂するという予測があった。しかしそれは果たして正しいのであろうか。たとえば成果主義の例を考えてみよう。現在では日本企業の大多数が何らかの形でこの制度を導入していると言われている。その先陣を切った日本の総合エレクトロニクスのメーカーA社は，1993年にいち早く，成果主義の導入に踏み切ったが，その後，結果として，企業の業績を高めるどころか，急降下を招いてしまったことはつとに有名である。つまり，

能力を公平に評価し，社員の士気を高めるはずであったこの制度は，実際には，社員の間に疑心暗鬼と嫉妬の渦を巻き起こしてしまったのである。さらに，米国型経営への収斂に疑問の念を喚起したのは，2001年9月11日の同時多発テロである。これはアメリカ的価値観を嫌悪する人が世界に多くいること，そして世界は収斂ではなく発散に向かっていること，を示す象徴的な事件であると考えられる。同時に，経営とはいえ，世界を一元主義で解釈してはいけない，米国型経営の効率がいいといっても，それをグローバル・スタンダードとして押し付けてはならない，というメッセージであるとも捉えられる。

さらに最近では，アメリカのみならず全世界を不況の渦に巻き込んだ2008年の金融危機である。これはまさに株価至上主義や効率至上主義の行き過ぎに警鐘を鳴らす結果となった。グラミン銀行を設立したノーベル平和賞受賞者の経済学者であるムハメド・ユヌスは，「無私」に基づく新しいモデルの導入が資本主義を完成させるカギであると説いている。氏は日本経済新聞のインタビューにこう答えている。「自分の利益を守ろうと思った瞬間に判断力が曇る」。[9] 氏の提唱するマイクロファナンス[10]やソーシャルビジネス[11]がそのきっかけになろう。つまり，利益追求型ビジネスで設けたお金で世界を変える投資を行い，生きがいと感謝という報酬を得るのである。異文化経営も，利益追求のために異なる価値観の人々の力を結集させるのではなく，人類を幸福へと導く「知恵」の結集と実践のために，様々な「文化」のシナジーを結実させる，という方向性であるべきだ。そのような方向に進んだ時，異文化経営は必ず，個々人の人生の充実につながるであろう。

そこで考えなくてはならないことは，「文化相対的視点」と「経営の共通性という普遍的視点」の両方のバランスである。浅川（2003）によれば，グローバル経営論はもともと相対的視点と普遍的視点の両方を併せ持つ，という。[12] すなわち，グローバル経営論は相対的視点と普遍的視点の持つ特徴を取り込み，いかに地域的多様性を認識しつつ経営管理上の手腕によりその差異を乗り越え，グローバル規模での活動展開を行っていくかがその着眼点で

あり，社会文化的相対性と理論的普遍性をつなぐ矛盾を内包したアプローチ，ということである。

つまり，経営の共通性を追求した研究と文化の多様性を謳った概念が共存することが「矛盾」であるなら，その矛盾こそが，グローバル経営の現実を映し出しているのである。

経営の効率化，情報技術，ビジネス上の共通の目標などには共通性と普遍性のベクトルが働き，モティベーション，歴史に基づく世界観，宗教に基づく人生観などには文化相対性の色彩が濃い。経営倫理や環境問題は，両者の力が引き合う微妙な問題であろう。グローバル経営がもともと矛盾を内包していることを認め，相対的視点と普遍的視点，文化の個別性と経営の共通性のバランスをとることこそが，グローバル経営のジレンマを解く鍵であると思う。

4-3　異文化理解の到達点は「無」，その指針はマインドウェア

あえて日米の比較をしてみると，日本には，すべての人に仏性があるという「一切悉有仏性（いっさいしつうぶっしょう）」による性善説と多神教の宇宙観があり，絶対的な権力やリーダーシップは志向しない傾向がある。それに対して，アメリカには性悪説と一神教の宇宙観があり，物理的な法則で世界を理解し，力でコントロールしようとする傾向がある。また分析力に優れ，言葉を使って説明し説得することに長けている。それに対して日本は，言葉よりもむしろ，手で思想を語り，姿勢で考えを語る民族であり，もののあわれに代表されるような自然と一体となった感性に優れている。いわゆる自分を「無」にするという発想である。こうした日本に合った経営手法に自信を持ち，それを説明して日本発のグローバル経営手法を発信していこうとする意気込みが必要なのではないだろうか。

この視点に加えて，「マインドウェア」という指針を提言したい。海外で人を活用するにはどうしたらよいか，様々な文化的背景の人たちと協働するにはどうしたらよいか，などを探るため，日本企業の海外現地法人の現地化の調査を行った結果，筆者が辿りついたのが「マインドウェア」である。そ

の定義は「多様性を活かし,異質性を尊重しつつ,チャンスの平等性を確保する」であり,異文化経営の指針であると考える。と同時に,様々な属性を活かす経営,そして経営を広く捉えたマネジメントとして,企業のみならず,社会の隅々に通用する考えであると考える。[13]

それではこのアプローチに不可欠な異文化理解が帰結するところは何であろうか。船川(2003)は,「無限の学習スパイラル」という興味深い道筋を示している。すなわち,学習とは自分の無知を知ることであり,それが未知に直面し,そこから学ぶ喜びにつながり,さらに学んだことに捕らわれないオープンさを持ち,最終的には「無」になるということである。[14] 長年の会議通訳という異文化の実体験と異文化経営の企業調査研究に照らして,筆者もこの考えに賛同するものである。

様々な属性の人が相乗効果を発揮する職場を作り上げるという異文化経営への道程はプロセスであり,最終目標への到達の可能性を論じるより,現実に異なる方向性をバランスさせる道を歩み続けることが,求められていると思う。経営の普遍的視点と文化相対的視点の2つのベクトルという矛盾を包含する異文化経営こそが,現実を正しく反映していることを認識し,この観点より研究と実践を重ねることが今こそ求められていると思う。

5　日本企業における異文化経営の現代的かつ実務的意義

最後に日本企業における異文化経営の現代的かつ実務的意義について触れたい。

実際にどの程度,日本企業が異文化の活用を進めているかといえば,残念ながら,変化は緩やかで,危機感も非常に薄いというのが実感である。「日本に異文化は必要ない」「外国人は必要ない」という声を耳にするたび,「日本企業にはまだ,どこか余裕がある」と感ぜざるを得ない。よく言われる「均質な方が効率が良い」という感覚は,必ずしも日本人が古くから持っていたものではない。戦後,日本経済が世界にキャッチアップしようとする過程において,「ものづくり産業」が成長のエンジンとなり,そこではたまた

ま「均質であること」が強みとなったために，広くそう信じられるようになっただけのことである。

　異文化経営はもともと1960年代から70年代にかけてヨーロッパを中心に発展してきた。上述のホフスティードもトランペナーズもオランダ出身である。ヨーロッパには，オランダ，ベルギー，スイスなど，面積も人口も小さい国が多くあり，もともと異文化に接する機会も多かった。国内市場が小さいこともあり，早い時期から「海外に出て行かなければビジネスの発展はない」という認識が強かったため，異文化への理解を深め，それを受容しながら発展していくことは生き残るすべであった。異文化経営がヨーロッパで発展してきたのは，そうした地政学的な部分も強く影響している。

　このような状況とは異なる日本において，異文化経営の精神を根付かせるためには何が必要であろうか。その1つは，「違い」はおもしろい，楽しいと感じる原体験を，意図的に創り出すことである。若い頃の留学や海外の人々との仕事の機会などである。異質な人と出会い，新しい価値観に触れ，それが自分の成長にも役だったと感じられるような体験を，出来るだけ早い時期に積ませるが肝心である。たとえば，高校を卒業して大学に入学するまでの半年から1年を「国際体験」として位置づけ，海外で勉学やボランティアを行う制度を整えることである。日本で長く暮らしていると，どうしても異質なものに出合う機会が少なくなり，異質なものへの警戒心が強くなる。「同じであること」を媒介にした心地よいコミュニケーションに慣れてしまうと，日本から一歩外に出て，異質なことが当たり前の世界に入ると，そこで切磋琢磨することが容易ではない。また，こうしたコミュニケーションしか経験していないと，相手がたとえ外国人であっても，同じ企業，同じ組織に属しているというだけで，「これくらい言えばわかってくれるだろう」という線を，低く見積ってしまいがちである。これを就職してから習得するのは，不可能に近い。国籍や性別を問わずどんな相手に対してもまずは等距離で接し，同じであろうがなかろうが，等しくコミュニケーションできる心根（こころね）を自分の中にしっかり持つこと，これが異文化経営の根幹であ

ると思う。国も教育機関もそのような能力を身につけさせる制度を整えることが求められているのではないだろうか。「企業がつぶれることを恐れる前に，自分がつぶれないような逞しさを身につけること」。これが現代を生きる支えあろう。個人個人の中にこそ，「異文化経営」が根付いてほしい。異なる価値観のものが共に仕事をし，生活をし，人生を送ること，これが現代であるから。異なることがすばらしい…そこから新たなものが生み出されるのだから。

注
1) Hofstede (1980).
2) Hofstede (1991).
3) Trompenaars, and Turner (1993).
4) Trompenaars, and Turner (1998).
5) Hall (1976).
6) 林 (1985)。
7) Adler (1997).
8) 馬越 (2000a)，222-223頁。
9) 『日本経済新聞』2009年5月2日付朝刊。
10) 貧困撲滅へ低所得者層に事業資金として少額のお金を貸し出す仕組み。
11) 貧困や環境，少子高齢化など社会問題に取り組むビジネス。主体は株式会社やNPO。営利でも無償ボランティアでもなく，ビジネスの手法を活用して持続的取り組みを目指す。
12) 浅川 (2003)，17頁。
13) 馬越 (2000)。
14) 船川 (2003)，296-297頁。

参考文献
Adler, N. J. (1997) *International Dimensions of Organizational Behavior*, South-Western College Publishing.
浅川和宏 (2003)『グローバル経営入門』日本経済新聞社。
船川淳志 (2003)『人気MBA講師が教えるグローバルマネジャー読本』日経ビジネス人文庫。
Hall, E. T. (1976) *Beyond Culture*, Anchor Press.

林吉郎（1985）『異文化インターフェイス管理』有斐閣。
Hofstede, G. (1980) *Culture's Consequences*, Sage Publications.
Hofstede, G. (1991) *Cultures and Organizations*, McGraw-Hill（岩井紀子・岩井八郎訳『多文化世界』有斐閣, 1995年）.
馬越恵美子（2000a）『異文化経営論の展開』学文社。
馬越恵美子（2000b）『心根〔マインドウェア〕の経営学』新評論。
Trompenaars, F. and C. H. Turner (1993) *Riding the Waves of Culture*, Nicholas Brealey Publishing.
Trompenaars, F. and C. H. Turner, (1998) *Riding the Waves of Culture*, 2nd ed., McGraw-Hill.

第2章

国際経営の革新と異文化経営

1　はじめに

　現在，世界の多くの企業はグローバル化し，多様な地域や国で経営を展開するようになっている。これは，言い換えると，企業は世界の多様な文化とかかわり合いを持ちながら経営を展開しなければならないということを意味している。一方，そのような企業はますます熾烈化するグローバル競争に直面しているため，絶えずイノベーションに挑戦し，競争優位を構築しなければならないという課題を抱えている。ここに現在の企業には絶えざる国際経営の革新が求められているが，それは世界の多様な文化を抜きにしては考えられない。

　ところで，グローバル企業は，多様な文化的背景を持つ従業員，顧客，提携パートナー，取引企業，NPOなどと関係を持ちながら経営を展開している。このため，グローバル企業は多文化組織となり，その文化的多様性に適切に対応していかなければならなくなっている。グローバル企業はその対応を誤ると，軋轢やコンフリクトが生じ，組織が混乱するが，反面それに適切に対応し，かつそれを上手に活用すると，異文化シナジー（cross-cultural synergy）を創出することができ，イノベーション創発をも期待できるかもしれない。こうして，現在のグローバル企業には，文化的多様性に適切に対応して異文化シナジーを創出することが極めて重要になっている。ここに異

文化シナジー管理が重要になるとともに、そこにまた、異文化経営の課題の1つもある。

そこで本章では、異文化シナジー創出の視点から異文化経営にかかわる諸問題について検討していく。まず、国際経営における文化の影響について言及した後、企業のグローバル化のプロセスで文化がどのようにかかわってくかについて概説する。次に、グローバル企業における異文化経営の重要性、異文化コミュニケーションおよび異文化シナジー管理に関する諸課題について議論する。そして最後に、日本企業における異文化経営の展開上の問題点と若干の課題について検討する。

2 企業のグローバル化と異文化問題

2-1 国際経営における異文化の影響

この数十年間において、経済のグローバリゼーションの進展にともなって、世界の企業の海外進出が活発化し、現在では膨大な数の企業が国際経営を展開するようになっている。それは大企業になると、進出国も数十カ国に及び、本社や海外子会社などの組織ユニット間でグローバル・ネットワークを構築し、グローバル経営を展開している企業も少なくない。そのような企業はますます激化するグローバル競争で生き残るために、絶えずイノベーションに挑戦し、新たな競争優位を構築しなければならない。また、そのような企業は世界の様々なステークホルダーの要求にも応え、地球環境の保全をはじめ、多くの社会的責任をも果たさなければならない。

一方、近年世界経済は急速に知識経済化してきているため、企業は新たな製品や技術の開発につながる情報や知識を世界中から感知・獲得し、その組織ユニット間で共有し活用する経営を展開しなければならない[1]（Doz, Santos and Williamson 2001）。このような経営を展開するため、今日の企業は世界の多くの企業との戦略的な提携やM&Aを行うなど、多様な経営手法を駆使するようになっている。

このように、企業はグローバル化し、世界の多様な地域や国、および人々

と関係を持ちながら，様々な経営手法を用いて経営を展開するようになると，必然的に世界の多くの文化とかかわり合いを持つことになる。しかし，そのような文化はそれぞれの地域や国に特有なもので，企業にとっては出自国のそれとは異質のものである。したがって，企業が海外進出し，国際経営を行う場合には，その地域や国の文化を考慮に入れる必要がある。その意味では国際経営には文化の及ぼす影響は極めて大きく，両者は不可分の関係にある。それにもかかわらず，かつて国際ビジネスの分野では文化の重要性が十分に認識されておらず，そのために大きな失敗を犯した企業は枚挙にいとまがない。[2)]

　たとえば，次のような事例がある。あるアメリカの自動車会社がプエルトルコに進出した時，その販売子会社が車名に不満を持っていた。それは車名にスペイン語の発音では「それは動かない」という単語がついていたからである（Root 1982）。また，インドネシアに進出した日系企業が礼拝の時間を無視して会議を続けたため，イスラム教徒の従業員から集団で強い抗議を受けた（海野 2007）。さらにドイツの自動車会社とアメリカの自動車会社が合併したが，長く続かず数年後に合併を解消するに至ったが，その原因の1つに，ドイツ人とアメリカ人の文化の違いがあったと言われている。

　このような失敗は企業が相手の文化を意識しなかったり，理解していないがゆえに生じるのである。このため，企業が国際経営を行う時は，相手の文化を理解することが不可欠であるが，文化は知識，信念，芸術，道徳，慣習，および社会の構成員として人間が習得した，すべての能力や習慣を内包しているので（Adler 1991），それを具体的に理解することは簡単ではない。また文化は，社会集団のメンバーに共有され，世代間で伝えられ，しかも人々の行動や世界観を形成するものであるので（Adler 1991），その社会集団に特有で短期間のうちに変えられるものでもない。それだからこそ，企業が海外進出し国際経営を行う場合，その国の文化を理解し，かつそれに適応していく経営を展開する必要がある。こうして，国際経営における国の文化の重要性がホフスティード（Hosstede, G.），ローラン（Laurent, A.），アドラー

(Adler, N. J.) などによって主張され，その両者の関係について研究がなされるようになった。

なるほど，近年ではグローバリゼーションの進展によって，表面的には企業などの組織は世界的に類似性を持つようになってきているが，ホフスティード，ローランなどの研究によれば，多国籍企業といえども，その組織内の人々の行動には文化的固有性がある。ホフスティードの研究では，従業員の態度や行動の50％が国の文化に起因し，またローランの研究でも同じ多国籍企業の中で働く外国人従業員の方が，母国の企業で働く従業員間よりも文化的相違が大きい（Adler 1991）。つまり，彼らの研究によれば，多国籍企業で働いたとしても，ドイツ人はよりドイツ人になり，アメリカ人はよりアメリカ人になるというのである。グローバリゼーションが進展したとしても，人間は決して文化フリーになるのではなく，自分の育った国の文化に大きく影響されるのである。現在の企業は熾烈なグローバル競争で生き残るには絶えずイノベーションに挑戦し，国際経営の革新を推進しなければならないが，それには文化を無視することは許されなく，むしろそれを利用するようにしなければならないのである。では，企業はグローバル化への進展プロセスで，文化とどのようにかかわり合いを持っているのだろうか。

2-2 企業のグローバル化と文化的パースペクテップ

企業のグローバル化は，一般的には輸出，国際，多国籍，グローバルという段階で進展するが，それぞれの段階で文化がどのように関係してくるのか。それぞれの段階ごとに見ていくことにしょう。[3]

国内志向の企業は，国内市場向けに製品を生産・販売するのであるから，文化的相違を意識しなくてもよい。しかし，企業が海外市場に目を向け，輸出活動を行うようになると，その相手国の文化を意識せざるを得ない。というのは，その国の顧客の製品に対する嗜好やニーズは，彼らの価値観，習慣，生活や行動様式などの影響を受けるからである。この段階では，企業は主に輸出相手国の文化を理解し，その顧客の嗜好やニーズに合った製品を生産・販売することが重要になる。しかし，企業が輸出の段階から海外生産へと進

むと，その進出先の文化を強く意識し理解しなければならなくなる。

　海外生産段階では，本国の親会社から海外子会社に経営管理方式や生産技術などが移転され，海外派遣社員も現地人従業員と一緒に仕事をしなければならなくなる。本国からの海外派遣者と現地人従業員とは言葉，企業や仕事に対する価値観や考え方，行動様式などが違うため，海外派遣社員は進出先の文化を理解し，現地人従業員との円滑なコミュニケーションに努めなければ仕事ができない。しかし，異文化理解やコミュニケーション上のミスがあると，両者の間でコンフリクトが発生するので，この段階ではコミュニケーション・スキルが極めて重要になる。

　多国籍段階になると，一方において海外に多数の子会社を有し，全社的な視点から国際事業を展開するとともに，他方において経営の現地化も必要になる。このため，国際マネジャーには海外子会社の管理だけではなく，海外事業間の調整，現地人従業員の管理者への育成・登用なども大きな課題になる。この段階では企業は世界の多数の地域や国で生産・販売活動を行っているので，国際マネジャーは世界の多様な文化を理解し，また多様な文化的背景を有する人々ともコミュニケートしなければならなくなる。

　さらにグローバル段階では，企業はいっそう多様な文化の影響を強く受けるとともに，それをプラスに活かす経営が必要になってくる。この段階ではグローバル企業の組織ユニット間で人材交流が活発になり，また情報ネットワークを通じた情報や知識の相互移転・共有も多くなり，その組織内でも国籍や文化の違う人々が共に働くようになる。さらに企業は世界の多くの企業や組織と提携やM&Aを進め，それらとの共同の事業や技術・製品開発を行うようになる。このため，この段階になると，企業は実に多くの文化的背景の持った人々と密度の濃い関係を持ってビジネス活動を展開することになる。

　このように，企業がグローバル化への段階を辿るにつれて，文化とのかかわり合いを次第に深くするが，今後その関係はいっそう緊密なものになろう。その意味では，国際経営の革新にも文化の影響を無視できないのみならず，

むしろ企業は文化的多様性を活かす形で，それに取り組むことが肝要になってきている。

3　異文化経営とコミュニケーション

3-1　異文化経営と多文化組織

　企業がグローバル化し，世界的規模で経営を展開するようになれば，多様な文化を意識し，理解しなければならない。特に現在のグローバル企業は，グローバル競争に直面し，絶えずイノベーションに挑戦するために，その源泉となる知識や情報を世界的規模で感知・獲得し，その組織ユニット間で共有し，かつ活用するというグローバルな知識経営を展開するようになっているので，多様な地域や国の人々の有する文化を理解する必要がある。

　しかし，世界には実に多くの文化が存在する。言葉1つ例にとってみても，言語学者によると，世界には3,000以上の言語があると言う。ちなみに，インドでは言語は公用語だけで15あるが，それに地方で話されている言葉を加えると，その数は実に200を越えると言う。また世界の国々を見ても，国内で複数の文化を有している国が多い。アメリカはいうまでもなく，イギリス，カナダ，シンガポールなど，多文化国家が多い。さらにグローバリゼーションの影響で，世界の人々の国家間の移動がより活発になったために，多様な文化的背景を持った人々が共存する都市や地域が増えている。

　このような世界の現状を考えると，グローバル企業は言語，人種，国籍，宗教，性別，年齢などを異にする従業員を組織化し，動機づけすることはもちろん，そのような顧客，提携企業や取引企業のマネジャー，政府関係者などとも上手にビジネスを行う方法をも手に入れる必要がある。これが異文化経営にほかならない。そうした意味において，グローバル企業には，異文化経営はますます重要になっていると言ってよい。

　ところで，文化的側面からみて，企業の組織にはどのようなタイプのものがあるのか。それには単一文化組織（monolithic organization），複合文化組織（plural organization），および多文化組織（multicultural organization）

がある（Konopaske and Ivancevich 2004）。以下，それぞれの組織の特徴について見ていこう。

　単一文化組織は，単一または同一の文化的背景を持ったメンバーからなる組織である。この組織のメンバーは同じ言語，価値観，考え方，行動様式を有しているので，比較的容易に協働できる。したがって，この組織ではメンバー間の結束が確保しやすく，組織全体としても統合しやすい。その反面，この組織は異質な文化を有する人々を受け入れない特質を有しているので，その組織にそのような人が働いた場合，同僚とはみなされず，地位や待遇の面でも正当に評価されないケースがある。

　海外事業を行っている企業といえども，エスノセントリック（ethnocentric）な企業は，一般にこのような単一文化組織となっている。日本企業はその典型である。日本企業は，日本自体が同質社会であり，長らく日本国内でのみ事業を行ってきて，外国人など異質な文化を有する人々を雇用してこなかったために，同質文化の組織となった。この結果，現在日本企業はグローバル化に伴い，異質の文化と接して，これまでに経験しなかったような多くの難題に直面している。

　複合文化組織は，2つ以上の文化を有するメンバーからなる組織である。たとえば，日本人とアメリカ人からなるプロジェクト・チーム，日本人，アメリカ人，中国人からなる合弁会社などがこの組織にあたる。この組織は2つ以上の文化を有するメンバーからなるといっても，次に述べる多文化組織ほど，多くの文化的背景を有する人から構成されておらず，しかもそのメンバーの組織における立場もマジョリティ・メンバーとは対等ではない。この組織ではマジョリティ・メンバーがマイノリティ・メンバーに対して優位に立つので，後者は前者の文化に適応したり，場合によっては同化しなければならない。また，この組織では単一文化組織ほど，顕著でないとしても，マイノリティ・メンバーは地位や待遇の面で，マジョリティ・メンバーより劣るケースもある。

　多文化組織は，まさに複数の多様な文化的背景を持ったメンバーからなる

グローバル組織である。その組織は単に異質で多様な文化を内包するにとどまらず，文化の多様性を尊重するところに特徴がある。このためこの組織では，たとえマイノリティ文化に属していたとしても，そのメンバーは地位や待遇などの面で差別されることはなく平等に扱われる。組織が文化的に多様になれば，メンバー間で軋轢やコンフリクトが生じる可能性があるが，そのマネジメント次第で，それが組織の創造性や活性化など，プラスに作用する面もある。それゆえ，近年では世界の異質の文化的背景を持った人々を積極的に雇用したり，またそうした人々と意図的にビジネス関係を構築する企業が見られるようになっている。

　グローバルな多文化組織は，その組織内では異質で多様な文化を有する従業員が多く働き，また組織外でも異質で多様な文化を持った顧客，提携パートナー，取引企業，NPOなど，多くのステークホルダーと関係を構築し，そのような人々との相互学習によってイノベーションを創発していく組織でもある。このような組織こそが，グローバル企業の組織である。しかし，このような多文化組織をうまく管理するのは容易ではない。多文化組織の管理には多くの重要課題があろうが，そのメンバー間の円滑なコミュニケーションが何よりも重要である。メンバー間のコミュニケーションが円滑に行われるかどうかによって，この組織の盛衰が決まるといっても過言ではない。換言すれば，メンバー間のコミュニケーションが円滑に行われると，組織自体が創造的になり，異文化シナジーが生じて，さらにイノベーションの創発へと進展していくことにもなる。

3-2　グローバル・コミュニケーションとコンテクスト

　グローバル企業は，ますます多文化組織となり，異質で多様な文化的背景の人々と関係を持ちながら異文化経営を展開する必要があるが，それには組織内外のコミュニケーションが極めて重要になる。グローバル企業は本社と海外子会社，海外子会社間，およびその各組織内のメンバー間のコミュニケーションのみならず，その組織外の顧客，提携パートナー，取引企業，NPO，政府，地域社会などとのコミュニケーションをも円滑にしてはじめ

て，グローバル時代に相応しい経営を展開することができる。

　こうしたグローバル・コミュニケーションは，グローバル企業においては，大別して国際情報通信ネットワークと人的ネットワークを通じて行われるが，グローバル企業の経営では後者を通じたコミュニケーションがより重要で，かつ難題である（太田 2008）。したがってここでも，この人的コミュニケーションを取り上げて議論を進めることにする。

　周知のように，グローバルな人的コミュニケーションの手段として，言語コミュニケーション（verbal communication）と非言語コミュニケーション（nonverbal communication）がある。もちろん，われわれが誰かとコミュニケーションをとる時には，この両方を使うわけだが，異なる文化的背景を持つ人とコミュニケーションをとる時には特に難しくなる。というのは，メッセージを伝える言語が違うし，非言語行動も文化によって極めて多様で，その表現方法も違うからである。さらに，後述するように，コミュニケーションを言語に大いに依存する国もあれば，逆に非言語行動に依存する国もある。それゆえ，われわれが外国人とコミュニケーション，すなわち異文化コミュニケーションをとる時には，非常に多くの障壁があるのである。

　ところで，異文化コミュニケーションに際して考慮に入れなければならないのが，ホールのいうコンテクストの概念である（Hall 1976）。彼はコミュニケーションには，それが起こる物理的・社会的・心理的・時間的状況，すなわちコンテクスト（文脈）が重要になると考えた。そして彼は，このコンテクストの概念に基づいて，世界の文化には「高コンテクスト（high context）文化」と「低コンテクスト（low context）文化」があるとした。高コンテクスト文化とは，人的な結びつきが緊密で，コミュニケーションに必要な情報はコンテクストの中に組み込まれているので，非言語コミュニケーションへの依存度が大きい文化である。これに対して，低コンテクスト文化とは，人的な結びつきが希薄で，メンバー間の情報の共有も少なく，言語コミュニケーションへの依存が大きい文化である。[4] 図表2-1にみるように，日本人，中国人，アラブ人などは高コンテクスト文化に属し，ドイツ人，ス

図表 2-1　各国のコンテクスト・レベル

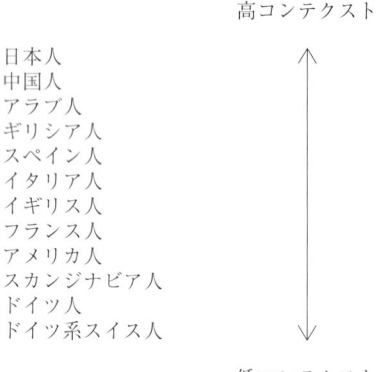

```
                              高コンテクスト
          日本人                    ↑
          中国人                    │
          アラブ人                  │
          ギリシア人                │
          スペイン人                │
          イタリア人                │
          イギリス人                │
          フランス人                │
          アメリカ人                │
          スカンジナビア人          │
          ドイツ人                  │
          ドイツ系スイス人          ↓
                              低コンテクスト
```

出所：Ferraro (1990).

カンジナビア人，アメリカ人などは低コンテクスト文化に属する。

　このホールの考えに基づけば，高コンテクスト文化の人と低コンテクスト文化の人がコミュニケーションをとるのはそう簡単ではない。たとえば，低コンテクスト文化のアメリカ人と高コンテクスト文化の日本人が同じ組織で一緒に仕事をしたとしたら，お互いの文化を理解していないと，コミュニケーション・ギャップが生じ，その行動にミスマッチが頻発することになろう。事実，アメリカに進出した日系企業の日本人と，そこに働くアメリカ人から次のような言葉がよく聞かれる。

　日本人は，アメリカ人に対して「気が利かない」「言葉で明確に言われたこと以外は何もしない」とよく不平を言う。これに対してアメリカ人は，日本人に，「なぜという説明がない」「日本人が何を望んでいるかわからない」と言う。

　こうして，異文化コミュニケーションには相手のコンテクストを考えることが不可決となるが，世界的にみると，低コンテクスト文化の国が多い。この現実を考えると，高コンテクスト文化に属する日本人にとっては，外国人とのコミュニケーションは容易ではなく，またビジネスを行ううえで不利な

立場にある。日本人が高コンテクスト文化の人たちとコミュニケーションをとる場合には，こちらのメッセージを相手に理解させるのに相当の時間と努力が必要になり，また相手への説明不足となりがちである（太田 2008）。また，高コンテクストの文化の人のコミュニケーションには無駄が多く，非効率に見えると同時に，日本人は外国人からは消極的であるとの印象を与えてしまう（太田 2008）。こうして，日本企業と日本人には，このコンテクストの概念を念頭に入れながら外国人とコミュニケーションを行う必要がある。

このように，グローバル企業は異文化経営を展開するためには，コミュニケーション相手の文化を考えながら，言語コミュニケーションと非言語コミュニケーションを駆使し，両者間でコミュニケーション・ミスが生じないようにしなければならない。それだけでない。グローバル企業はさらに異なる文化的背景を持つ人々が協働することによって異文化シナジーを創出するような管理を行わなければならない。ここにグローバル企業の異文化経営の大きな課題がある。

4　異文化シナジー管理とイノベーション創発

4-1　文化の多様性と異文化シナジー

グローバル企業は，多文化組織であるがゆえに，文化的多様性を内包している。このため，グローバル企業にはこの文化的多様性にどのように対応するかが大きな経営課題である。かつての多国籍企業の中には，文化の多様性を無視し，またそれを障害物のように考える企業もあったが，現在ではそのような考えや態度は許されない。むしろ，これからは文化の多様性は，企業にブレークスルーをもたらし，イノベーションの源泉となるという考えで，それに対応していく必要がある（安室編 1994）。異質の文化的背景を持った人々がそれぞれ異なる情報や知識を持ってぶつかり合う空間こそがグローバル企業であり，またその場での相互学習を通じて異文化シナジーが創出され，イノベーションへと止揚されていく。

もちろん，組織における文化の多様性には，図表2-2にあるように，メ

図表 2-2　文化の多様性のメリットとデメリット

メリット	デメリット
意味の拡大	多様性は
多様な視点	曖昧さ
新しいアイディアに対してよりオープン	複雑さ
	混乱を増大させる
多様な解釈	意味の統一の困難性
選択肢の拡大	コミュニケーション・ミス
創造性の増大	1つの合意に達する困難性
柔軟性の増大	行動の統一の困難性
問題解決スキルの増大	具体的行動への合意が困難

出所：Adler (1991), p.99.

リットとデメリットがある。文化の多様性は曖昧さ，複雑さ，混乱を増大させる。また，それは組織のメンバーの意思統一を困難にし，コミュニケーション・ミスのもとにもなる。さらに，それは組織の行動の統一を困難にさせ，具体的行動への合意を得にくくさせる。しかしその反面，文化の多様性は企業に多様な視点を提供し，新しいアイデアに対してオープンになり，かつ多様な解釈も行うことを可能にさせる。この結果，企業には創造性や柔軟性が増し，問題解決スキルも増えることになる。アドラーによれば，文化の多様なグループは幅広い人的資源を有し，それによって創造的に機能するので，同質文化のグループよりも高い生産性を上げる可能性があるという (Adler 1991)。

しかし多くの企業は，このような文化の多様性に適切に対応できないでいる。組織が文化の多様性に対して示す一般的な反応は，偏狭主義的な反応か，エスノセントリックな反応である。偏狭主義は世界を自分自身の目と視点から見るだけで，他人の違った考えややり方をまったく認めないものである (Adler 1991)。この態度は自分たちだけの偏った価値観，考え方，行動様式に拘泥するので，文化の相違を認めず，その組織への影響もまったく考えない。いわんや文化の多様性が自分たちの組織にプラスに作用するなどとは毛頭考えない。

エスノセントリックな反応は，自分たちの文化を中心にして，「自分たちのやり方が最も良い」と考えるものである（Adler 1991）。このため，このタイプの企業は海外に進出したとしても，本国の本社の人間が現地の人間よりも優れており，しかも経営も本国の自分たちのやり方が優れていると考える。したがって，このような企業は海外子会社へ本国から多くの人材を派遣し，その主要ポストに彼らを就けるので，現地人の管理職への登用の機会が少なくなり，経営の現地化も遅れる。この結果，このような企業は現地の人々や社会とはコミュニケーションをとるのは難しくなり，また現地の人々の間での評判も悪くなる。

　このいずれの方法も，文化の多様性を尊重せず，それゆえにそのメリットも利用しようとしない。その意味では，それらはグローバル企業にとって相応しい方法とは言えない。グローバル企業は文化の多様性を尊重し，それをプラスに作用するように持っていく組織である。では，グローバル企業に相応しい対処方法とはどのようなものか。それは，いうまでもなく異文化シナジーを創出させる方法である。

　異文化シナジー的な方法とは，「自分たちの方法と彼らの方法が異なるが，どちらが本質的に優れているということはない」と考え，その両者の創造的結合が最善の方法を生み出すと考えるものである（Adler 1991）。この方法は文化の異質性や多様性を前提として，それぞれの違いを認め尊重するのみならず，その影響をうまく管理することによって，その組織にとってのメリットを最大化しようとするものである。モーラン（Moran, T.）とハリス（Harris, P. R.）は次のように述べている。

　「われわれは，自分自身の文化的遺産の認識を超え，協力と提携を通じて，より偉大なものを作る出すことができる。異文化シナジーは類似点にもとづいて相違点を融合させることで，より効果的な人間活動とシステムを生み出す。人間の多様性こそが，行動の結合による問題解決の強化に活用することができるものである。それゆえ国際経営にかかわる人々は，異文化シナジーをグローバルに促進する絶好の機会に恵まれている」（Adler 1991）

とはいえ，異文化シナジーは自然発生的に生まれるものではない。文化の異なる組織と組織，人と人が本気でぶつかり議論し合い，相互に学習しないと，異文化シナジーを創出させることはできない。このようなプロセスをうまく管理し，異文化シナジーを創出させるところに異文化シナジーの管理の課題がある。

4-2 異文化シナジー管理と組織文化の変革

現在のグローバル企業にとっては，異文化シナジーを創出させることが課題であるとしても，それをどのように創出させるのか。異文化シナジーの創出に成功すれば，組織が創造的になり，将来のイノベーション創発も期待できるので，これは極めて重要な課題であるが，国際経営の分野ではまだほとんど研究が進んでいない。

ところで，人間の創造性や発明は，かつて個人的な性格のものだと考えられていた。しかし，現在ではそれらは個人に固有なものとは限らず，むしろ他人とのコミュニケーションや組織を通じて生み出され，利用されるようになってきている。「独創は個人にしか宿らない」という言葉を残したアインシュタインでさえ，相対性理論の構築のプロセスにおいて，彼の妻や友人たちとの議論が大きな役割を果たしたと言う（茂木 2008）。とりわけ，異質な文化的背景の人々との接触が新しいものを生み出す場を提供する。

14世紀から15世紀にかけて，フィレンツェを中心に花開いたルネッサンスは，その典型的なケースと言ってよい。当時フィレンツェには世界中から彫刻家，画家，詩人，哲学者，科学者，建築家などが集まった。彼らはそこで出会って，お互いに学び合い，お互いの文化や学問の障壁を取り払って交流した。その結果，新しいアイデアが生まれ，それに基づく新しい世界を作り上げることができた（Johansson 2004）。

このようにフィレンツェでは異質な文化的背景の多様な才能を持った人々が集まり，相互に交流・学習したからこそ，異文化シナジー効果が生じ，芸術，学問，ビジネスなど，いろいろな分野でイノベーションが起こり，次々と新しいものが誕生したのである。現在ではグローバル企業がまさに異質の

文化を持った人々が出会う場であるので、異文化シナジーが生じるように持っていけば、その企業が創造的になり、イノベーション創発も期待できる。しかしながら、それには極めて高度なマネジメントが必要となろう。アドラーの見解を参考にして、異文化シナジー管理の要件をまとめると、次のようなことが重要となろう。[5]

(1) ビジョンと超越的な目標

異質の文化を持つ組織のメンバーが合意し、協働するためには個人的な文化を超越し、共鳴するようなビジョンや目標が必要になる。組織のメンバーが理想的なビジョンや目標を持つことができれば、文化的な偏見を減らし、相互の協調と協働の精神が生まれる。

(2) メンバーの選択

異文化組織の編成の際には、その当該の仕事に関連する能力において、同じようなレベルのメンバーを選択する。メンバーの文化が違っても、その能力が同じようであれば、コンフリクトの発生を最小限に食い止めることができる。

(3) 相互信頼と尊敬

組織のメンバーが効果的に仕事をするためには、メンバーが相互に信頼し尊敬し合うことが不可欠である。能力レベルで同等なメンバーを選択したり、メンバーの過去の業績を全体に公表したりして、民族的な固定観念に基づく偏見を取り除くことで、メンバー間の信頼や尊敬を促進させる。

(4) フィードバック

多様な文化の組織では、仕事の成果について合意を形成するのに時間がかかる。このため、その組織を編成する初期の段階で、仕事のプロセスと成果に対して、フィードバックが必要になる。

グローバル企業は、このような異文化シナジー管理によってシナジー効果を引き出さなければならないけれども、それはまさに言うは易く行うは難しである。[6] 多くの企業は一般に文化の多様性の管理よりもむしろ組織の効率を追求する傾向にある。多文化組織であるグローバル企業といえども、経済合

理性に基づいて組織の効率を追求すれば，その従業員間で「価値観の平準化」が起こり，彼らは集団思考となり，画一的な思考や行動様式をとるようになる。この点は外資系企業の異文化チームに属するメンバーの調査結果からも裏付けられている（海野 2007）。組織に民族，人種，国籍といった文化的多様性が存在しても，メンバーの価値観や思考様式が類似しておれば，文化的多様性は機能しなく，異文化シナジーは創出されない。グローバリゼーションの進展によって，今や国籍の相違が必ずしも価値観の多様性を意味するものでなくなっている（海野 2007）。かくして，グローバル企業といえども，意識的に従業員の価値観や思考様式の多様性を確保しなければならない。

　グローバル企業が「集団思考の罠」に陥らずに，異文化シナジーを創出するためには，その組織文化を変革することも求められる。組織のメンバーの個性，異質性，自由，創造性を尊重し，それぞれが相互に自主的に学習するような組織文化を構築することが必要となる。これは，換言すれば，企業が国の文化を超えたグローバルに通用する独自の企業文化を構築することを意味している。

　確かに，グローバル企業の経営には国の文化を考慮することは大事であるが，急速にグローバリゼーションの進展する今日においては，国の文化にのみ囚われていては異文化シナジーを創出できない。[7] 異文化シナジーの創出には国の文化を超越するメンバー間に共通の価値観や課題，およびその協働や相互学習が必要になる。日産自動車の欧米での新車開発の事例は，それを如実に物語っている。同社は1980年代後半から欧米の研究開発部門で，日本とアメリカ，および日本とヨーロッパのエンジニアたちが共同で新車開発に取り組み，その完成までに実に多くの異文化にまつわる難問に直面するが，最終的には「優れたクルマをつくる」という，共通の価値観や課題のもとで協働し相互学習を繰り返した（野中・徳岡 2009）。その結果，彼らは現地市場でトップセラーになるほどの優れたクルマをつくることに成功した。世界の人々が共鳴し，個人の個性や創造性，能力の活かせる組織文化を構築できる企業のみが異文化シナジーを創出でき，そしてイノベーションを創発する

5　日本企業の国際経営の革新と異文化経営

5-1　日本企業の国際経営とコミュニケーション上の欠点

　これまで異文化経営にかかわる重要課題について議論してきた。では，日本企業は文化の多様性にうまく対応できて，異文化シナジーを創出し，さらにそれをイノベーション創発のレベルまで止揚できるのであろうか。

　いうまでもなく，今や多くの日本企業も世界の多数の地域や国に進出し，グローバル経営を展開するようになっている。その意味では，日本企業も異文化シナジーを生み出し，イノベーション創発へと結びつける経営を行っていても少しも不思議ではない。しかし現在のところ，このような経営を行っている企業は多くない。いやむしろ極めて少ないと言った方が妥当であろう。それはなぜか。それは，主にこれまでの日本企業の国際経営と日本人のコミュニケーションの仕方に問題があったからである。そこでまず，この2つの点からみていくことにしよう。

　これまでの日本企業の国際経営は，一言で言えば，国内経営の延長線上で展開されてきたといえる。日本は地理的・歴史的な理由から，長い間外国諸国と接触する機会が少なかったがゆえに，世界でも珍しい同質社会となった。このような社会で育まれた日本企業は，単一文化組織として日本人だけで経営し，日本人だけに通用する，いわゆる「同質経営」を行ってきた。これは逆に言えば，日本企業は海外の異質な文化や経営方式に慣れていないということでもある。それだからこそ，多くの日本企業は国際経営を展開する段階になっても，エスノセントリックな経営を行うようになった。[8]

　まず日本企業は，経営戦略などの重要な意思決定は本社で行い，また経営管理や生産管理のノウハウや技術も日本から海外へ移転した。確かに，QCサークルや5Sなどに代表される工場現場での生産管理や生産技術面では日本のやり方やノウハウが優れており，海外でも非常に有効で大きな成果を上げた。しかし，それ以外の分野ではエスノセントリックな経営によって多く

の問題が発生した。9)

　日本企業は，海外子会社を本社の戦略を実行する手足としてしか見ていないので，子会社の声には耳を傾けず，その結果本社と子会社の間にコミュニケーション・ギャップが生じ，現地の環境変化にスピーディに対応できない。海外子会社には日本人社員が多く送られてきて，彼らが主要ポストを占めてしまうので，人の現地化が進まず，現地人従業員の仕事に対する意欲を減退させ，また優秀な現地人材を確保できない，というような諸々の問題が顕在化した。

　また，外国企業とでは組織や仕事のあり方も違うにもかかわらず，多くの日本企業は海外でも日本的な人事制度を導入した。一般に，欧米などの外国企業では従業員各人の職務内容，権限，責任が明確になっており，そして各人の業績に応じて人事評価がなされ，賃金や昇進も決められる。しかし，日本企業ではそれらは必ずしも明確化しておらず，仕事でも他人との相互依存領域が広い（石田 1985）。しかも日本企業では賃金や昇進は年功序列で決まり，将来のキャリア形成も曖昧で，いわゆる「ガラスの天井がある」とか「発展空間が見えない」などと揶揄される。このような「曖昧な経営」のもとで働く外国人は，日本企業に対してフラストレーションを募らせ，早晩退社することになる。

　このように，これまでの日本企業は国際経営を国内の延長線上で，同質経営を行ってきたために，外国の異質で多様な文化を取り入れ，しかもそれを活用するような経営を行ってこなかった。それだけではない。日本企業には日本人のコミュニケーション上の問題もある。よく言われることであるが，日本人は外国人とのコミュニケーションが不得手である。これは，主に日本人が同じ価値観を有する同質社会で育ち，しかも外国人と接触する機会が少なかったことに起因する。人々は同じ価値観を共有しておれば，お互いにコミュニケーションに多大な努力を払わなくても，そのメッセージを伝えることができる。だからこそ，日本人はコミュニケーションのスキルの向上に努力を怠ってきた。日本には昔から「あうんの呼吸」「以心伝心」「沈黙は金」

「一を聞いて十を知る」などの言葉や諺が多くあるが，これは日本人には明示的なコミュニケーションが重視されてこなかったことを暗示するものである。日本は，ホールの言うように，まさに高コンテクスト文化の国なのである。

しかしながら，前述のように，世界の多くの国々，特にビジネスの盛んな国は低コンテクスト文化で，言語によるコミュニケーションを中心としている。したがって，日本企業が国際経営を展開し，また日本人が外国人とコミュニケーションをとる場合には，言語による明示的な表現をするように心掛けなければならない。そうでないと，外国人は日本人の考えや行動を理解できない。その意味では，これからの日本人には言語表現が極めて重要になると言える。世界の異質の文化を持つ人々とビジネスを行うグローバル・マネジャーには複数の言語能力が求められるが，そのような人でなくても，国際経営にかかわりを持つ人間には，少なくともビジネスの世界共通語である英語については，自由に駆使できるようでなければならない。しかし，日本企業ではグローバル経営を展開している企業ですら，その親会社はまだ「日本語の世界」である（吉原・岡部・澤木 2001）。これでは，多様な文化的背景を持つ外国のビジネス・パーソンとは十分なコミュニケーションをとることはできなく，まして彼らとの共同の産物である異文化シナジーの創出は期待すべくもない。もし日本企業において，今後もこのような状況が続くとすれば，日本企業は「明日に明るい展望をもつことはむずかしい」（吉原・岡部・澤木 2001）と言わざるを得ない。

5-2　日本企業における異文化経営の展開

日本企業は，これまでのような国際経営を続けている限り，将来に明るい展望を持つことは難しい。では，どうすればよいのか。日本企業には国際経営の革新が求められる。

まず，日本企業にはエスノセントリックな同質経営から脱却し，その組織内で多様な文化を包摂しながらシナジー効果を引き出せるような異文化経営に取り組むことが重要となる。再言するが，これからのグローバル知識経済

時代の企業は、一方では世界中から新しい知識や情報を感知・獲得し、それを組織ユニット間で共有・活用すると同時に、他方ではその組織内で多様な文化的背景を有する人々を動機づけ、その能力を最大限に発揮させる必要がある。このような課題に立ち向かうには、企業の経営理念、戦略、管理システム、および組織文化が世界の多くの人々に受け入れられるものでなければならない。世界の人々が共鳴する高邁で格調の高い経営理念、グローバルとローカルな環境変化にスピーディに対応できる戦略、グローバルでフォーマルな管理システム、および従業員の個性、異質性、自由、創造性を尊重し、相互に学習できるような組織文化が求められる。これからの日本企業は、このようなグローバル経営を展開できる企業へと変革を遂げなければならない。

　確かに、日本企業の中でも、最近異文化経営やダイバーシティ・マネジメントに取り組む企業が増えてきている。しかし、そのような企業といえども、国籍、人種、宗教などの違う多様な文化を有する人々が協働し、異文化シナジーを創出できるようなレベルの異文化経営を実践しているかどうか、ということになるとかなり疑わしい。その意味では、今後日本企業は異文化経営に一層積極的に、かつ本腰を入れて取り組む必要があろう。しかしそれは、長らく同質社会に慣れ親しんできた日本企業にとってはそう簡単ではない。日本企業が異文化経営を展開し、異文化シナジーを創出できるレベルまで到達できるかどうかは、そのドライビング・フォースとなる人材、すなわち異文化マネジャー（cross-cultural manager）がどれだけいるかどうかにかかっていると言ってもよい。ところが、日本企業にはそのような異文化マネジャーは少ない。最近、この点に気づいて、グローバル人材の育成の一環として、異文化マネジャーの育成にも力を入れる企業が増えているけれども、現在のところその数は絶対的に不足している。

　ところで、その異文化マネジャーには少なくとも次のような資質や能力が求められる。

(1) 語学力
(2) オープンで公平なマインドセット

(3) 文化的多様性の受容力
(4) 異文化理解力
(5) コミュニケーション能力
(6) 異文化シナジー創出力

　日本企業にはこのような資質や能力を有する異文化マネジャーが必要なのである。このような資質や能力を持った人材はまた，世界中から多様な情報や知識を学習し，企業にイノベーションを創発させるグローバルなナレッジ・ワーカー（knowledge worker）でもある（Holden 2002）。21世紀のグローバル知織経済時代を迎え，日本企業も世界の多様な文化を持った人々と協力して，また彼らと相互に学習しながら新たなイノベーションに挑戦し，持続的な競争優位を構築していかなければならなくなっている。それには日本企業が異文化経営を担う異文化マネジャーをどの程度育成できるかどうかにかかっていると言っても過言でないだろう。

6　おわりに

　以上，本章では異文化シナジーの創出という視点から，グローバル企業の異文化経営にかかわる基本的で，かつ重要な諸課題について検討してきた。今日のグローバル企業は熾烈なグローバル競争に晒されているので，その生き残りのため絶えずイノベーションに挑戦し，競争優位を構築しなければならなくなっている。ここにまた，そのような企業には絶えざる国際経営の革新が求められるが，それは世界の多様な文化を抜きにしては考えられない。いやむしろ，グローバル企業は世界の多様な文化を積極的に活用するような形で国際経営の革新に挑戦する必要があろう。

　グローバル企業には世界の文化の多様性を尊重し，そのような背景を持つ人々とコミュニケーションを円滑にして，その相互作用を通じて異文化シナジーを創出させることが重要となっている。ここにグローバル企業には異文化シナジー管理が不可欠であると同時に，その異文化経営の課題もある。しかし，日本企業について見ると，これまでの国際経営の方法や日本人のコ

ミュニケーションの仕方の問題から、そのような管理や経営はなかなか容易ではない。そこには難問が山積していると言ってもよい。だが、もし日本企業はそのような異文化シナジー管理や異文化経営に本腰を入れて取り組まないとすれば、現在の熾烈なグローバル競争からあっという間に脱落してしまうであろう。その意味では、現在の日本企業には、こうした異文化シナジー創出の視点から国際経営の革新に取り組むことが喫緊の課題となっていると言ってよい。それにはその担い手になる異文化マネジャーの育成が極めて重要になる。最近、日本企業においても、グローバル・マネジャーの育成に力を入れ、その一環として異文化経営の教育・研修を重視する企業が増えてきているが、今後異文化マネジャーをどの程度まで育成できるかどうかに、日本企業の将来がかかっていると言っても過言ではないだろう。

注
1）このような経営を国際ナレッジ・マネジメントと言う。これについては、桑名（2008）を参照されたい。
2）G. P. フェラーロは、かつての欧米の多国籍企業や国際ビジネスマンは文化人類学の貢献を認めず、海外ビジネスの失敗も彼らの外国人の考え方や行動パターンに対する理解と適応能力の欠如によるものだとしている。Ferraro（1990）、邦訳3-14頁。
3）企業のグローバル化と文化の関係については、Adler（1990）、pp.6-10、邦訳6-10頁、林（1994）、179-183頁、船川（1998）、39-43頁を参照されたい。
4）高コンテクストと低コンテクスト文化の特徴の比較については、林（1994）、72頁を参照されたい。
5）この要件については、Adler（1990）、pp.139-141、邦訳138-141頁、安室（1992）、212-213頁を参照されたい。
6）安室は「異文化シナジーを管理できない組織は、次の世紀を生き抜くことはできない」と述べている。安室（1994）、108頁。
7）馬越によれば、企業の構成員が多国籍化する現代においては、社員の文化的背景による意識の差は縮小し、それに代わって企業文化が重要な役割を果たすようになってきている。馬越（2000）、163頁。
8）N. J. ホールデンは、松下電器（現パナソニック）を異文化の視点から見て、エスノセントリックな経営を行っているとしている。Holden（2002）、p.219.

9）中谷は「オペレーションの共通化にこだわる日本企業のやり方は，製造工場の海外展開においては成功したが，より高度なマネジメントレベルのグローバル展開が必要になる今後においては，経営理念や戦略の共通化ができない日本企業は苦戦せざるを得ない」と述べている。中谷（2008）を参照。

参考文献

Alder, N. J. (1991) *International Dimensions of Organizational Behavior*, PWS. KENT Publishing Company（江夏健一・桑名義晴監訳『異文化組織のマネジメント』マグロウヒル，1992年）．

Doz, Y. L., J. Santos, and P. Williamson (2001) *From Global to Metanational : How Companies Win in the Knowledge Economy*, Harvard Business School Press.

Ferraro. G. P. (1990) *The Cultural Dimention of International Business*, Prentice Hall（江夏健一・太田正孝監訳『異文化マネジメント』同文舘出版，1992年）．

藤井健（2006）「異文化マネジメント」江夏健一・桑名義晴編著『新版　理論とケースで学ぶ国際ビジネス』同文舘出版，第11章．

グローバルリーダーシップ・コンピテンシー研究会編著（2005）『グローバルリーダーの条件』白桃書房．

Hall, E. T. (1976) *Beyond Culture*, Anchor Press（岩田慶治・谷泰訳『文化を越えて』TBSブリタニカ，1980年）．

林吉郎（1994）『異文化インターフェース経営』日本経済新聞社．

Holden, N. J. (2002) *Cross-Cultural Management : A Knowledge Management Perspective*, Prentice Hall.

石田英夫（1985）『日本企業の国際人事管理』日本労働協会．

Johansson, F. (2004) *The Medici Effect*, Harvard Business School Press（幾島幸子訳『メディチ・インパクト』ランダムハウス講談社，2005年）．

Konopaske, R. and J. M. Ivancevich (2004) *Global Management and Organizational Behavior*, McGeaw-Hill.

桑名義晴（2008）「多国籍企業の国際ナレッジ・マネジメント」江夏健一・桑名義晴・岸本寿生編『国際ビジネス研究の新潮流』中央経済社，第12章．

馬越恵美子（2000）『異文化経営論の展開』学文社．

茂木健一郎（2005）『脳と創造性』PHP研究所．

永井裕久（1994）「異文化間コミュニケーション」石田英夫編著『国際人事』中央経済社，第2章．

中谷巌（2008）「日本文化の本質を知りICT活用」『日本経済新聞』12月11日付．

野中郁次郎・徳岡晃一郎 (2009)『世界の知で創る』東洋経済新報社。
太田正孝 (2008)『多国籍企業の異文化マネジメント』同文舘出版。
Root, F. R. (1982) *Foreign Market Entry Strategies*, AMACOM(桑名義晴訳『海外市場戦略』ホルト・サンダース,1984年).
海野素央 (2004)『異文化コラボレーターの仕事』中央経済社。
安室憲一 (1992)『グローバル経営論』千倉書房。
安室憲一 (1994)「多国籍企業と異文化シナジー管理」安室憲一編『多国籍企業文化』文眞堂,第5章。
吉原英樹・岡部曜子・澤木聖子 (2001)『英語で経営する時代』有斐閣。

第3章
異文化マネジメント研究のパースペクティブ

1 はじめに

　21世紀のメタナショナル化するグローバル競争環境においては，イノベーションは日米欧3極のようなグローバル・ビジネス活動の既存センターからだけでなく，様々な新興市場を含む周辺部からも発生する。また，そうしたイノベーションの種を多様な文化的背景を持つスタッフ間の知識移転と知識創造を通じて，魅力的な製品やサービスに変換していくことが強く求められる。このようにグローバル化が進めば進むほど，距離の持つ脅威ならびに各現地の特色を反映した情報や知識の粘着性への対応が求められるのである。

　こうした傾向は，エスノセントリズムに基づく本国および本社の行動パターンの単純拡大，あるいはグローバル・レベルでの規模の経済と経営効率のみを重視する単純グローバル化への反動と見ることができる。ビジネス活動がトランスナショナル化さらにはメタナショナル化する現在，文化的な多様性と差異こそが日々の生活に潤いを与え，またグローバル市場にも活力を与える原動力であるとの再認識が生じたのである。

2 異文化マネジメントとは何か

　20世紀から21世紀にかけて生じた最大のパラダイム・シフトの1つはビジネス活動における文化への関心の高まりである。もちろん20世紀においても

文化が無視されていたわけではない。国際マーケティングに初めて文化的視点を導入したフェアウェザー（Fayerweather, J.），『沈黙のことば』『かくれた次元』『文化を超えて』の3部作で多くの示唆に富んだ概念とモデルを提示したホール（Hall, E. T.），そして前章でも紹介されたホフスティード（Hofstead, G.）など，国際ビジネス研究の一部の先駆的研究者は1960年代初頭にすでに，文化がビジネス活動に与えるインパクトならびに国家と文化の境界を超えたビジネス現象を研究することの意義を鋭く指摘していた。

とはいえ，彼らの主張もビジネス研究全体でみれば周辺部に位置したものであったことは否めない。実際，20世紀後半とりわけ1970年代以降に顕著となった単純グローバル化の進展プロセスにおいては，ビジネス活動はもっぱらテクノロジーとファイナンスの視点から語られることが多かった。文化ダイナミクスや文化的差異に関する諸問題は経営効率への目に見える貢献がしにくいため，出来るだけ後回しにしたいテーマとされたのが現実である。こうした傾向は1990年代のニュー・エコノミーにおいて頂点に達する。ITに支援されたビジネス活動の迅速性とファイナンシャル・エンジニアリングが実現する飽くなきグローバル効率の追求，そしてその結果として生ずる優勝劣敗の論理が支配するビジネス環境の出現である。

しかし1997年のアジア通貨危機で揺らぎ始めたニュー・エコノミーは9.11テロを境に崩壊の一途を辿る。最近のサブプライム・ローンの悲劇的事例に見られるとおり，さしものアングロ・アメリカ経済も21世紀の多極化するグローバル環境においてはカオスに突入した感がある。反面，21世紀に入ると年を追うごとにコンテクスト，人的コミュニケーションの重要性が様々なビジネス研究領域において叫ばれるようになり，その上位概念である文化それ自体への関心も急速に高まってきた。

異文化マネジメント（cross-cultural management）とは，こうした企業競争のメタナショナル化に伴って，質量ともに増大する多文化主義（multi-culturalism）への経営的対応として1970年代に萌芽し，1980年代以降，欧米を中心にその専門性が確立された研究分野である。その目的は国際ビジネス

活動において避けることができない文化的圧力や文化的プルを管理することで，ビジネス活動への異文化問題の悪影響を最小化すると同時に，異文化コミュニケーション・プロセスを通じてカルチュラル・シナジー（cultural synergy）を創出することにある。どこまでがビジネス本来の問題であり，どこまでが異文化相互作用の問題であるかを個々のユニークなビジネス状況において判断し，最適な経営的意思決定を遂行しうる有用な概念的枠組みと分析ツールを提供すると同時に，そうした異文化相互作用を管理する能力ならびにスキルを開発することが最大の使命となる。

こうした使命を持つ異文化マネジメント研究のパースペクティブは，基本的に組織レベルと個人レベルの2領域に大別される。前者は企業が異文化問題に効果的に対応するための組織能力と組織プロセスを扱うものであり，後者はそうした組織能力を実際に作動させる個々のグローバル・マネジャーの異文化マネジメント・コミュニケーション能力に関するものである。本章では紙面の制約もあるため，組織・個人両レベルの研究領域の根幹を成す4つの重要な研究課題，すなわち①グローバル・ローカル・トレードオフ，②統合を軸とする文化変容，③制度的環境と同型化プル，④異文化コンテクスト・マネジメントについて概説していく。

3 グローバル・ローカル・トレードオフ

異文化マネジメントにとって必然的とも言える命題にグローバル化と現地化の対峙がある。一方において国際化するとその文化の独自性は薄れるが，他方においてあまりに自己の独自性にこだわると国際社会で孤立しかねない。本来，われわれの世界はそのどちらを欠いても成立しないし，国際社会全体のバランスのとれた体系は，独自性の維持と国際標準採用とのダイナミックな相互作用の中で進化するからである。これは一種の「自己言及パラドックス」でもある。自己を理解するためには，自文化を理解しなければならないが，自文化の理解は異文化との接触によってはじめて可能となるからである。自文化の理解は自己への直線的な内的洞察によっては得られず，異文化との

接触によって生じる動的情報の共有を経なくては見えてこないというパラドックスの中にわれわれは生きているのである。[1]

　国際ビジネス活動におけるグローバル化と現地化の対峙に関する基本スタンスは，伝統的には「標準化 vs. 特殊化ディレンマ（standardization vs. specialization dillemma）」，そして近年では「グローバル統合（global integration）vs. 現地感応性（local responsiveness）マトリックス」などに代表される二元論アプローチである。しかし，これらの二元論アプローチは少なくとも企業の異文化問題を分析するうえでは明らかな限界を内包している。第1に，標準化の内容が特定国（多くの場合は本社国）の文化パターンの国

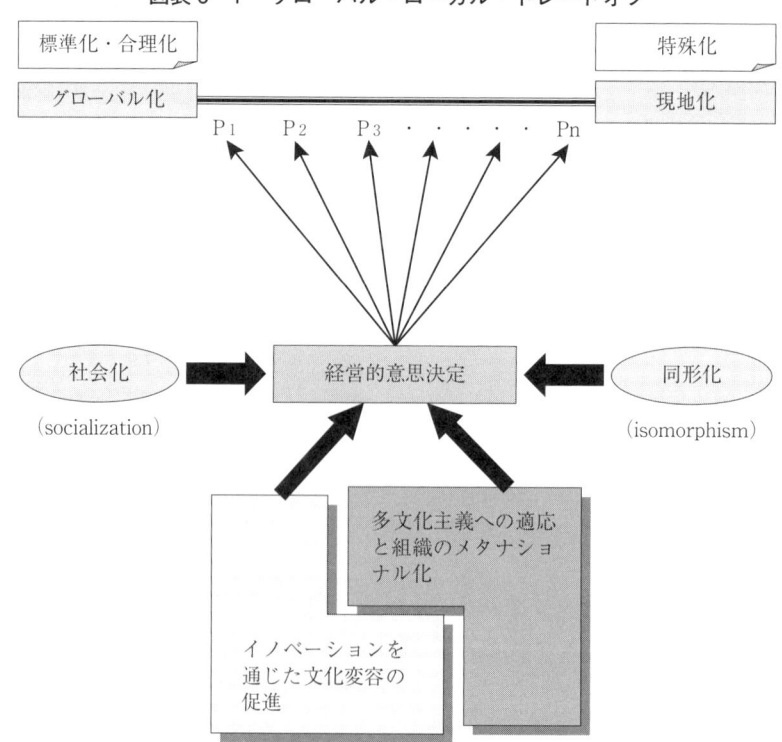

図表3-1　グローバル・ローカル・トレードオフ

標準化・合理化　　　　　　　　　　　　　　　特殊化
グローバル化　　　　　　　　　　　　　　　　現地化
　　　　　P_1　P_2　P_3　・・・・　P_n

社会化　→　経営的意思決定　←　同形化
（socialization）　　　　　　　　　　　　（isomorphism）

多文化主義への適応と組織のメタナショナル化

イノベーションを通じた文化変容の促進

出所：太田（2008），176頁（太田（1998），52頁のオリジナル図表を修正）。

際的拡大を意味しているのか,それとも実際の国際操業プロセスの中で合理化された新たな標準化であるのかが明確でないからである。第2に,企業の意思決定とそれに続くオペレーションは結局のところグローバル化と現地化の間で振幅することになるが,そのトレードオフの最適ポジションに関する経営的分析が不足しているからである。

図表3-1はこうした既存アプローチの欠点を補足し,グローバル化と現地化の調整メカニズムならびにその意思決定に影響を及ぼす要因を異文化マネジメントの観点から捉えたグローバル・ローカル・トレードオフ (global-local trade-off) のモデルである。このモデルでは完全な現地化 (特殊化) と完全なグローバル化 (標準化) を両極に持つ連続体 (continuum) のどこかに存在する現実的なトレードオフを志向し,その特定の点 ($P_1, P_2, \cdots P_n$) に経営資源を戦略的に動員しようとする。しかし,既存の二元論アプローチでは,そうした「特定の点」をどこに定めるかに関する判断はケース・バイ・ケースであるとされたり,あるいは個々のマネジャー (特にトップ・マネジメント) の経験や資質,さらには偶発性に依存するとの説明で終始することが多かった。言い換えれば,企業組織がなぜある時には現地の価値観やパターンに適応し,なぜある時には適応しない,あるいはできないのかについて科学的な分析を加えることができなかったのである (太田 1998, 53頁)。

本モデルでは,「特定の点 (P_x)」を志向する経営的意思決定が様々な形態の文化変容の影響を受けることを示している。異文化相互作用の結果を決定する最大の要因は個々の異文化状況における文化変容の形態であり,それは適応とイノベーションという2つの側面から成立する。基本的に国際オペレーションにおいては現地パターンへの適応を選ぶか,あるいは逆に本社国パターンを一種の外部イノベーションとして現地社会に導入し,現地パターンの文化変容を促進するかの二者択一的代替案が存在するからである。

文化変容プロセスはさらに社会化プロセス[2]と同型化プロセスの影響を受ける。社会化 (socialization) とは簡単に言えば,異なる価値観や行動パ

ターンを持った個人があるグループに新規参入者として参画し，同グループの価値観や行動パターンに順応していくプロセスである。企業の異文化問題として捉えれば，異なる文化パターンを持つスタッフを如何にグローバル組織の中に取り込むのか，あるいはそうした個人をグローバル組織がいかに活用して異文化シナジーを創出するかに関する問題である。もう一方の同型化（isomorphism）はこれまでほとんど関心が払われてこなかった概念である。概略するならば，あるグループや組織の構成メンバーが如何なるメカニズムを通じて同質な行動パターンを採用するようになるのか，また，なぜ環境内に存在する他のグループや組織に，そうした行動が受け入れられていくのかを分析するものである。同型化の概念（詳細は第4節を参照）は国際ビジネス研究の長年の論争であったグローバル化vs.現地化の二元論アプローチに新たな視点を与えるとともに，異文化問題を科学的に分析するうえでも極めて重要な役割を果たすことになる。

4　統合を軸にした文化変容

　企業は文化の影響力をダイナミックに管理することでカルチュラル・シナジーを創出しなくてはならないが，その成功は関与する文化パターンがどのような文化変容（acculturation）[3]を引き起こすかに掛かっている。文化変容とは直接的な接触を持つ2つの文化およびグループが，相互の接触から必然的に生じるコンフリクトや問題を解決するプロセスを意味する。異文化との接触や相互作用はポジティブな経験である反面，相対的に弱い文化のメンバーにとっては孤独感や疎外感，場合によっては完全な破壊を余儀なくされる。従来，文化変容はもっぱら文化人類学者や社会学者あるいは異文化心理学者の研究領域であったが，異文化マネジメント研究が進むにつれて企業が遭遇する異文化問題の解決にも貢献しうることが認識されてきた。

　文化変容は基本的に同化（assimilation），統合（integration），分離（separation），脱文化（deculturation）の4類型に分類される（図表3-2参照）。これらの類型は2つの文化グループが相互に適応する方法と，その際に生ず

るコンフリクトの解決方法を規定する。同化とは常に一方のグループから他方のグループへの片務的適応を意味する。言い換えれば，相対的に劣勢な文化のメンバーが自文化のパターンを進んで放棄し，相手の文化パターンを採用しようとする状況であり，相手文化への構造的同化とともに文化的ならびに行動的な同化も同時に生ずる。

　これに対して統合は，2つの文化間での構造的同化は生ずるが文化的・行動的同化はほとんど生じない状況を意味し，一方の当事者がその文化的アイデンティティを喪失することはない。比喩的に言うならば，同化が身も心も同化するのに対して，統合の場合には身だけ同化し，心は基本的に自文化のパターンを維持するのである。人類の異文化相互作用の長い歴史において文化的借用（cultural borrowings）が効果的に機能してきたのは，まさしく構造的同化と文化的・行動的同化を区分する「統合」を軸とする文化変容だったからである。

　第3パターンの分離とは，相互作用する2つの文化のうち少数派が多数派グループから分かれ独立を保つことによって自己の文化や慣習を守ろうとすることであり，両グループ間に生じる文化的交流は最小限となる。最後の脱文化は相互作用する2つの文化のいずれのグループとも文化的および心理的接触を持たず，両者にとって部外者であり続けることであり，疎外感，アイデンティティ喪失，同化ストレスを引き起こす。

　異文化マネジメントの役割は，これら4類型のいずれにおいても発生しう

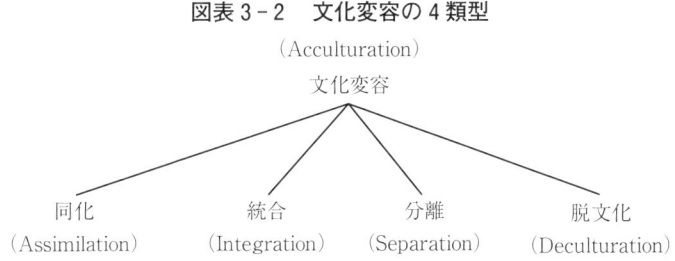

図表3-2　文化変容の4類型

（Acculturation）
文化変容

同化	統合	分離	脱文化
(Assimilation)	(Integration)	(Separation)	(Deculturation)

注：Berry（1980）の議論から作成。
出所：太田（2008），176頁，太田（1998），51頁。

る様々なコンフリクトを適切に管理し，プラスに作用させることである。とはいえ，最もインプリケーションが大きいのは2番目の「統合」である。元来，こうした文化変容モデルは，帝国主義時代の植民地に宗主国文化の価値観や理念を移植したプロセス，またその後のアメリカ移民へのアングロ・サクソン化のプロセスに関する研究において，文化人類学者や社会学者によって開発されたものである。実際，アメリカにおける移民政策も当初はアングロ・サクソン文化への同化を目指したものであったが，結局は「モザイク社会」[4]と称されるとおり「統合」を軸にした多民族国家へと発展せざるを得なかったのが現実である。このことは企業の国際オペレーションにとっても非常に示唆に富んだものとなる。なぜならば，多文化を前提に相互作用するということは多文化を管理することであるが，その際，一定レベルの合理化や標準化を優先的に達成するべく構造的同化を推進することはあるにせよ，不必要な文化的同化や行動的同化に固執しないことがカルチュラル・シナジーを創出する一大原則だからである。

5 制度的環境内における同型化プル

5-1 制度化理論と同型化

　一般に，企業の異文化相互作用に対する既存アプローチの多くは，本来が文化人類学やコミュニケーション論において開発されたものであるため，企業のグローバル戦略と組織全体をシステマティックに捉えるアプローチとしては脆弱な面があった。この脆弱性は異文化マネジメント研究の停滞および混沌を招く1つの原因であったことは否めない。そうした状況からの脱却にとって有効な分析的枠組みを提供する新しいアプローチとして，制度化理論（institutionalization theory）が近年，異文化マネジメント研究で注目されるようになってきた。

　「組織はテクニカルな現象であると同時に社会的な現象であり，その構造およびプロセスはテクニカルな合理性によってのみ形成されるわけではない」との前提に立つ制度化理論は，社会的コンテクストを第一義的に捉える

とともに「制度的環境内での同型化」に焦点を置いている（Zucker 1987, p.443）。また組織は環境にとって適切であると外的に定義されるパターンを採用し，そのパターンはさらに他の組織との相互作用において強化される（Westney 1993, p.54）とする点において異文化マネジメントにフィットした理論と言える。

実際，制度化理論の導入により，異文化相互作用とは制度と制度の相互作用の一種であり，多文化主義とはその多角的管理を必要とする社会現象と認識される。その結果，企業の異文化問題はより客観的な分析レベルに上るだけでなく，合理的実体である企業の組織行動にとっても意義ある分析対象となりうる。とりわけ注目されるのが「制度的環境内での同型化プル（isomorphic pull）」の概念である。同型化プルとは特定の文化グループが持つ「巻き込み力」のことである。たとえば，異文化環境では母国とは異なる価値観やライフスタイルに従わざるを得ない「巻き込み力」を感じるはずである。情緒的に言えば「郷に入っては郷に従え」であるが，制度化理論のレンズからみれば現地の文化的プルに巻き込まれていることになる。実はまったく同じことが自文化の環境内でも起きているのであるが，水や空気のように当然の事柄となっているために意識しないだけなのである。

5-2　同型化の形態

同型化（isomorphism）とは，ある組織がその存在する環境に群生している他の組織において支配的な構造とプロセスを採用することを意味する。ディマジオとパウエル（Dimaggio, P. J. and W. W. Powell）は，制度的同型化の重要なカテゴリーとして，①強制的同型化，②規範的同型化，③模倣的同型化の3つがあるとしている（Dimaggio and Powell 1983, pp.150-154）。[5)] 以下，これら3つパターンの同型化の特徴について概略してみる。

(1)　強制的同型化（coercive isomorphism）

組織パターンがより強力な権限（通常は国家）によって押し付けられる同

型化である。たとえばスハルト時代のインドネシアのように，大統領令（presidential decree）によってインドネシア国内への海外直接投資における外国資本比率は50％未満とするホスト国政府の歴然たる規制が存在する組織フィールドでは，海外現地法人の資本比率は親会社の国籍に関係なく，たとえば49％に同質化することになる。

(2) 規範的同型化（normative isomorphism）

当該組織フィールドにおいて，「適切な（appropriate）」と認識されている組織パターンが職業専門的組織などによって擁護されている場合の同型化である。近年，航空機は禁煙が当たり前であるが，当初は一部の航空会社でしか実施されていなかった。それが急速に普及していった背景には，そもそも高度１万メートルを超える機内で火気を扱うことは危険であり，また機内の空気の状態も悪くなり乗客の健康を害するとの規範的認知が普及したからであろう。こうしたプラクティスは人間らしい，快適で安全な空の旅を提供することを絶対的使命とする航空会社の観点からすれば，明らかに規範的同型化に属するし，それゆえに国際線・国内線を問わずすべてのフライトに実施できる強固なレジティマシーが確保されるのである。

(3) 模倣的同型化（mimetic isomorphism）

当該組織フィールドにおいて「成功者」と見なされている他のパターンを採用することで不確実性に対応する同型化である。かつて日本経済が日の出の勢いだった1980年代に日本的経営システムが欧米によって賞賛され，積極的に採用されたのも模倣的同型化のダイナミクスの結果と見ることができる。一般に競争原理を前提とするビジネス活動における同型化はこのパターンをとることが多いという意味では，異文化マネジメントにとって最も重要な分析対象となりうる。また，前述の航空機内の全面禁煙のように，現在は規範的同型化の範疇に入るものでも初めは模倣的同型化から出発している場合が多いため，より一層注目すべきである。

上記の３タイプの同型化の中で，異文化マネジメントにとって最もインプ

リケーションが大きいのは当然のことながら模倣的同型化である。なぜならば企業活動においては業績を改善できる，あるいは業界でトップになるために有効なベスト・プラクティスが常にグローバル市場でベンチマークされるからである。製品やサービスの売上高が最終的には市場メカニズムや消費者嗜好によって決定されがちなビジネス活動においては，規範的妥当性があるものが必ずしも支配的パターンとなるわけではないからである。また前述のとおり，模倣的同型化と規範的同型化の区分は微妙であり，航空機の禁煙ルールのように現在は規範的同型化の範疇に入っていても，当初は模倣的同型化から出発しているものも多いため，ビジネスのレンズから見た分析対象が他の2つの同型化よりも遙かに多いからである。

　このように模倣的同型化は確認しにくい面があるが，スポーツを例にとると容易であろう。サッカーとアイスホッケーはいずれも肉体的接触を伴うスポーツであるが，ラフプレーに対する選手および審判のスタンスには顕著な相違が見られる。サッカーでは接触された選手は必ずと言って良いほどグラウンドに倒れ，いかにひどい痛手を受けたかを審判にアピールして相手からペナルティを引き出そうとする。多くの場合，アピールは成功するため，そうした行動を模倣するダイナミクスがサッカー界という組織フィールド内に生じることになる。この場合の同型化は規範的とは異なる。なぜならば，サッカー連盟がそうしたアピールにお墨付きを与えているわけではないし，故意のアピールが過ぎればシミュレーションの罰則を受けるからである。

　他方，アイスホッケーではよほどの危険なプレーでない限り，サッカーのようなアピールをしてプレーを中断することはできない。普通程度の接触でそんなことをしても審判のみならず誰も気にとめないし，むしろ観客からブーイングの嵐を受けることは必至だからである。そうしたアピールをする暇があれば，すぐに立ち上がってプレーを続行しなければゲームに勝てない組織フィールドであるため，シミュレーションなどの問題も起きない。その代わりに接触プレーが許容範囲を超えると，選手同士の壮絶な殴り合いが始まるという別の問題を抱えることになる。アイスホッケー界のような組織

フィールドでは，ラフ・プレーの武勇伝を持つ選手は乱暴者というよりも，むしろ英雄視される傾向がなくはないため殴り合いの危険性はなかなか減らない。とはいえ，そうした殴り合いをアイス・ホッケー連盟などが奨励しているわけではないという意味では，これも規範的同型化ではない。

サッカーとアイスホッケーのラフプレーに対する相違は，両競技における選手の体力的相違から生じているというよりも，そうしなければサッカー選手あるいはアイスホッケー選手として成功しにくいという意味では，模倣的同型化なのである。

5-3　同型化プルのインプリケーション

制度的環境内での同型化プルが企業の異文化相互作用に与える第1のインプリケーションは，標準化の原因が何であれ，企業組織全体の類似性を求めるプルを同型化の視点から分析できることである。たとえば資源の多くを現地組織に依存しているマルチドメスティック産業の子会社は現地環境への依存度が強く，現地パターンへの同型化も強くなる。逆に，グローバル競争に晒されている産業の組織にとっては，現地取引とクロスボーダー取引のどちらが支配的であるかに関係なく，組織内に一貫性や同質性を求める圧力が存在しがちなため本社パターンへの同型化プルが勝ることになる。

第2に，企業のオリジナルな文化パターンが進出先現地の文化パターンと相互作用する際，子会社組織の管理運営を現地に適応させるべきか，本社のパターンを外部イノベーションとして導入すべきかの意思決定は，同型化プルが前述の3パターンのいずれにおいて生ずる可能性が高いかを見極めたうえで行う必要がある点である。たとえば，日本の自動車メーカーが米国に日本的経営方法や慣行を移植できたのはケンタッキーやテネシーのように米自動車産業の既存パターンが制度化されている率の低いあるいはゼロの「場(locus)」に進出したからである（Westney 1993, pp.70-72）。そうした「場」においては，強制的同型化や規範的同型化よりも模倣的同型化のダイナミクスが機能する確率が数段高く，結果的に現地パターンへの適応よりも当該組織フィールドの成功者であった日本企業の本社パターン（ジャストインタイ

ム・システムなどの日本的経営システム）を外部イノベーションとして導入することが容易となるからである．

　第3のインプリケーションは，ある環境内で相互に競合する同型化プルの枠組みから見れば，現地適応は必ずしも現地の純粋地場組織において支配的であるパターンの採用を意味しないし，標準化もまた必ずしも本社国のパターンの拡大あるいは適用を意味するものではないことである．たとえばアジア太平洋地域の知識ハブであるシンガポールのように，現地の組織フィールドに欧・米・日の多国籍企業の子会社が群生している場合，これら子会社は地理的にはシンガポールに存在しているが，制度的環境という意味では自分たちにとっての「環境」を地場企業組織の観点からではなく，多国籍企業の子会社間の組織フィールドの観点から認知している可能性が高い．そうした組織フィールドにおいて最も強い同型化プルを発揮するパターンは，純粋な現地企業において制度化されているパターンではなく，各多国籍企業の子会社において制度化されているパターンとなる．

　第4は，同型化プルがいわゆるグローバル・スタンダードの形成プロセスにとって重要な意味を持つことである．圧倒的な競争優位にあったアングロアメリカン・スタンダードがそのままで未来永劫に国際標準である保証はないし，実際，メタナショナル化するグローバル競争環境においてはアングロアメリカン・スタンダード以外の影響力も増えている．制度化理論の観点からみれば，組織フィールドで既存の経営パターンがもみ合うなかで，合理性・妥当性あるいは効率性・効果性のより高いパターンが当該組織フィールドのプレーヤーによって擁護される規範的同型化へ発展していくことで真のグローバル・スタンダードへと昇華するのであろう．

6　コンテクスト・マネジメント

　異文化マネジメントは組織レベルと個人レベルの研究パースペクティブを有するが，結局のところ組織は個人の集合体であり，また異文化問題が基本的に人的コミュニケーション・プロセスに立脚しているという意味からすれ

ば，異文化マネジメント研究にとって最も深遠かつチャレンジングな課題の1つは文化を超えたコンテクストの管理である．

6-1 人的コミュニケーションとコンテクスト・レベル

一般に，人的コミュニケーションの最大の目的は，情報に込められた意味を動的に共有することにある．しかし，意味は単独では機能できず，コンテクストの補助を必要とする．コンテクストのレベルが高くなるほど情報量は少なくて済み，逆にコンテクストのレベルが低くなると情報量は増大する．安直なTVドラマが制作に長い時間をかけた大作映画に比べるとストーリーの初期段階から登場人物による不自然な発話が多く，また手変え品変えの解説が多いのは，視聴者にドラマの前提となるコンテクストを短時間で理解してもらうためである．逆説的に言えば，効果的な人的コミュニケーションにおいては，適切かつ高いレベルのコンテクストの構築が必要不可欠であることを示唆している．

実際，高コンテクスト・コミュニケーション（コンテクストへの依存度が高いコミュニケーション）は人々に安らぎを与え，より人間らしい相互作用を可能にする．その意味では，コミュニケーションとはコンテクストを形成するための社会的相互作用であり，それゆえ，文化と同義語となりうるのである．しかし，こうしたアドバンテージの過大評価はビジネス領域における効果的な異文化相互作用を阻害しやすい．ある意味で，高コンテクスト・コミュニケーションは情報処理の経済性を追求した結果生じたものであるが，当該コンテクストのアウトサイダーとの相互作用においてはむしろノイズとして逆機能してしまうからである．

6-2 異文化コンテクスト・マネジメント

いまや異文化問題を無視してグローバル・ビジネスを語ることはできないが，その解決に最も有効な方法の1つは異文化間でのコンテクスト・マネジメントを遂行する能力の開発である．ここでは異文化コンテクスト・マネジメントを成功に導くためのマインドセットを筆者自身のモデルを用いて提示してみよう．

前述のとおり，コミュニケーション現象の諸側面は基本的に高コンテクスト（HC: high context）と低コンテクスト（LC: low context）のレベルに分類されうる。図表3-3のマトリックスは，そうした前提に基づき，特定のコミュニケーション・プロセスが生じる環境（コミュニケーション環境）と，その環境下で実際に送り手がとる行動（コミュニケーション行動）との関係をコンテクストのレベルから捉えたものである。たとえば，LCコミュニケーション環境におけるHCコミュニケーション行動（'Ⅲ'の窓）にはマイナスの相互作用を引き起こす潜在的リスクが伴う。なぜならば，HCコミュニケーション行動は受け手にコンテクストを理解させるのに多大な時間を要するだけでなく，相手への説明不足さらには消極的な相互作用を志向している印象を与えるからである。

　他方，HCコミュニケーション環境におけるLCコミュニケーション行動

図表3-3　異文化コンテクスト・マネジメント

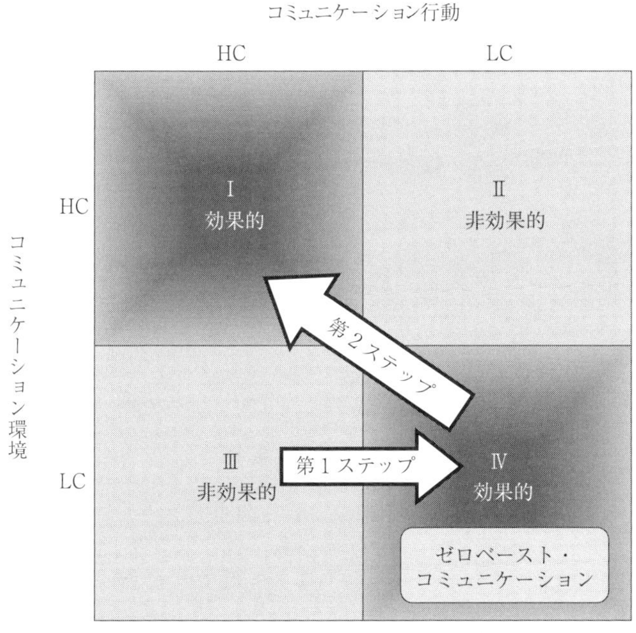

コミュニケーション行動

	HC	LC
HC	Ⅰ 効果的	Ⅱ 非効果的
LC	Ⅲ 非効果的	Ⅳ 効果的

コミュニケーション環境

第1ステップ：Ⅲ→Ⅳ
第2ステップ：Ⅳ→Ⅰ

ゼロベース・コミュニケーション

出所：太田（2008），221頁（太田（1998）のオリジナルを改定）。

('Ⅱ'の窓)は重複が多く,しつこい印象を与える。また,コミュニケーション・コストが高くなるため非効率的かつ非効果的である。しかしながら,HCコミュニケーション行動に比べてLCコミュニケーション行動は明示的であるため,コンテクストを共有しない相手とのコミュニケーションには効果的である。この点は相互に相手のコンテクストが見えにくい異文化状況あるいは国際的状況においては大きなアドバンテージとなりうる。

　他方,人的コミュニケーションでは多くの場合,何らかのコミュニケーション環境が所与となり,コンテクストはその環境に従属せざるを得ない。いわゆる「場」の粘着性である。しかしコミュニケーションの当事者にとって,自己の置かれるコミュニケーション環境に対応して自らのコミュニケーション行動をコントロールすることは十分可能である。とりわけLCコミュニケーション環境では自己のコンテクストから離脱したコミュニケーション行動(ゼロ・ベースト・コミュニケーション)を基本とし,それによって再構築される新たなコンテクストが所与のコミュニケーション環境に与える変化を観察しながら[6],更なるコミュニケーション行動の軌道修正にフィードバックさせることが重要となる。コンテクストの観点から見たコミュニケーション環境とコミュニケーション行動のマッチング,言い換えればコンテクストを管理するコミュニケーション・プロセスの実現である。

　異文化コミュニケーション・プロセスの初期段階では,送り手と受け手ともに,文化的コンテクストの観点からみてLCコミュニケーション環境('Ⅲ'あるいは'Ⅳ'の窓)に位置しているのが普通である。したがって,基本的に異文化状況では'Ⅲ'の窓からいきなり'Ⅰ'の窓へ向かうのではなく,いったんゼロベースト・コミュニケーション(すなわち低コンテクスト・コミュニケーション行動)を志向するために'Ⅳ'の窓にシフト・ダウンすることが理論的には重要となる。特に日本人マネジャーは,国内のコミュニケーション環境が文化的に非常に高いコンテクストを前提としているため,'Ⅳ'の窓へのシフトダウンを相当強く意識しないと異文化状況下でもHCコミュニケーション行動,すなわち'Ⅲ'から'Ⅰ'への直線的上昇

を志向しがちとなる。一般に日本人マネジャーのコミュニケーションが説明不足であるとか，消極的であると評価されてきた原因は，必ずしも英語力の低さにあるのではなく，むしろコミュニケーション機能の問題が深刻に影響しているのである。

このように異文化コンテクスト・マネジメントとは，'Ⅲ'の窓から'Ⅳ'の窓へ移行するプロセス，すなわち文化的に低コンテクストなコミュニケーション行動を自律的に積み重ねることによって，個々のコミュニケーション相手との相互に新たなコンテクストを形成し，最終的に自らが関わるコミュニケーション環境を新たな高コンテクスト状況（'Ⅰ'の窓）に変化させるプロセスにほかならない。

注
1)「自己言及パラドックス」については，今井・金子（1988）の第4章で，情報の自己解釈過程の問題と関連する示唆に富んだ議論が展開されている。また，こうした考え方は異文化相互作用においては良く知られているものであり，ホールは繰り返しこのパラドックスについて議論している。
2) 社会化プロセスに関する伝統的議論では，新規参入者が新たにコミットする組織に順応するプロセスに重点をおいた一方通行的分析が支配的であるが，ルイス（Louis, M. R. 1980）は組織に対する新規参入者の貢献も等しく重視する双方向プロセス・モデル（Pepper 1995, p.122）を提示している。
3) 異文化問題の議論では文化的変化（cultural change）ではなく「文化変容（acculturation）」という用語を用いることが多い。文化が変化するときには全体がガラッと変貌するのではなく，文化の内容すなわち当該文化の構成員の価値観やマインドセットの配置や配列が転換したり，文化的借用などを通じて部分的に新たな要素を取り込んでいくからである。
4) アメリカは「人種のるつぼ」とも称されるが，近年では異文化相互作用の観点からみた場合，「るつぼ」は同化（assimilation）のメタファーとなりうるため，より現実に近い統合（integration）のメタファーである「モザイク」を使用することが多い。
5) 制度的同型化に関するスコット（Scott, W. R.）の分類は，①組織構造の押し付け，②組織構造の獲得，③組織構造の公認，④組織構造の誘因，⑤組み込み，⑥組織構造のバイパス化，⑦刷り込み，の7形態である。最初の3形態はそれ

それディマジオ=パウエルの類型における強制的同型化，模倣的同型化，規範的同型化に相当する。

6）このようにコミュニケーション・プロセスを定期的にチェックすることをコミュニケーション・オーディット（communication audits）という。元来は組織コミュニケーションにおいて用いられる手法であるが，個人レベルのコミュニケーション行動，さらには異文化コミュニケーション現象にも適応可能である。詳細については，Downs, (1999) 邦訳書を参照。

参考文献

Begley, T. M. and D. P. Boyd (2003) "The Need for a Corporate Global Mind-Set," *MIT Sloan Management Review*, Winter, pp.25-32.

Berry, J. W. (1980) "Social and Cultural Change," H. C. Triandis & R. W. Brislin (eds.) *Handbook of Cross-Cultural Psychology*, Vol.5, Allyn & Bacon.

Berry, J. W., Y. H. Poortinga, M. H. Segall, and P. R. Dasen (1992) *Cross-Cultural Psychology: Research and Applications*, 2nd ed., Cambridge University Press.

Clair, R. N. St. and G. Howard (eds.) (1980) *The Social and Psychological Contexts of Language*, Lawrence Erlbaum Associates.

Downs, C. W. (1999) *Communication Audits*, Harper-Collins Publishers.

Doz, Yves, J. Santos, and P. Williamson (2001) *From Global to Metanational: How Companies Will Win in the New Knowledge Economies?* Harvard Business School Press.

Earley, P. C. and S. Ang (2003) *Cultural Intelligence: Individual Interactions Across Cultures*, Stanford Business Books.

Ferarro, P. G. (1990) *The Cultural Dimension of International Business*, Prentice Hall（江夏健一・太田正孝監訳『異文化マネジメント』同文館出版，1992年）.

Gemawat, P. (2001) "Distance Still Matters: The Hard Reality of Global Expansion," *Harvard Business Review*, September, pp.137-147.

Ghoshal, S. and D. E. Westney (eds.) (1993) *Organization Theory and the Multinational Corporation*, St. Martin's Press（江夏健一監訳『組織理論と多国籍企業』文眞堂，1998年）.

Hall, E. T. (1959) *The Silent Language*, Double Day and Company Inc（国弘正雄・長井善見・斉藤美津子訳『沈黙の言葉』南雲堂，1966年）.

Hall, E. T. (1966) *The Hidden Dimension*, Doubleday & Company Inc（日高敏隆・佐藤信行訳『かくれた次元』みすず書房，1970年）.

Hall, E. T. (1976) *Beyond Culture*, Anchor Press/Doubleday（岩田慶治・谷泰共

訳『文化を超えて』TBS ブリタニカ，1979年，1993年).

Hampden-Turner, C. and F. Trompenaars (2000) *Building Cross-Cultural Competence: How to Create Wealth from Conflicting Values*, Yale University Press.

林吉郎（1994）『異文化インターフェイス経営―国際化と日本的経営―』日本経済新聞社。

Hofstede, G. (1980) *Culture's Consequences: Comparing Values, Behaviors, Institutions and Organizations Across Nations*, Sage Publications.

Hofstede, G. (1997) *Cultures and Organizations: Software of the Mind*, McGraw-Hill.

今井賢一・金子郁容（1988）『ネットワーク組織論』岩波書店。

Jackson, T. (ed.) (1995) *Cross-Cultural Management*, Butterworth Heinemann Ltd.

河本英夫（2000）『オートポイエーシス2001―日々目覚めるために―』新曜社。

Leach, E. (1976) *Culture and Communication*, Cambridge University Press（青木保・宮坂敬造訳『文化とコミュニケーション―構造人類学入門―』紀伊国屋書店，1981年).

Mead, R. (1990) *Cross-Cultural Management Communication*, John Wiley & Sons.

太田正孝（2005）「メタナショナル化するグローバル競争と異文化マネジメント」『異文化経営研究』第2号，異文化経営学会，19-30頁。

太田正孝（2008）『多国籍企業と異文化マネジメント』同文舘出版。

Pepper, G. L. (1995) *Communicating in Organizations: A Cultural Approach*, McGraw-Hill.

Powell, W. W. and P. J. DiMaggio (ed.) (1991) *The New Institutionalism in Organizational Analysis*, The University of Chicago Press.

佐藤郁哉・山田真茂留（2004）『制度と文化』日本経済新聞出版社。

Scott, W. R. (1995) *Institutions and Organizations*, Sage Publications.

Scott, W. R. and J. W. Meyer (1994) *Institutional Environments and Organizations: Structural Complexity and Individualism*, Sage Publications.

Sebenius, J. K. (2002) "The Hidden Challenge of Cross-Border Negotiation," *Harvard Business Review*, March , pp.76-85.

Trompenaars, F. and C. Hampden-Turner (1998) *Riding The Waves of Culture: Understanding Diversity in Global Business*, 2nd ed., McGraw-Hill（須貝栄訳『異文化の波―グローバル社会：多様性の理解―』白桃書房，2001年).

Westney, D. E. (1993) "Institutionalization Theory and the Multinational Corporation," S. Ghoshal and D. E. Westney (eds.) (1993) *Organization Theory and the*

Multinational Corporation, St. Martin's Press, pp.53-76.

Zucker, L. G. (1987) "Institutional Theories of Organization," *Annual Review of Sociology*, vol.13, pp.443-464.

Zucker, L. G. (1988) *Institutional Patterns and Organizations: Culture and Environment*, Ballinger.

第4章
知識創造と文化的多様性のマネジメント

1 はじめに：知識創造メカニズムの理論的位置づけ

　産業の知識集約化と知識労働の重要性の高まりを反映して，競争戦略論の分野においてもイノベーション論の分野においても，「知識創造」論からの分析視角が重要性を帯びてきたように思われる。

　競争優位の源泉としての組織能力を見る場合，従来の競争戦略論に対する批判的検討から，競争環境の変化に対応しうるダイナミック・ケイパビリティが注目を集めてきた（Hamel and Prahalad 1994, Teece, Pisano, and Schuen 1997, Brown, and Eisenhardt 1998, Dosi, Nelson, and Winterr, (ed.) 2000, 河合 2004, Teece, 2009）。その際，ダイナミック・ケイパビリティの源泉として「組織間・組織内学習」（Argyris 1977, Argyris and Donald 1978, Senge 1990, 松行・松行 2004），そしてまた「知識創造」と競争優位やマネジメントに関する研究（紺野・野中 1995, Grant 1996, 野中・竹内 1996, Spender 1996, Ruggles and Holtshouse (eds.) 1999, Nonaka et al. 2009）も進められてきた。「学習」が本来的に，ベスト・プラクティクスを有する他組織からの「知識の移転」であるという視点からすれば，基本的には「学習」も knowledge management としての知識創造論の一範疇ということもできる。

　さらに，イノベーション論や MOT（management of technology：技術経

営）論の視点からも，新たな知識創造と製品開発との関係性に関する検討も進展してきた（Leonard 1995, Christensen 1996, Tidd, Bessant, and Pavitt 1997, Burgleman, Maidique, and Wheelwright 2001, Christensen and Raynor 2003, Lester and Piore 2004）。

　科学技術知識生産のグローバルな規模での地理的分散化（Tidd, Bessant, and Pavitt 1997, 林 2004, 2006, 2007），研究開発リスクの増大と海外市場・グローバル市場への対応のいっそうの重要性，そして製品開発スピードのいっそうの短縮化傾向は，外部知識の活用（オープン化）（Badaracco 1991, Rosenbloom and Spencer 1996, Robert 2001, Chesbrouogh 2003, 2006）の戦略的重要性を急速に増大させてきた。その際，国際的に優れた新規技術の開発は複合的な技術領域の融合を必要としてきていると同時に，関連分野において国際的に優れた他組織との間での共同研究の必要性を招来させてきた。その結果，研究開発の国際化（グローバル化）とネットワーク化も不可避の傾向となってきた（Pearce and Papanastassiou 1996, 中原 2000, 高橋 2000, 林 2001, Serapio and Hayashi 2004, Hayashi and Serapio 2006, 岩田 2007）。

　こうした競争環境の変化の中で，諸企業は，よりグローバルな規模で競合企業に優位に対応しうる「より差別化された新製品の開発」を迫られてきた。とりわけ，新製品の開発に要求される新たなコンセプトと新たな技術的知識の創出が従来にも増して不可欠な課題となってきた。こうした新製品成功確率を高めるために，従来採用されてきた一般的方策は，さらなるR&D費用と人材を投入することによっていっそうR&D能力を組織的に高めることであった。しかしながら，競争環境のグローバルな規模での変化と製品のライフサイクルの短縮化傾向に対して，単にこうしたR&D強化策だけでは，R&D投資効率のさらなる低下を招来させたにすぎなかった。こうした中で，グローバル企業ほど，優れたR&D（research and development）人材を彼らの国籍を問わず戦略的に採用することを迫られてきたと言えよう。その結果，こうしたグローバル企業ほど，文化的に多様な知識資源を組織能力とし

て保有することになってきた。科学技術知識の生産がグローバルに分散化の度合いを強めるほど,グローバル企業も本国での技術開発力をベースにグローバル競争優位を構築していくことは難しくなってきたことを背景として,「メタナショナル・イノベーション」の視点[1]が注目されるようになってきた(Doz, Santos, and Williamson 2001,ドーズ 2006,浅川 2006)。[2]

本章では,こうした経営戦略論やイノベーション論における「知識創造」の論点を,製品開発プロセスにおける「知識創造」の視点から再吟味していく。とりわけ,ここでの分析上の焦点は,製品開発プロセスにおける知識創造とコンテクスト・認知アプローチ・文化的多様性,および境界マネジメント(boundary management)との関連性に置かれている。その主要な理由は,「科学技術知識のグローバルな規模での分散化とメタナショナル戦略」への方向性は,「知識創造活動がクロス・ポリネーション(cross pollination),クロス・ボーダー(cross border)かつクロス・カルチュラル(cross cultural)になり,コンテクストと認知アプローチが従来とは基本的に異なるメタナショナルな枠組みの中で行われてくるために,製品開発プロセスにおいても従来とは基本的に異なる知識創造のメカニズムが求められている」という問題意識にある。

2 新製品開発と知識創造

2-1 新製品開発組織と知識創造

一般的に指摘されている新規開発製品の商業的成功確率は,クーパー(Cooper 2001)によれば,探索的研究開発の段階で有望視されて選び出されてきた7つのコンセプトのうち,開発段階にまで至るのが4つのプロジェクト,そして商業化されたのち,最終的に成功にまで至るのはそのうち1つである。さらに,新規製品のアイデア段階から見た場合には,11のアイデアのうち,開発段階に至るのは3つ,市場投入がそのうち平均1.3,そして商業的成功が1つの割合となっている(Cooper 2001, p.11)。*Business Week*誌(Aug., 1993)によると,1980年代に77社の米国企業が投入した1,000の新規

商品のうち，5年後も市場に生き残っていた商品の割合は56%であったことが紹介されている。[3] さらに，クーパー（Cooper 2001, p.11）によれば，米国市場での1990年代後半の新規商品の成功割合は59%であったことが指摘されている。こうした新製品開発の成功確率を高めるために，従来採用されてきた一般的方策は，さらなるR&D費用と人材を投入することによって一層R&D能力を組織的に高めることであった。しかしながら，競争環境のグローバルな規模での変化と製品のライフサイクルの短縮化は，R&D投資効率のさらなる低下を招来させたにすぎなかった。その最大の理由は，市場のグローバルな規模での参入障壁の低下，知識生産能力の国際的な地理的分散化，インターネットに代表されるソフトウエア技術の台頭，そして製品のライフサイクルの短縮化と市場の多様化等々の諸条件に，従来型の自社中心のクローズドな製品開発モデルでは，一方でR&Dコストが巨額化し，他方でR&D投資効率が低下するというジレンマを抱えてきたことによる。

　こうした競争環境のグローバルな変化に現在適合的な開発システムは，単なる研究開発費の増額と研究開発人員の量的拡大ではなく，新たな「新規製品開発モデル」への質的転換にほかならない。本章では，それを，新たな製品コンセプトを創り上げていくプロセス，そして試作品（モック・アップおよびプロトタイプ）へとコンセプトを合成していくプロセスにおいて，「メンバーの多様な認知アプローチを活用しながら知識を統合化していく新たなシステム」に求めている。

2-2　外部知識の活用と研究開発の国際化

　科学技術知識生産のグローバルな規模での分散化と製品のライフサイクルの短縮化は，自社内での閉鎖的な研究開発効率の低下を招来させるリスクが高まってきたことに起因して，R&D戦略において自社外の技術リソースに依存する度合いを高めてきた。同時に，科学技術知識生産のグローバルな規模での地理的分散化（Tidd, Bessant, and Pavitt 1997, 林 2006, 2007), 換言すれば優れた頭脳のグローバルな規模での分散化は，多国籍企業のR&D戦略においても外部知識の活用の程度をグローバルな規模で展開せざるを得

なくなってきた。こうして，グローバルにビジネスを展開している企業ほど，研究開発活動も次第に国際化の程度を高めてきている。そこで，日欧米韓主要エレクトロニクス系22社の研究開発活動の国際化の程度を検証してみよう。

通常，各社が行っている研究開発活動の成果は，国際的に戦略的な意味を有してくると想定される成果ほど米国への特許申請や海外ジャーナルに投稿される傾向にある。そこで，これら多国籍企業22社による外部知識の国際的

図表4-1 日本・米国・EU・韓国主要エレクトロニクス系22社の研究開発の国際化（米国特許発明者国籍，米国発行論文著者国籍数）

Globalization of R&D Activities of 22 MNCs

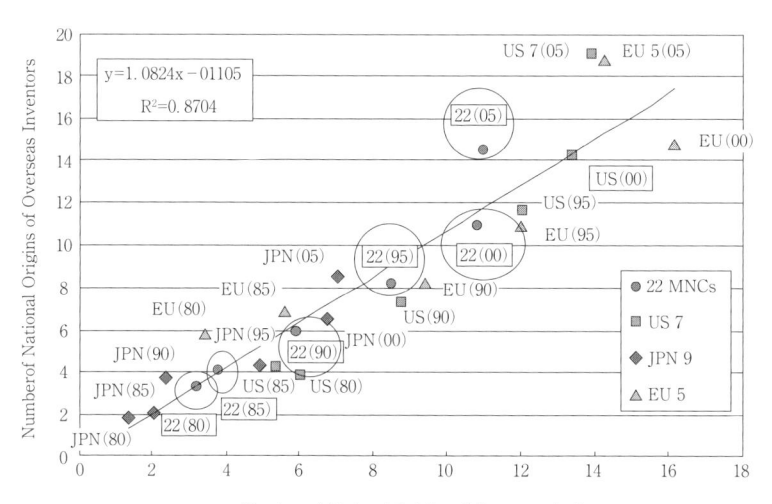

[散布図：横軸 Number of National Origins of Overseas Authors（0〜18），縦軸 Number of National Origins of Overseas Inventors（0〜20）。回帰式 $y=1.0824x-01105$, $R^2=0.8704$。プロット：JPN(80), JPN(85), JPN(90), JPN(95), JPN(05), EU(80), EU(85), EU(95), EU(00), US(80), US(85), US(90), US(95), US(00), US 7(05), EU 5(05), 22(80), 22(85), 22(90), 22(95), 22(00), 22(05)。凡例：● 22 MNCs, ■ US 7, ◆ JPN 9, ▲ EU 5]

注1：対象企業22社は，日本企業9社（ソニー，日立製作所，東芝，シャープ，NEC，富士通，キヤノン，三菱電機，松下電器），米国7社（IBM，インテル，コダック，ゼロックス，HP，Texas Instruments，モトローラ），EU5社（フィリップス，ジーメンス，ノキア，トムソン，エリクソン），韓国1社（サムソン電子）。
注2：横軸は，米国発行論文に記載されているが著者（対象企業所属の研究者および他機関所属の共同研究者）国籍数，縦軸は米国特許発明者国籍数。ちなみに，IBM社の2005年米国認可特許の発明者国籍数（パスポート国籍もしくは所属機関国籍）は27カ国，および同社所属研究者が発表した米国刊行論文の著者国籍数（共同論文による共著者国籍も含む）も同じく32カ国に及ぶ。
出所：Serapio and Hayashi (2004)，Hayashi and Serapio (2006) に2005年データを加筆。

活用の実体を，これら企業が取得した米国特許と，これら企業に所属する研究者名が記載されている米国発行論文を検索することによって吟味してみよう。図表4-1は，研究開発の国際化の推移を1980年から2005年までの5年ごとに表したものである（Serapio and Hayashi 2004, Hayash and Serapio 2006）。

同図表の横軸は，米国刊行の科学技術論文に掲載されているこれら22社所属の研究者国籍数ならびに（共同研究による）共著者国籍数，そして縦軸はこれら22社がそれぞれ米国で取得した特許の発明者国籍数を示している。[4]

なお，同図表の国籍数は，日本の7社平均（JPN），米国7社平均（US），ヨーロッパ5社（EU），および韓国のSamsung Electronicsを含めた22社全体の平均値（22）を，1980年（80），1985年（85），1990年（90），1995年（95），2000年（00），2005年（05）それぞれに算出して表示している。日系9社平均国籍数は，1980年が著者国籍数1.3カ国・発明者国籍数1.9カ国であったのに対して，着実に上昇し続け，2005年には，それぞれ8カ国と8.6カ国に増加している。他方，米国系7社平均は，1980年の6カ国対3.9カ国，ヨーロッパ系5社平均が3.4カ国対5.8カ国および韓国の三星電子（Samsung Electro.）が両方ともゼロであったのに対して，2005年には米国計7社平均がそれぞれ13.9カ国と19カ国，ヨーロッパ系5社平均が14.2カ国と18.8カ国，および韓国三星電子が11.0カ国と15カ国であった。そして22社平均値は，1980年には，22社平均の著者国籍数が3.2カ国，発明者国籍数が3.3カ国であったのに対して，1990年には，それぞれ5.9カ国と5.9カ国，2000年には10.8カ国と10.9カ国，そして2005年には11カ国と14.5カ国であった。[5] したがって，主要エレクトロニクス系多国籍企業22社の研究開発体制を全体的に見ると，これら企業は論文ベースで見ると，海外11カ国の研究者たちとの間で共同研究のネットワークを有していること，そして特許技術に関しては，14.5カ国の研究者・技術者との間で技術開発を行っていると言うことができる。

2005年時点の分析対象企業22社のうち，著者国籍においても，発明者国籍

においてもIBMが最も海外の多様な頭脳を活用しており，それぞれ27カ国と32カ国であった。競争環境のグローバルな変化は，諸企業に対して，グローバルな規模での競争優位性の創出を迫ることになる。その結果，グローバルなビジネスを志向している諸企業ほど，地域市場の特性に配慮すると同時に，グローバルに競争優位性を有している製品・サービスの開発を迫られることになる。そしてこうしたミッションを有する製品開発であるほど，海外主要市場の特殊性（demand side）と分散化した海外頭脳の活用（supply side）の両側面からのアプローチが不可避となってくる。

　しかしながら，グローバルに競争優位性を有する画期的な新規製品・サービスを開発していくためには，「文化的差異を超えた新たなコンセプト」と「多様な技術知識の融合」も不可欠となる。そして，「文化的差異を認識しつつ，文化的差異を超えた新たなコンセプト」と「多様な技術知識の融合」のためには，「最小有効多様性（requisite diversity）」が不可欠となってくる。新製品開発プロジェクトのミッションがグローバル競争優位を志向するものであるほど，この「最小有効多様性」も，質的により高度な多様性が求められてくることになる。なお，野中をはじめとする論文における「最小有効多様性（requisite variety）」（野中・竹内 1996, 122頁，Nonaka, Toyoma, and Konno 2002, p.62）の含意は以下の点に集約されよう。すなわち，環境の多様性（variety）や複雑性に柔軟に対処するためには組織内にも多様性（diversity）を持つことが有効であること。それによって秩序とケイオス間のバランスが維持され，そしてこの秩序とケイオス間のハザマ（edge）で知識創造が成される。それに対して，本章では，組織構成員の文化的多様性に論点を置いていることから，多文化マネジメントおよびダイバーシティ・マネジメント（diversity management）の視点から「知識創造」を見ている。したがって，環境の多様な変化への対応性としての組織内多様性を軸としておらず，組織内構成員の文化的多様性によるコンテキストの差異から「知識創造」を見ている。本論文ではその意味で「最小有効多様性」を「requisite variety」ではなく，「requisite diversity」としている。

3 知識創造と文化的多様性

3-1 文化的多様性とコンテキストの多様性

　前節で見てきたように，グローバル化した企業は，グローバルな競争優位の源泉としてのグローバルな規模で差別化された新規製品の開発を不可避としている。そのためには，「文化的差異を認識しつつ，文化的差異を超えた新たなコンセプト」と「多様な技術知識の融合」によるラディカル・インサイト（radical insight）に基づいたラディカル・イノベーションの視点がより一層求められてくる。その際，「文化的差異を認識しつつ，文化的差異を超えた新たなコンセプト」を創出していくためには，文化的差異を基底とする「コンテキスト」の差異を認識する必要がある。そこで次に，本章において用いられている「文化的差異」の概要を確認していく。図表4-2は，個々人のパーソナリティが形成されるプロセスにおける多層的・多次元的な文化的背景と影響力の概念図を示したものである。個々人の価値観，考え方，認識の仕方は，国民文化，地域文化，ジェンダーや世代間の文化的差異，業界（産業）の文化，組織文化，サブシステム（所属部署）間の文化的差異，家族構成・生活スタイル，アカデミック・バックグラウンド，そして個々人の遺伝子（genes）に規定されることを表している。そしてここではとりあえず，文化の定義を，ホフスティード（Hofstede, G.）に依拠して，「考え方，感じ方，行動の仕方のパターン」としてのメンタル・プログラム（mental programs）あるいはソフトウェア・オブ・ザ・マインド（software of the mind）（Hofstede 1991, p.4, 邦訳3頁），および，"collective programming of the mind that distinguishes the members of one group or category of people from others"（Hofstede 2001, p.9）として進めていく。そして同時に，本章では，文化そのものが，環境に対応する際の諸問題を解決するために集団によって創造され，共有される「正当（有効）な知識」(culture is a set of valid knowledge)（D. Pauleen et al. 2007, p.5）としても定義づけている。

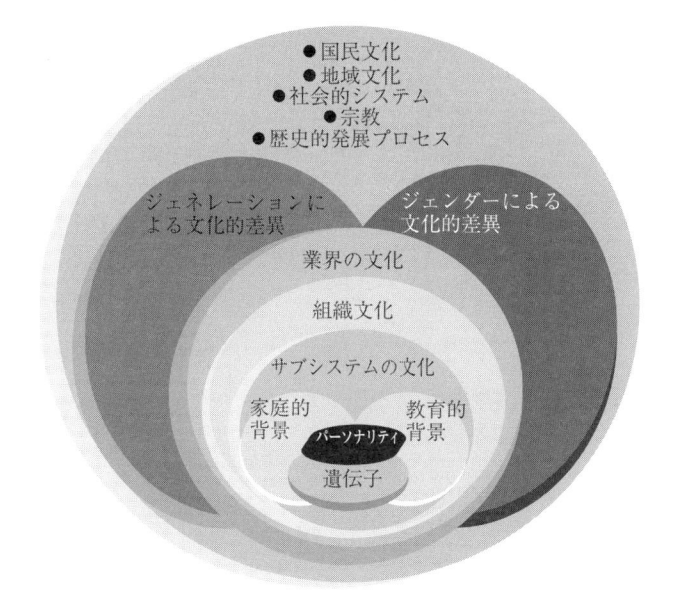

図表 4 - 2　文化的多層性・文化的多様性・パーソナリティ

- 国民文化
- 地域文化
- 社会的システム
- 宗教
- 歴史的発展プロセス

ジェネレーションによる文化的差異
ジェンダーによる文化的差異
業界の文化
組織文化
サブシステムの文化
家庭的背景
教育的背景
パーソナリティ
遺伝子

出所：林（2006），63頁，Hofstede（1991），p.10，p.190をベースに作成。

　こうした個々人のパーソナリティの形成に及ぼすそれぞれの文化の影響力は，当然のことながら個々人において差異がある。したがって，図表4－3に示されている，それぞれの文化領域の大きさは，個々人それぞれにおいて相違する。

　たとえば，中東イスラム圏で生活する諸個人のパーソナリティに及ぼすナショナル・カルチャーの大きさと，儒教圏としての日本の諸個人のパーソナリティに及ぼすナショナル・カルチャーの大きさとを比較した場合には，宗教上の影響力に規定される分，一般的には前者の方が大きくなる。

　同様に，たとえば，フィンランドで育った諸個人のパーソナリティの形成に及ぼすジェンダーによるカルチャーの大きさと，日本における諸個人のパーソナリティの形成に及ぼすジェンダーによるカルチャーの大きさとを比較した場合，後者のほうが一般的に大きくなることが想定される。また，同

じナショナル・カルチャー圏で生活している諸個人においても，所属業界，所属組織や組織内のサブシステム，さらには長年にわたる家族環境や教育的背景もまた個人個人のパーソナリティに大きな影響を及ぼすことになる。その結果，個々人のマインドは，多層的な文化を背景としたメンタル・プログラム（mental programs）に規定されることになる。そして他方で，個々人のパーソナリティは，図表4-2に盛り込まれている個々人固有の遺伝子（genes: physical programs）によっても同時に規定されていることを否定し得ない。本章では，文化（mental program）と遺伝子（physical program）それぞれの自律的役割と同時に，相互規定的に関連し合いながらパーソナリティが形成されるという観点に立っている。

　このことは，個々人固有の「文化的多層性」を基底とした「文化的多様性」が，関係する構成メンバー間のコミュニケーションの背景をなしていることを意味する。したがって，この観点からすれば，すべてのコミュニケーションは「異文化間コミュニケーション」として認識される必要がある。換言すれば，新製品開発プロジェクト・メンバー間のアイデアの交換を内容とする対話（dialogue）やコミュニケーションは，基本的には「異文化間コミュニケーション」である以上，お互いに認知されるコンテクストにおいても差異が内在していることになる。したがって，たとえ同一言語による同一用語でのコミュニケーションであっても認知されるコンテクストには，個々人の間においても差異が生じることになる。換言すれば，個人個人の間において，同一用語であっても認知されるコンテクストが100％同一ということはありえない。各個人に認知されたコンテクストには絶対的差異が存在し，絶対的に同一水準で共有されている程度は限定的であるということになる。このことは，メンバー間で認知され共有化されたコンテクストには絶えず「曖昧さ（ambiguity）」が絶対的に存在することと同義である。そしてこの解釈上の「曖昧さ」にある差異が，対話の継続の中で差異の認識につながり，相互に新たな「洞察」「発見」を生じさせる（Lester and Piore 2004, pp.52-54, 邦訳68-70頁）。

第4章　知識創造と文化的多様性のマネジメント　75

　図表4-3に示されているように，仮に，開発プロジェクト・リーダーが分析的アプローチ（analytical approach）[6]に固執していると仮定すると，「まつげの長さ」「鼻の位置と角度」「あごの角度」「首のネックレス」等々の特性や諸条件を分析して，「比較的若い婦人」の絵と結論づけたとしよう。

　そしてもし，このプロジェクト組織が従来型の階層的な「トップダウン型」の組織構造であった場合には，このプロジェクト・リーダーの分析的判断がなんらの修正もなされずに，そのままプロジェクトは進行することになる。他方，「対話」は，本質的に同じ状況を異なる視点で探索する行為でもあるために，この行為は「解釈的行為（interpretation）」でもある（Lester 2004, p.53）。プロジェクト組織が，フラットでオープンな「場」を提供している場合には，他のメンバーから，この解釈的アプローチ[7]を通して，もう一人の，「大きな鼻」「特徴的あご」や「くぼんだ左目」等々の特性を有する「年配の婦人」の絵の存在が即座に指摘されよう。

　「分析的アプローチ」と「解釈的アプローチ」の統合化がなされることによって，構図の全体が構成メンバー全員によってより正確に把握され，全員

図表4-3　多義図形

（私は若いでしょう！　それとも年配に見えるかしら！／全体こそが真実よ）

分析的アプローチ、解釈的アプローチ、全体的アプローチ

出所：http://www.rci.rutgers.edu/~cfs/305_html/Gestalt/Woman.html の図に加筆。

が認識を新たにすることができる。逆に，より強い階層的な権力基盤と管理構造を内在するプロジェクト組織による「場」においては，構成メンバーはリーダーが賛意を表するような意見を述べがちとなり，その結果，解釈的アプローチが軽視され，構図の全体が構成メンバー全員に正確に認識されなくなる。このことは，仮に特定の文化的背景と単一の認知アプローチに依拠して新たなコンセプトの商品が開発されたとしても，その商品は特定市場（例えば日本市場）にはフィットしても，他文化市場（たとえば中国市場）にはまったくフィットしない場合も生じうることを意味している。

前節でも述べたように，新製品開発プロジェクトが，本国のみならず海外主要市場をも射程に入れたものになるほど，市場特性を多様な視点からアプローチしながら統合化し，全体的に把握する作業が要求されてくる。したがって，プロジェクト・リーダーは，構成メンバーの文化的多様性を背景とした多様な認知コンテキストを尊重しながら，それぞれのコンテキスト上の差異を踏まえたうえで統合化して行く能力と，そしてそれを可能にする「場」をデザインしていく能力を必要とする。そして，新製品開発プロジェクトのミッションがグローバル競争優位を志向するものであるほど，「最小有効多様性」も，質的により高度な多様性が求められ，その分，プロジェクト・リーダーは，より高度なメタ認知能力と多文化マネジメント能力を問われてくることになる。

3-2　プロジェクト・リーダーと異分野融合型組織能力

新規開発製品プロジェクトのミッションが，本国のみならず海外主要市場をも射程に入れたものになるほど，競合の程度が国際的性格を帯びる分だけ，その製品特性は，従来とは異質の技術基盤に基づく，よりラディカル・イノベーションの必要性を高めることになる。従来とは異質の技術基盤をベースとした新たな洞察やコンセプトによる製品特性を可能とするためには，他分野との技術融合が不可欠となってくる。

図表4-4は，フレミング（Fleming）による，クロスポリネーション（cross pollination：他技術分野との融合）と技術革新の成功割合との関連を

図表 4-4　異分野融合とイノベーションの価値

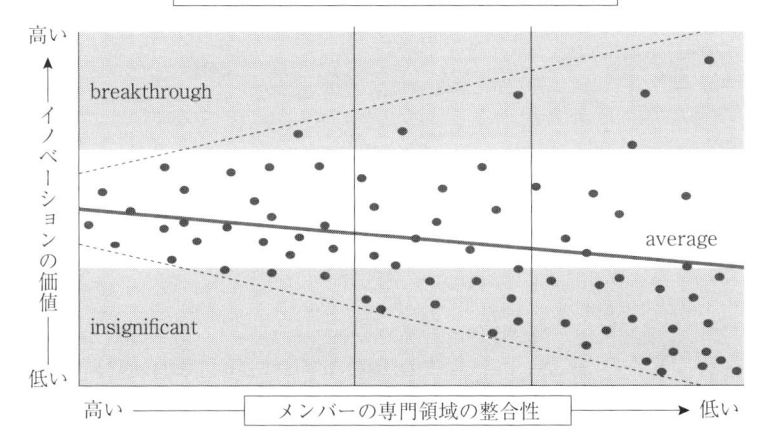

異分野融合（Cross-Pollination）の成功確立

縦軸：イノベーションの価値（高い／低い）
　breakthrough
　average
　insignificant

横軸：メンバーの専門領域の整合性（高い／低い）

出所：Fleming（2004）, pp.22-24.

示したものである。

　同図は，17,000件の米国特許の分析から，プロジェクト・メンバーによる異分野融合の程度と，商業化の成功の程度との関連を示したものである。縦軸は技術上のイノベーションによる市場価値の程度，横軸は研究開発担当者間の研究開発領域の異分野の程度を表している（Fleming 2004, pp.22-24）。この図から，研究開発メンバーの専門領域が異なるほど，画期的（breakthrough）な技術革新が生まれていること，しかし同時に失敗するリスクも高まることを読み取れる。

　換言すれば，異分野融合型の開発プロジェクトになるほど，プロジェクト・リーダーは他技術分野（領域）の知識と新たな技術融合によって可能となる知識の戦略的可能性を認識しうる能力が要求されることになる。開発プロジェクトが抱える技術領域が異分野にまたがるほど，個別領域の知識をさらに深めていく遂行能力と，他領域との知識融合を広めていく遂行能力，したがって分析的アプローチと解釈的アプローチ，そして multi-disciplinary

ないわゆるT字型能力[8]）が求められる。こうした異分野融合型研究開発プロジェクトほど，画期的な技術知識と製品特性を求める性格上，商業的には失敗するリスキーな性格を持たざるを得ない。

　したがってその分だけ，リスクを分担する必要上，他の組織・研究機関との共同研究の場が増加することになる。このことは，プロジェクト・リーダーはこうした他組織・他の研究開発開発部署からの参加メンバーとの異分野間・異文化間コミュニケーション能力も要求されることになることを意味している。したがってその分だけ，開発プロジェクトの「最小有効多様性」は増加することになる。

4　境界のマネジメント（boundary management）と知識創造

4-1　境界と知識創造

　革新的に新しい洞察や展開は，しばしばコミュニティ間の「境界」(boundaries) において生じる（Wenger 2002, p.153）。ここでの「コミュニティ」の概念は，「明確な目的を持って，知識と学習に重点的に取り組んでいる極めて限定的な社会組織」(Wenger 2002, pp.51-53）であり，ヴェンガー（Wenger, E.）はこれを「実践コミュニティ（community of practice）」と定義づけている。ヴェンガーが述べている「実践コミュニティ」とは，「あるテーマに関する関心や問題，熱意などを共有し，その分野の知識や技能を，持続的な相互交流を通じて深めていく人々の集団」と規定されている（Wenger 2002, p.4，邦訳33頁）。本章では，「地域性」「共同性」「持続性」を基本的内実とする「コミュニティ」概念から「地域性」を捨象したうえで，「固有の理念のもとに個別企業内外に組織化されている固有の協業体系を内実とする持続的知識共創の共同体」を「コミュニティ」と規定している。他方，ここでの「場」の概念は，「その時々の特定のミッションのもとに形成される複数メンバーによる知識共創の一時的共同体」と規定している。したがって，前者の「コミュニティ」は「文化的共有の程度がより高く」，逆に

後者の「場」は「文化的共有の程度がより低い」。ヴェンガーの「実践コミュニティ」の概念は，ここでは上記両概念の中間的位置により近い。その「場」では，個人がメンバーと直接対話を通じて相互に作用しあい，暗黙知の共有・コンセプトの創造・コンセプトの正当化・原型の構築・知識の転移のプロセスを経ながら知識が創造されることになる（野中・竹内 1996, 126-132頁）。そしてこのプロセスにおいて，メンバー間でコンテキストの相互の差異の認識とそれら認識の共有化がなされていく。

他方，レオナルド（Leonard 1998）は，新たな知識創造を「創造的摩擦（creative abrasion）」の視点から論じている。この創造的摩擦を通して，異なった問題解決のアプローチを統合し，新たな洞察や知識が生起することを論じている。「イノベーションは（多様な）マインド・セットの境界（boundary）から生起するのであり，1つの知識やスキル内で生起するのではない」（Leonard 1998, p.64, 邦訳93-94頁）。しかしながら，ジェンダーや，民族的背景による「多様性」は，対照的な認知スタイル間の創造的摩擦が存在するために必要不可欠なものではなく，問題解決やイノベーションに対する人々の認知アプローチのほうがさらなる留意を必要とする」（Leonard 1998, p.64, 邦訳94頁）。換言すれば，文化的多様性一般は，異なった視点や問題設定へのアプローチをもたらすにせよ，新たな知識やコンセプトを生起させるとは限らない。重要な点は，専門的知識を有する多様なメンバーの認知スタイルを尊重しながら，彼らの多様な認知アプローチを活用する組織能力にある。したがって，各専門領域から参加するメンバーの専門領域固有の知識が複合的に重なり合う境界（boundary）において，革新的な洞察・知識が創出される場合のメカニズムの解明が重要な意味を有している。ここではとりわけ，知識創造のメカニズムを新製品開発ステージに参加してくるメンバーの科学技術上の知識領域だけではなく，これらメンバーが所属する組織（サプライヤー，他の研究機関）および関連部署の文化的多様性を基盤とするコンテキストの差異（culture specific context）をも考察の対象としている。したがって，本節で吟味している「境界」においては，参加メンバーの科学技術

上の各領域特有の知識（domain specific knowledge）だけではなく，参加メンバーの認知的差異に影響を及ぼす文化的差異もその対象となっている。

　図表4-5は，レオナルドが提示している，コア・ケイパビリティを構成するスキルと知識の類型を参考に図式化したものである。公共的・科学的（public or scientific）なタイプは，比較的コード化，記述化され，専門誌や学会，データベースでも入手可能な公共財としての知識の類である。業界固有（industry specific）の知識は，サプライヤーやコンサルタントを含む多くの専門家によって広まるが，すべての参入企業に入手可能なものである。しかし，企業内（in-house）の企業固有（firm specific）の知識はそう容易には複製できない。知識が製法等として特許化されている場合も含め，長い時間をかけて，企業内に蓄積され，構造化され，コード化された暗黙知がソフトウェア，ハードウェアや手続きなどに埋め込まれており，その結果，全体としての技術システムは，部分の総和以上のものとなる。[9]

　したがって，業界固有の知識は，科学的（公共的）知識より移転が困難であり，そして企業固有の知識は業界固有の知識より移転が困難となる。そして個々人が有する知識は頭脳の中にインプットされているために持ち出すのはさらに難しい。

　特に個人が保有する知識は，基本的に個人個人に粘着的（sticky）であり，移転の困難性がより強い（Von Hippel 1994, Szulanski 1996, 椙山 2001, 浅川 2002）。したがって，新規製品開発ステージの初期段階におけるプロジェクト・リーダーの基本的役割は，ドメイン固有の知識間にある境界の「橋渡し役（boundary spanner）」[10]としての役割を果たすことでもある。これらの諸点に留意しながら，「境界」での知識創造を検討してみよう。

　図表4-6は，著名な米系のインダストリアル・デザイン企業，IDEO社の開発プロジェクト・メンバーが，新規製品の技術開発の初期ステージにおけるコンセプト創出から，モックアップ造り，そして最終モデルの完成に至るステージにおいて，必要な新しい知識の創出するプロセスを参考に作成したものである。同社のこのプロジェクト・ケースは，21世紀に使用される

第4章　知識創造と文化的多様性のマネジメント　81

図表 4-5　スキルと知識のタイプと入手可能性

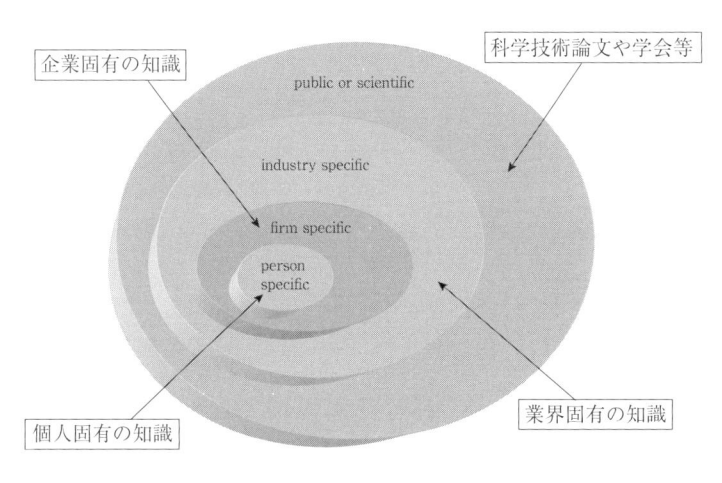

- 企業固有の知識 → firm specific
- 科学技術論文や学会等 → public or scientific
- industry specific
- person specific
- 個人固有の知識
- 業界固有の知識

出所：Leonard（1998）p.21に加筆修正。

図表 4-6　専門領域（Domain）と境界（Boundary）

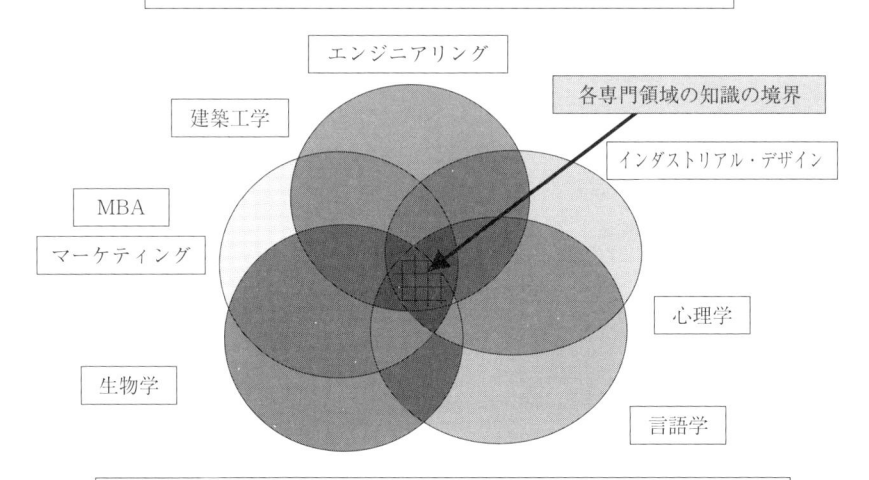

革新的アイデアと専門領域知識の最小有効多様性

- エンジニアリング
- 建築工学
- インダストリアル・デザイン
- 各専門領域の知識の境界
- MBA
- マーケティング
- 心理学
- 生物学
- 言語学

"Radically new insights and developments often arise at the boundaries between domains."

出所：T.Kelly（2001），および ABC News "The Deep Dive" より作成

ショッピングカートの試作品を5日間で仕上げることをターゲットに，適合的と想定される8つの専門的知識領域（domain）からなる10名ほどのスタッフから構成されている。

参加メンバーの各ドメインすべてが重複している領域において新たな洞察・知識がしばしば創出される主要な理由は，ミッションを共有している参加メンバーが，真剣な「対話」のプロセスを通じて，それぞれの専門的知識領域を深めると同時に，お互いに認知されているコンテキストの差異を次第に理解し，知識を正確に交換し始め，「曖昧さ」を次第に明確にし，他の知識領域との接点を認識し，知識融合のプロセスを通して新たな知識が創造されうる点にある。その際重要な点は，プロジェクト・リーダーが，プロジェクト全体のミッションと，開発ステージごとの進捗状況に応じたミッションをメンバー間で共有化させながら，知識領域間の boundary spanner として，異分野間コミュニケーションを促進させる boundary management を適切に行うことができるかどうかにある。換言すれば，このことは，プロジェクト・リーダーの boundary management capability（境界マネジメント能力）が知識の組織的創造に決定的意味を有してくることを意味している。

言い換えれば，各分野から優れた人員が開発プロジェクトに参加したとしても，プロジェクト・リーダーの境界マネジメント能力が低い場合には，そのプロジェクトが成功するとは限らないことをも意味している（Ancona and Caldwell 1997）。このプロジェクト・リーダーによる知識の組織的創造の動的プロセスが機能することによってはじめて新たな洞察・知識がメンバーに認識されることになる（Lester and Piore 2004, pp.51-73, 邦訳67-95頁）。逆に，図表4-6のプロジェクトにおいて，プロジェクト・メンバーによる「対話」が極めて限定的な2つか3つの専門領域内で成されていた場合には，そこでのアプローチがより「分析的（analytical）」になり，それぞれの領域を深く掘り下げていく傾向にあるのに対して，プロジェクト・メンバーがより多様な専門領域（domains）から構成されてくるほど，「対話」の質が，より「解釈的（interpretive）」になる。[11] その結果，各メンバーが

認知するコンテキストは，より一層多様性と「曖昧さ」を増すことになり，それを克服するために，「対話の場」のさらなるオープン性と継続性が必要となる。そしてよりオープンな「対話」の継続はその分，個人個人が保有するより貴重な情報・知識を積極的に公開させていくためのメンバー間の「信頼感」をより一層必要とする。これらの諸条件を踏まえた「場」の設定とマネジメント，そして「その場に適合的な文化の創出と管理」が，knowledge facilitator としてのプロジェクト・リーダーの基本的役割となる（Shein 2004, p.11）。換言すれば，開発プロジェクト参加メンバーが多様性を増すほど，プロジェクト・リーダーのknowledge producerとしての基本的役割りは，単に，異分野間・異文化間の境界のboundary spanner（境界の橋渡し役）（Leonard p.158, 228頁）だけではなく，同時にculture producerでもあることを意味する。

4-2 開発期間の短縮化と多様性のマネジメント

　新規開発製品が成功裏に市場に投入されたとしても，競争がグローバルに展開してくるにつれて，製品のライフサイクルは短縮化傾向を免れることは極めて難しい。しかも，従来とは異質の技術基盤をベースとした新たな洞察やコンセプトによる製品特性を可能とするためには，他分野との技術融合が不可欠となってくる。市場・競争のグローバル化の進展は，画期的新機軸の開発と商品化期間の短縮化，言い換えれば商品のライフサイクルと開発のリードタイムの短縮化を要求する。このことは，開発プロジェクトが商品開発の初期ステージから市場情報・生産技術情報を的確にフィードバックしながら，クロス・ファンクショナルに開発を進めていくことを必要とする。換言すれば，開発の初期ステージから文化的多様性の取り込みと同時に理念的共有化が重要な意味を持ってくることになる。図表4-7は，トワレタリーメーカー花王の研究開発担当責任者とのインタビューを参考に，商品開発ステージの短縮化と文化的多様性との間の関連を図式化したものである。

　同図の縦軸は開発プロジェクト参加メンバーの文化的多様性の程度，そして横軸が開発ステージの時間軸を表している。[12] 商品開発の初期ステージか

ら市場情報・生産技術情報を的確にフィードバックしながら開発を進めていくことが要請されるほど，研究所，事業部開発部署，生産技術部署，およびマーケティング関連部署等々から，関連する多様な情報・知識の創出と共有を担うメンバーが開発の初期段階から参加してくることになる。

　開発ステージの初期段階からクロス・ファンクショナルに作業が円滑に進む場合には，同図に示されているように，開発のリードタイムが［A'］から［B'］へと短縮され，したがってまた商品開発の各ステージも［X：Ⅰ・Ⅱ・Ⅲ・Ⅳ］から［X'：Ⅰ'・Ⅱ'・Ⅲ'・Ⅳ'］へと短縮されることによって，文化的多様性曲線は次第に［A-A'］から［B-B'］へと上方にシフトすることになる。しかしながら，商品開発ステージを短縮させながら同時に，開発効率を高めるためには，文化的差異に起因したコンテキストの差異を認知し合いながら，異文化シナジーの効果（Adler 1991, 林監修 2006, 林・関・坂本 2006）を最大化することが求められることになる。図表 4-8 に概念図として示されているように，開発組織参加メンバーの「最小有効多様性」が確保されており，プロジェクト・リーダーによる「境界マネジメント

図表 4-7　商品開発ステージの短縮化と開発プロジェクトメンバーの文化的多様性

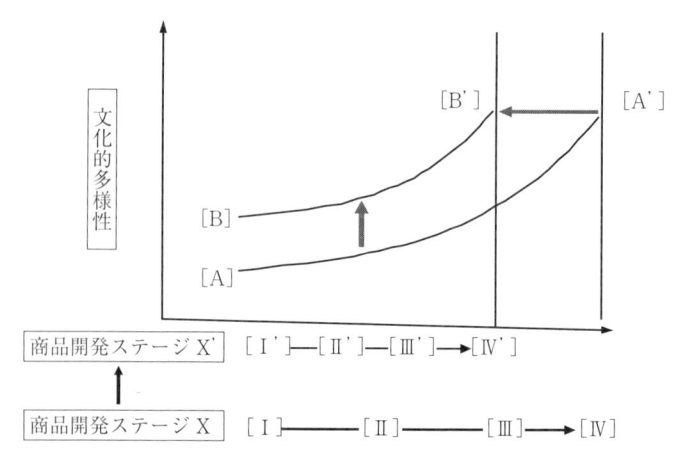

出所：花王でのインタビューをベースに作成。

第4章　知識創造と文化的多様性のマネジメント　85

(boundary management)」と異文化（多文化）マネジメント能力が有効に発揮されている場合は，「創造性」「柔軟性」「多様なアイデア」そして「新たなコンセプト」が創出され，大きなイノベーション効果が引き出されることになる。

こうして，競争のグローバル化が進展するほど，プロジェクト・リーダーは職務能力として，文化的多様性のメリットを最大化し，同時にデメリットを最小化しうる Cross-trans cultural management capability[13] を一層求められることになる。リーダーの基本的役割が，「文化の創造と管理[14]」であるとすれば，新製品開発プロジェクト・リーダーの基本的役割も，「知識創造（共創）」を促進していく「新たな文化の創造と管理」でなければならない。そこでは，多文化間のコミュニケーションを促進する「Cross-cultural management」とそれぞれの文化的異質性を越えた「Trans-cultural management」を内実とする異文化シナジーのメリットを最大化し，文化的多様

図表4-8　組織の文化的多様性と異文化シナジーのメリット
Cross & Trans Cultural Management と Leadership の重要性

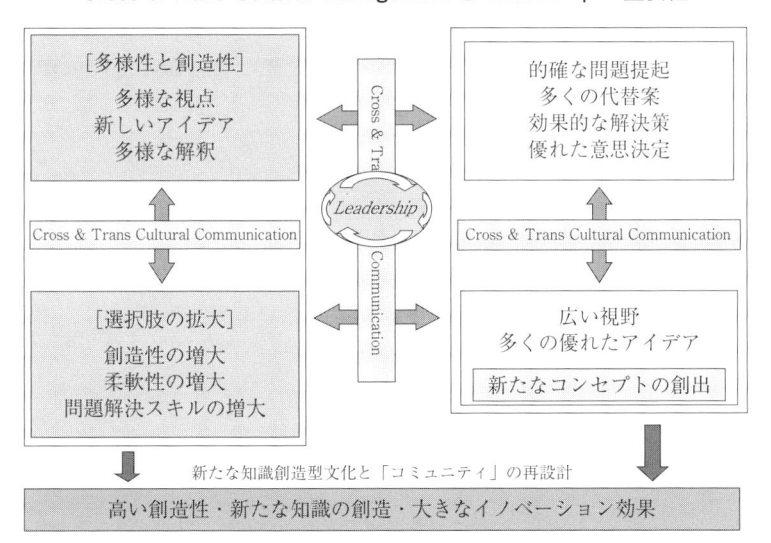

［多様性と創造性］
多様な視点
新しいアイデア
多様な解釈

的確な問題提起
多くの代替案
効果的な解決策
優れた意思決定

Cross & Trans Cultural Communication

Leadership

Cross & Trans Cultural Communication

［選択肢の拡大］
創造性の増大
柔軟性の増大
問題解決スキルの増大

広い視野
多くの優れたアイデア
新たなコンセプトの創出

新たな知識創造型文化と「コミュニティ」の再設計

高い創造性・新たな知識の創造・大きなイノベーション効果

出所：林監修（2006）および Adler（1991），pp.102-132をベースに作成。

性のデメリットを最小化する「新たな文化の創造と管理」が問われることになる。

とりわけ，製品開発プロジェクト・リーダーは，文化的多様性が増加するほど，参加者に必要情報を積極的に提示させ，お互いに問題意識を共有し合いながら，新たな知識とコンセプトを創出させていくために，これら多様な人材が理念とミッションを共有し，コンテキストの差異を認識しあい，そして相互に尊重し信頼しあう「場」「コミュニティ」の意識的形成をその主要任務とすることになる。したがって，プロジェクト・リーダーは，こうしたmeta-cultural な「場」を，文化的多様性を内包すると同時に，共通の理念と文化を共有する「コミュニティ」に転化することを目的意識的に行っていくことが必要となる。換言すれば，meta-cultural, cross-cultural, そしてtrans-cultural であると同時に共通の文化を共有する知識創造型「コミュニティ」の構築，これがプロジェクト・リーダーの基本的役割となる。したがって，ここでのプロジェクト・リーダーの knowledge producer としての基本的役割は，boundary spanner であると同時に culture producer ということになる。

競争環境の変化は，単に従来通り，研究開発費の増額やR&D人員の増強によって研究開発能力を高めていくというイノベーション・システムから，新たな多文化型イノベーション・システムへのパラダイムシフトを要求している。

5　おわりに

経営戦略論にせよ，イノベーション論にせよ，知識を論じる場合には，産業のデジタル化，市場のグローバル化を背景に，単一の文化的背景のもとでの知識の同質性を前提に論じられてきたように思われる。従来の知識創造論もまた，「文化」の知識に及ぼす規定的側面を軽視してきたように思われる。すなわち，個々人の文化的差異に規定された異なったマインドセットがコンテキストの差異を生み，その結果，同じ言語によるコミュニケーションに

よってもそれぞれの認知に差異が生じる視点や，したがってまた同一言語で表現された知識も多様に解釈されることになる視点が軽視されてきたように思われる。ホフスティードをはじめとする文化論的視点からすれば，mental program としての文化が個々人のマインドを規定し，個々人のマインドの差異がコンテクストの差異を通して知識を規定することになる。

しかしながら，逆にこうした文化論的視点は，基本的には，physical program としての遺伝子によってパーソナリティが規定されてしまうという固定的論理と同じように，文化が一方的にマインドをセットし知識を規定するものとしてとらえがちであった。

それに対して，本章はむしろ，プロジェクト・リーダーを媒介とした主体的な組織的知識創造活動のプロセスにおいて，新たな知識創造型の「文化を作り出す側面」にも留意してきた。すなわち，本章は，知識労働の重要性が高まるにつれて，新規製品（サービス）開発をしていく際の知識創造のシステムとそこでのプロジェクト・リーダーの能力が競争優位の源泉となってきていること。そして，知識やコンテクストは，「文化」（mental program）と「遺伝子」（physical program）によって固定的に規定されているととらえられるべきではなく，むしろ新たな知識を創造するプロセスこそが新たな「文化」と新たな「ニューラル・ネットワーク」を創出し，したがって知識創造と文化はダイナミックに相互に規定し合う関係性にあるという視点から論じてきた。[15] 本章の結論を端的に言えば，グローバルに変化する競争環境に対応して，「組織が自律的に進化していく組織能力」としてのダイナミック・ケイパビリティの基盤は，「知識創造活動と多様な文化との相互規定性を踏まえた知識の組織的創造能力」ということになる。グローバリゼーションの進展による多文化との接触は，一方での「文化間の衝突」の源泉でもあり，また他方では「新たな知識と文化の創造」の源泉でもある（林・関・坂本 2006, 172頁）。この「新たな知識と文化の戦略的創造」を可能にする組織能力が，「メタナショナル・イノベーション型企業」としての21世紀型企業の競争優位の源泉となってきている。

注

1) 「メタナショナル企業」とは，特定の知識領域・本拠地をベースにグローバルにビジネスを展開してきた「グローバル企業」とは異なり，世界的に分散化した高度な知識を巧みに統合化しながら独自の優位性（metanational advantages）を創出してグローバルにビジネスを展開する企業（Doz et al. 2001，ドーズ 2006）である。

2) このメタナショナル経営論（戦略論）の抱える問題点については，浅川（2006）において「7つのジレンマ」に集約されて論じられている。

3) また，ボーア（Boer 1999）によれば，「商業的に見込みのあるアイデアを多く生み出し，研究プロジェクトになりうるものを選別するステージ・ゼロのアイデアが成功する確率は，3000分の1（0.033%）」であることが紹介されている（p.24, 26, 邦訳50, 53頁）。この事例は，化学産業での事例であることが想定される。

4) ここでの特許発明者国籍および米国発行論文著者国籍は，彼らの所属機関の国籍もしくはパスポート国籍のいずれかである。なお，著者国籍には，たとえばIBM社所属の研究者が発表した論文が共同論文である場合には，共著者の国籍もここに含まれている。したがって，共同論文の著者の多くが海外の大学所属の研究者であるために，彼らの所属機関国籍がここにカウントされている。

5) 個別企業に事例については，林（2007a, 2007b, 2007c）を参照されたし。

6) たとえば，特徴的な分析的アプローチは，「市場開発の可能性が製品の特性，サイズや重さなど，十分に解析可能なパラメータを使用する場合」がこれにあたる（Lester and Piore p.54, 邦訳 71頁）

7) 他方，企業が今までにないまったく新しい製品の開発をする場合には，状況を異なる視点で考察（解釈）する解釈的アプローチが決定的要素となる。

8) T字型能力とは，個別の専門領域をさらに深く追求することによって知識を深めていく能力，および他の専門領域へと広げることによって新たな技術的接点を切り開いていく能力の双方の遂行能力を有することを意味する（Leonard pp.75-77, 邦訳109-112頁）。

9) Leonard（1998），p.22, 邦訳34頁。

10) Leonard *ibid.*, pp.158-159, 邦訳228-229頁。

11) Lesterの分析的アプローチと解釈的アプローチは，Leonardの判断型（judging type）と認知型（perceiving type）(p.70, 邦訳100頁）にそれぞれ類似している。

12) 開発メンバーの文化的多様性と開発ステージとの関連性について筆者が行ったインタビューサーベイでは，建設機械のような産業財の場合は，ほぼ一定で

あるとのことであった。
13) cross-cultural マネジメントとは，異なった文化間の差異を認識し，尊重しあいながらマネジメントを行う意味合いであるのに対し，trans-cultural マネジメントは，異なった文化間の差異を認識し，尊重しあうと同時に，共通する新たな文化を創り出しながらマネジメントするという意味合いと言える（林・関・坂本 2006，171-173頁）。これについては，馬越（2000）も参照のこと。
14) Shein（1985）．
15) 知識創造を文化的多様性と技術的多様性の視点から論じた林・中山（2009）も参照されたし。

参考文献

Adler, N. (1991) *International Dimensions of Organizational Behavior*, South Western（江夏健一・桑名義晴監訳『異文化組織のマネジメント』セントラルプレス，1996年）．

Amabile, T. A (1996), *Creativity in Context*, Westview, Boulder.

Ancona D. G. and D. F. Caldwell (1997) "Managing Teamwork Work," M. L. Tushman and P. Anderson (eds.), *Managing Strategic Innovation and Change*, Oxford University Press.

Argyris, C. (1977) "Double Loop Learning in Organizations," *Harvard Business Review*, Sep.-Oct..

Argyris, C. and D. A. Schon (1978) *Organization Learning: A Theory of Action Perspective*, Reading.

浅川和宏（2002）「グローバルR&D戦略とナレッジ・マネジメント」『組織科学』第36巻第1号。

浅川和宏（2006）「メタナショナル経営論における論点と今後の研究の方向性」『組織科学』第40巻第1号。

Badaracco, Jr., J. L. (1991) *The Knowledge Link*, Harvard Business Review Press（中村元一・黒田哲彦訳『知識の連鎖』ダイヤモンド社，1991年）．

Boer, F. P. (1999) *The Valuation of Technology*, John Wiley & Sons（宮正義監訳・大上慎吾・松浦良行・中野誠・大薗恵美訳『技術価値評価』日本経済新聞社，2004年）．

Brown, S. L. and K. M. Eisenhardt (1998) *Competing on the Edge*, Harvard Business School Press.

Burgleman, R., A. Maidique, A. Modesto, and S. C. Wheelwright (2001) *Strategic Management of Technology* and Innovation, McGraw-Hill.

Cantwell., J., A. Gambardella, and O. Grandstrand (2004) *The Economics and Management of Technological Diversification*, Routledge.

Carlile, P. R. (2004) "Transfering, Translating, and Transforming: An Integrative Framework for Managing Knowledge Across Boudaries," *Organization Science*, 15 (5).

Chesbrough, H. W. (2003) *Open Innovation : The New Imperatioe for Creating and Profiting from Technology*, Harvard Business School Press (大前恵一朗訳『オープン・イノベーション』2004年).

Christensen, C. M. (1996) *The Innovator's Dilemma: When New Technologies Cause Great Firms to Fail*, Harvard Business School Press (玉田俊平田監修・伊豆原弓訳『イノベーションのジレンマ』翔泳社, 2001年).

Christensen, C. M. and M. E. Raynor (2003) *The Innovator's Solution*, Harvard Business School Press (玉田俊平田監修・桜井裕子訳『イノベーションの解』翔泳社, 2003年).

Cooper, R. G. (2001) *Winning at New Products*, Basic Books.

David, E. (2006) "Creating Value from Cross-cultural Teams," *Cross Cultural Management*, 13 (4).

David, J. P., W. Ling-Ling, and D. Sally (2007) "Exploring the Relationship Between National and Organizational Culture, and Knowledge Management," D. J. Pauleen (ed.), *Cross Cultural Perspectives on Knowledge Management*, Libralies Unlimited.

Day, G. S. and D. J. Reibstein (eds.) (1997) *Wharton on Dynamic Competitive Strategy*, John Wiley & Sons (小林陽太郎監訳・黒田康史・池田仁一・村手俊夫・荻久保直志訳『ウォートンスクールのダイナミック競争戦略』東洋経済新報社, 1999年).

Dosi, G., R. R. Nelson, and S. Winter (eds.) (2000) *The Nature and Dynamics of Organizational Capabilities*, Oxford University Press.

ドーズ・イヴ (2006)「メタナショナル・イノベーション・プロセスを最適化する」『組織科学』第40巻第1号.

Doz, Y., J. Santos, and P. Williamson (2001) *From Global to Metanational*, Harvard Business School Press.

Fleming, L. (2004) "Perfecting Cross-Pollination," *Harvard Business Review*, Sep..

Hamel, G. and C. K. Prahalad (1994) *Competing for the Future*, Harvard Business School Press (一條和生訳『コア・コンピタンス経営─未来への競争戦略─』日本経済新聞社, 1995年).

林倬史（2004）「技術開発力の国際的拡散化と集中化」『立教経済学研究』第57巻第3号．

林倬史（2007a）「デジタル資本主義時代の戦略的課題と競争優位」井上照幸・林倬史・渡辺明編著『ユビキタス時代の産業と企業』税務経理協会．

林倬史（2007b）「東アジアのトランスナショナル・コミュニティと知識共創のメカニズム」佐久間考生・林倬史・郭洋春編著『移動するアジア』明石書店．

林倬史（2007c）「欧米多国籍企業の研究開発グローバル戦略」『月刊グローバル経営』在外企業協会，9月号．

Hayashi, T. and M. Serapio (2006) "Cross-Border Linakages in Reasearch and Development: Evidence from 22 US, Asian and European MNCs," *Asian Business and Management*, 15 (2), pp.271-298.

林倬史・中山厚穂（2009）「戦略的知識創造とダイバーシティ・マネジメント」『三田商学研究』第51巻第6号．

林倬史・関智一・坂本義和編著・立教大学ビジネスデザイン研究科著（2006）『経営戦略と競争優位』税務経理協会．

林倬史監修・林ゼミナール（2006）『イノベーションと異文化マネジメント』唯学書房．

林吉郎（1996）『異文化インターフェイス経営』日本経済新聞社．

Hofstede, G. (1991) *Cultures and Organizations*, Harper Collins Business（岩井紀子・岩井八郎訳『多文化世界』有斐閣，1995年）.

Hofstede, G. (2001) *Culture's Consequences*, Sage Publications.

岩田智（2007）『グローバル・イノベーションのネットワーク』中央経済社．

河合忠彦（2004）『ダイナミック戦略論』有斐閣．

河野豊弘（2003）『新製品開発マネジメント』ダイヤモンド社．

桑名義晴・山本崇雄（2006）「日系多国籍企業の知識マネジメント」『千葉商大論叢』第44巻第1号．

Leonard-Barton, D. (1998) *Wellsprings of Knowledge*, Harvard Business School Press（阿部孝太郎・田畑暁生訳『知識の源泉』ダイヤモンド社，2001年）.

Lester, R. K. and M. J. Piore (2004) *Innovation: The Missing Dimension*, Harvard University Press（依田直也訳『イノベーション』生産性出版，2006年）.

Little, S., P. Quintas, and T. Ray (eds.) (2002) *Managing Knowledge*, Sage Publicatons.

馬越恵美子（2000）『異文化経営論の展開』学文社．

Mason, R. (2006) "Culture: An Overlooked Key to Unlocking Organizational Knowledge," D. J. Pauleen (ed.), *Cross Cultural Perspectives on Knowledge*

Management, Libralies Unlimited.

松行康夫・松行彬子（2004）『組織間学習論―知識創発のマネジメント』白桃書房。

中原秀登（2000）『研究開発のグローバル戦略』千倉書房。

Nonaka, I., R. Toyama, and N. Konno（2002）"SECI, Ba, and Leadership: A Unified Model of Dynamic Knowledge Creation," S. Little, P. Quintas, and T. Ray（eds.）*Managing Knowledge*, Sage Publications.

Nonaka, I., R. Toyama, and T. Hirata（2008）*Managing Flow*, Palgrave.

野中郁次郎・竹内弘高（1996）『知識創造企業』東洋経済新報社。

Pauleen, D. J.（2007）*Cross-Cultural Perspectives on Knowledge Management*, Libraries Unlimited.

Pearce, R. D. and M. Papanastassiou（1996）"R&D Networks and Innovation: Decentralized Product Development in Multinational Enterprises," *R&D Management*, 26,（4）.

Rosenbloom, R. and W. Spencer（1996）*Engines of Innovation*, Harvard Business School Press（西村吉雄訳『中央研究所の時代の終焉』日経BP社，1998年）．

Ruggles, R. and D. Holtshouse（eds.）（1999）*The Knowledge Advantage*, Capstone（木川田一栄訳『知識革新力』ダイヤモンド社，2001年）．

榊原清則（1995）『日本企業の研究開発マネジメント』千倉書房。

Sanchez, R.（1995）"Strategic Flexibility in Product Competition," *Strategic Management Journal*, Vol.16.

Senge, P.（1990）*The Fifth Descipline: The Art & Practice of the Learning Organization*, Doubleday（守部信之訳『最強組織の法則』徳間書店，1995年）．

Serapio, M. and T. Hayahshi（eds.）（2004）*Internationalization of Research and Development and the Emergence of Global R&D Networks*（Research in International Business, Vol. 8）, Elesevier.

Shein, E. H.（2004）*Organizational Culture and Leadership*, 3rd ed., Jossey-Bass（清水紀彦・浜田幸雄訳『組織文化とリーダシップ』ダイヤモンド社，1989年）．

Spender, J. C.（1999）"Organizational Knowledge, Collective Practice and Penrose Rents," M. H. Zack（ed.）*Knowledge and Strategy*, Butterworth Heinemman.

椙山泰生（2001）「グローバル化する製品開発の分析視角」『組織科学』第35巻第2号。

Szulanski, G.（1996）"Exploring Internal Stickiness: Impediments to the Transfer of Best Practice within a Firm," *Strategic Management Journal*, vol.17.

高橋浩夫（2000）『研究開発のグローバル・ネットワーク』文眞堂。

Teece, D. J.（2009）*Dynamic Capabilities*, Oxford University Press.

Teece, D. J., G. Pisano, and A. Schuen (1997) "Dynamic Capabilities and Strategic Management," *Strategic Management Journal*, Vol.18, No.7.

寺本義也 (2005)『コンテクスト転換のマネジメント』白桃書房。

Tidd, J., J. Bessant, and P. Keith (1997) *Managing Innovation*, John Wiley& Sons (後藤晃・鈴木潤監訳『イノベーションの経営学』NTT出版, 2004年).

Von Hippel, E. (1994) "Sticky Information and the Locus of Problem Solving: Implications for Innovation," *Management Science*, Vol.40, No.4.

Wenger, E., R. Mcdermotto, and W. M. Snyder (2002) *Cultivating Communities of Practice*, Harvard Business School Press (野村恭彦監修・桜井裕子訳『コミュニティ・オブ・プラクティス』翔泳社, 2002年).

(本章は,林倬史「新製品開発プロセスにおける知識創造と異文化マネジメント」『立教ビジネスレビュー』創刊号,2008年6月に加筆,修正したものである。)

第5章
異文化経営から超文化経営への展開

1　はじめに

　世界の若者が，ナイキのスニーカーを履き，リーバイスのジーンズを身につけ，リーのTシャツをまとい，レイバンのサングラスをかけ，iPod を聞いている。レビットはこのような現象を「諸市場の同質化」とみなしたが，同じような格好をしていても，韓国の若者はキムチを食べ，ベトナムの若者はフォーを食べ，中東の若者は豚肉を食べず，イスラエルの若者は魚以外の海産物を食べない。同質化と異質化が混在しているのが現実の世界である。レビットが「諸市場の同質化」とみなしたのは，むしろ若者の「グローバル性」に対する憧れ，グローバル・ブランドを所有することによるグローバル・アイデンティティ確認の表れであるのかもしれない。

　本章は，文化の重要性を確認しつつも，近年，文化を超えた経営が重要になってきている，ということを明らかにする。文化という変化しにくい異質的なものを前提にしながらも，それを超えた普遍的なものを追求することが，今後の経営にとって必要なのではないか。むしろ，異質的な文化を超絶するような強力な「企業理念」や「行動規範」がなければ，200数十カ国でのビジネスなどできないのかもしれない。本当の意味の「グローバル・ブランド」というのは未だ稀であるが，徐々にその適用範囲を広げ，真にグローバルに展開されるブランドが競争優位を増すかもしれない。

2 市場認識

2-1 ボーダフル・ワールド

「異文化」が流行である。「流行」といっても，2009年に「異文化間教育学会」は第30回大会を開いているし，「異文化コミュニケーション学会」も第24回大会を開催している。[1] なにも「異文化」が今になって「流行っている」わけではないが，筆者には，日本では2000年代になってさらに注目されるようになったように思われる。「日本国際文化学会」が設立されたのが2001年11月で，本書の執筆母体となっている「異文化経営学会」も2003年3月に研究会として発足した（2005年に学会に名称変更）。2008年には明治大学に「国際日本学部」が開設されたが，同学部は日本の現代文化を研究するとともに，それを世界に発信していくことを目標に掲げている。

もともと，ホール（Hall 1976）やホフスティード（Hofstede 1980），アドラー（Adler 1986）など，「異文化」に関する優れた米欧の研究は1970年代から1980年代に生まれている。国際マーケティングの分野でも，同じ時代，ダグラス（Douglas 1971, Douglas and Wind 1973, 1974）やウインド（Wind and Douglas 1971, Wind 1972）などが盛んに国ごとの消費者行動の違いを研究していた。当時は，アメリカ企業に続いてヨーロッパ企業の多国籍企業化が進展し，各国市場の相違性や異文化下における経営が新しい問題として登場した時期である。このように40年前に取り上げられた問題であるにもかかわらず，なぜ筆者は「2000年代になって『異文化』が流行っている」と感じているのか。それは，「グローバリゼーション」の急速な進展とともに，改めて「異文化」が注目されているからである。

レビット（Levitt 1983）は，輸送や通信の技術進歩が「諸市場の同質化」をもたらし，それに対応したマーケティングも世界標準化にならざるを得ないことを主張したが，彼の予言は1990年前後の社会主義の崩壊（≒市場経済の世界化）と1990年代半ばからのインターネットの発達（情報の世界化）によって立証されたかに思えた。大前研一はこれを「The Borderless World

（ボーダレス・ワールド）」と呼び（Ohmae 1990），フリードマン（Friedman 2006，初版本は2005年刊行）は「The World is Flat（フラット化する世界）」と呼んだ。

　しかしながら，現実は彼らの予言したようにはなっていない。レビット批判はすでに早くからなされているが（大石 1993a），ゲマワット（Ghemawat 2007）は改めてレビットや大前研一，フリードマンらの予言を否定している。ゲマワットは「semi-globalization（セミ・グローバリゼーション）」という用語で，一方における世界画一化の進展と他方における各国市場に残る差異の混在を示しているが，筆者は「duplication（複合化）」という用語で，国際マーケティング戦略の観点から，一方における世界画一化の推進と他方における現地適合化の推進，すなわち両者の「いいとこ取り」を提唱している（大石 1993b，1993c，2004，2009a，2009b，角松・大石 1996）。ゲマワットも筆者も，「諸市場は同質化していない」「世界はボーダレスではない」「世界はフラット化していない」と認識している点では一致している。金融や情報の世界を除きボーダレス・ワールドという実態は存在せず，あるのはただ諸国家・諸市場で構成されるボーダフル・ワールドのみである。

　図表5-1は国家の役割を列挙したものである。国家の目的は「共同体利益の維持・拡大」にあり，そのために国防以下，さまざまな役割を担っている。地域統合で「国境管理」の一部が撤廃されたり，ユーロで「通貨制度」が統合されたりするものの，それらの地域においてさえも国家の役割がすべて消滅したわけではない。[2]　多国籍企業の中には多くの国のGDPをはるかに上回る巨大なものも存在するが，彼らとて数百万人の人口しかない小国の規制を受けることになる。多国籍企業は国家の相違性に苦慮したり（政治制度の違いや経済発展程度の違いなど），あるいは国家の相違性を利用したり（移転価格による節税や景気循環に伴う売上高の平準化など）しているのが現実である（詳しくは大石 2000を参照）。

図表 5-1　国家の役割

```
目的:「共同体利益の維持・拡大」
 ①国防‥‥軍隊・条約・国際機関
 ②治安の維持‥‥警察・消防
 ③公共サービス‥‥住民管理・福祉・保健
 ④国境管理‥‥ヒト・モノ・カネ・企業の出入
 ⑤富の徴収と再分配‥‥課税と分配
 ⑥通貨制度‥‥発行・管理・調整
 ⑦その他
```

出所:筆者作成。

2-2　外部環境の相対性

　ゲマワットは，各国市場の相違性を「CAGE」から説明する。CAGEとは，文化的（cultural），制度的（administrative），地理的（geographical），経済的（economic）隔たりのことであり，各国市場の相違性を絶対的観点から扱うのではなく「相違の度合い」という相対的観点から分析するものである。たとえば，「アメリカから見た場合，中国とインドで隔たりが大きいのはどちらか」のように考えることができ，この分析枠組みは様々な業種によっても使い分けることができる。ゲマワットのCAGE分類は，多くのことを網羅しておりバランスもいいが，4つの隔たりを同列に扱っている点に不満が残る。筆者は，CAGE分類に従って言えば制度的相違に最も重点を置いており，文化的・地理的・経済的隔たりはより副次的な問題であると考えている。文化的・地理的・経済的隔たりは，国内でも発生する問題であるが，制度的・政治的隔たり[3]は国家を想定した時に初めて現れる問題である。その意味で，制度的・政治的隔たりこそ「画一化しない世界」「ボーダレスでない世界」「フラット化しない世界」の本質的特徴である（大石 2000）。

　ゲマワットは「相対的隔たり」を問題にしており，かつ業種によって，あるいは企業によってこの「相対的隔たり」が異なることを主張している。彼はこの点においても慎重であり，配慮が行き届いている。確かに，同じ産業

に属し，同じ海外市場で競争していても，企業によってそのマーケティング戦略は大きく異なることは多い。たとえば，建設機械産業において，中国市場における外資系企業のチャネル戦略は大きく異なっている。日本のコマツは「1省1代理店方式」をとっており，一部日本の商社を活用しているものの，原則，地場資本に任せているのに対し，米国のA社は「広域代理店方式」で，かつ海外資本に任せている。日本のB社は，「1省複数代理店方式」で，地場資本に任せている（米山 2009, 100-101頁）。このような例は，中国市場に限ってみただけでも，最高級市場を対象としているTOTO，プレスティージ市場ながら最高級のやや下のクラスを対象としている資生堂のオプレ，他外資ビールメーカーとは異なり（上海の）ミドル市場を対象としているサントリーなど，枚挙にいとまがない。たとえば，サントリー以外の外資系ビールメーカーは，中国市場はプレミアビール市場しか市場性はないと判断したが，サントリーだけはミドル市場に可能性を見い出したのである（上田・徳山 2002）。

　ここで重要なことは，企業を取り巻く外部環境は，一見絶対的存在に見えるものの，実は企業の視点を通して認識される相対的存在に過ぎないということである。確かに，法律や政治制度，さまざまな規制は存在する。経済的格差も，地理的違いも，通貨の違いも，流通の違いもある。宗教も違えば，言語の違い，価値観の違い，消費者行動の違いもある。「存在する」という点では絶対的存在であるが，企業にとってはそれらがどのような意味を持つのか，自社の行動にどのように影響するのか，が重要である。それは，企業の眼，企業の視点を通して認識される「外部環境の像」によって異なる。つまり，外部環境は企業あるいは経営者を通して認識される相対的存在なのである。[4] だからこそ，同じ産業，同じ市場においても，企業によって行動がさまざまに異なるのである。図表5-2は，1980年代におけるネスレとコカコーラの戦略の違いを図示したものであるが，同じ市場においても両者の戦略が異なることが分かる。[5] 図表5-3は，筆者の調査による広告の標準化・適合化決定要因であるが，サンプル数に限界があるとはいえ，企業要因

が製品要因や環境要因よりも大きな役割を果たしていることが分かる。

　これらはもちろん，当該企業が有する経営資源によっても左右される。経営資源に恵まれた企業はさまざまな選択肢をとることができるが，経営資源に限界のある企業は限られた選択肢しかとることができない。確かに経営資源は制約条件ではあるが，場合によっては不足の経営資源を外部から調達することもできる。大事なことは，経営資源という制約条件を抱えながら，企業あるいは経営者が当該市場をどのように認識するかである。図表5-4は，

図表5-2　ネスレとコカコーラの標準化戦略比較

		適合化		標準化	
		完全	部分	部分	完全
経営機能	研究開発				
	財務と会計				
	製造				
	調達				
	マーケティング				
製　品	文化に拘束されず高い効率性				
	文化に拘束されず低い効率性				
	文化に拘束され高い効率性				
	文化に拘束され低い効率性				
4P要素	製品デザイン				
	ブランド名				
	製品ポジショニング				
	パッケイジング				
	広告テーマ				
	価格設定				
	広告コピー				
	流通				
	販促活動				
	顧客サービス				
国　地域1	国A				
	国B				
地域2	国C				
	国D				
	国E				
	ネスレ社　　　　　　コカコーラ社				

出所：Quelch, J. A. and E. J. Hoff (1986), p.61.

100　第Ⅰ部　理論編

図表 5-3　広告の標準化・適合化の決定要因
―日系（N＝13）と外資系（N－7）比較―

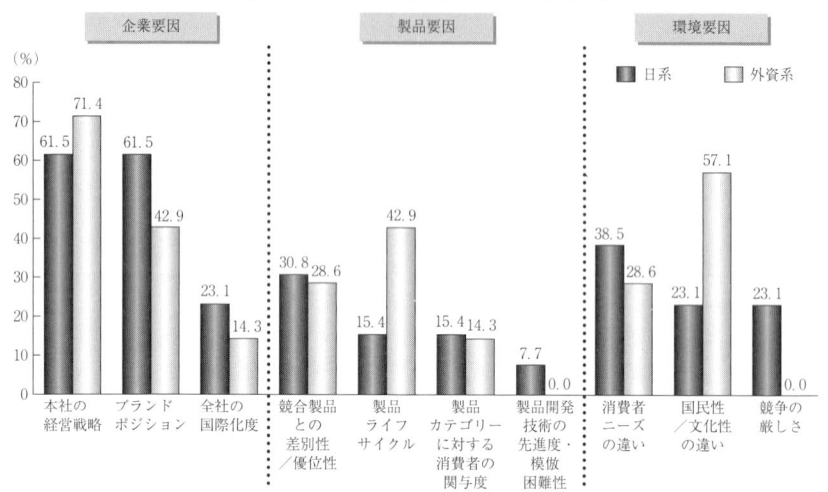

企業要因			製品要因				環境要因		
	■日系	□外資系							

	日系	外資系
本社の経営戦略	61.5	71.4
ブランドポジション	61.5	42.9
全社の国際化度	23.1	14.3
競合製品との差別性／優位性	30.8	28.6
製品ライフサイクル	15.4	42.9
製品カテゴリーに対する消費者の関与度	15.4	14.3
製品開発技術の先進度・模倣困難性	7.7	0.0
消費者ニーズの違い	38.5	28.6
国民性／文化性の違い	23.1	57.1
競争の厳しさ	23.1	0.0

出所：大石編著（2004），173頁。

図表 5-4　分析枠組み

フィルター

情報
↓
企業要因
↓
製品／産業要因
↓
環境要因
↓
国際マーケティング・プロセス
↓
国際マーケティング・プログラム

出所：角松・大石編著（1996），141頁。

筆者の分析枠組みを示しているが，さまざまな情報が企業要因，製品／産業要因，環境要因（文化を含む）というフィルターを通して国際マーケティング・プロセスを決定し，それが国際マーケティング・プログラムに影響を及ぼすことを簡潔に図示している。

2-3 文化の重要性

　国際経営や国際マーケティングを論じる者なら，実務家であれ研究者であれ，文化の重要性を否定する者などいない。初期の国際マーケティング研究においては，企業は統制可能な4P（製品政策，価格政策，チャネル政策，プロモーション政策）を統制不可能な外部環境に適応させることが肝要であるとされた。ただし，国内の外部環境が政治諸勢力，経済情況，競争構造という限られた変数であるのに対し，国際の外部環境はこれら3つの変数に加えて，技術水準や流通構造，地理，文化的諸勢力などが加わる。すなわち，企業は国際市場という「国内市場より複雑な」外部環境に適応する必要がある，という（Cateora and Hess 1975）。ここでも「より複雑な」外部環境の1つとして文化が取り上げられている。ゲマワットのCAGE分類からも明かであるように，最近においても文化の重要性は輝きを失っていない。

　文化の影響は至るところに表れる。国際経営の人的マネジメントにおいては，「人的異文化インターフェイス」が最大の課題であろう（林 1985, 1994, 馬越 2000, 海野 2002）。異なった文化を背負った人と人とのインターフェイスに，国際経営を担う人々は悩み苦しむ。本社と現地法人の現地人トップ，派遣された現地法人トップと現地人マネジメント，派遣された作業管理者と現地人従業員など，組織内部でのインターフェイスにもさまざまな軋轢が生まれる（山口 1998）。もちろん，派遣社員と現地の取引先や政府機関との間にも異文化特有の問題が生じうる。マーケティングにおける文化の影響も深刻である。文化の影響は，マーケティング・ミックス（4P）の至るところに表れる。製品政策では，食品における宗教的タブーの影響やネーミングにおける言語的意味合いの影響などが典型である。一方，プロモーション政策におけるメッセージの送り手（本国人）と受け手（現地人）の文化的背景の

違いが，不買運動や暴動にまで発展するような大きな摩擦を引き起こすことがある。

　文化の影響は，制限的あるいはマイナスに作用するだけではない。「メタナショナル」の議論からも明かであるように，異文化の接合によって新たなイノベーションや新たな問題解決策が生まれるというプラスの作用もある（浅川 2003, 2009, 太田 2008）。いわゆる「ダイバーシティ・マネジメント」が，かつては異文化にどのように対処するか，異文化摩擦をどのように克服するか，に力点があったものが，現代では異文化をどのように活かすのか，異文化ゆえの競争優位をどのように産み出すのかに力点が移っている（有村 2007）。

2-4　文化還元論の危険性

　しかしながら，本章で強調したいのは，文化の重要性よりもむしろ文化還元論の危険性である。文化の重要性は多くの局面で観察できるので，極めて自明のことのように見えるが，実は文化が及ぼす影響というのは，分かったようで分からない。一体，何が文化の影響によって説明でき，何が説明できないのか，説得的に証明することは極めて困難である。第1，「文化とは何か」さえよく分からない。「文化とは何か」については，次節で検討することにして，ここでは「文化還元論」を説明しておこう。

　「文化還元論」というのは，未だ一般的な用語法ではない。文化の及ぼす影響の大きさを滔々と語る論者を評して，筆者が感じるイメージである。「文化還元論」とは，「なにごとも文化に還元しようとする考え方」あるいは「さまざまな影響因を正当に評価することなく文化の影響で片付ける短絡的な考え方」と定義できる。たとえば，キリンビバレッジの茶飲料「生茶」は，甘い茶飲料が好まれるタイではすんなりと受け入れられなかった。そこで同社は，2006年4月，現地茶飲料と同じ程度の甘さの「生茶オリジナル」とやや甘さを控えた「生茶ロースイート」を発売した。これは文化の影響か？
文化還元論者は，「日本の消費者が無糖の飲み物を好み，タイの消費者が甘い飲み物を好むというのは文化の違いである」と主張するかもしれない。し

かしながら，消費者嗜好の違いをすべて文化に還元できるものなのか？「消費者嗜好の違い」と「文化の違い」は同一なのか？　もし同一なら，キリンビバレッジが約1年後に発売した「生茶無糖」はタイの消費者には受け入れられないのか？

　同じ「生茶」の中国での販売実績はあまり芳しくない。それは，中国人にとって「生の茶」が魅力的でないからである。日本語ブームである東南アジアでは，漢字で書かれた「生茶」は，意味はよくわからなくても，格好いいものに写るだろう。しかし，漢字の国・中国では，「生の茶」は決して飲みたい代物ではない。「麒麟」という架空の生き物を好む中国人にとって，「麒麟」という会社名には親しみを覚えるかもしれないが，炒ってもいない「生の茶」が詰まっているペットボトルを買いたいとは思わない。このような言語が持つイメージは，はたして文化の影響か？

　同じキリンビバレッジは紅茶飲料「午後の紅茶」を2001年から上海で販売しているが，上海では大好評であるものの北京や広州ではまだ大ヒットとは言えない状況である。製造しているのが上海の錦江国際集団との合弁会社である上海錦江麒麟飲料食品という地理的条件もあるのだが，上海で大ヒットし北京や広州ではヒットしていないというのは3都市における文化が違うからか？　それとも，3都市では競合相手も異なれば流通機構も異なるという経済的要因が原因か？　あるいは，単にキリンビバレッジが上海以外の地域に経営資源を振り向ける余裕がないためか？

　いまここで正解を出すのが目的ではない。原因を探るのに「文化還元論に陥ってはならない」ということさえ理解していただければ幸いである。一部は文化で説明可能であろうし，一部は文化以外で説明すべきかもしれない。言語は文化に含まれる要素であるとはいえ，マーケティング的には独自の問題として扱った方が利便性は高い。いずれにしても，このように考えると，「では文化とは何か」を明らかにしておかねばならないだろう。

3 文化とは何か

3-1 ホフスティードの「たまねぎ型モデル」

「文化とは何か」を論じ始めたら，それこそ人類の歴史から解き明かし，古今東西の文献をひっくり返さなければならない。ここでは本章の論旨に直接関係することのみに言及する。

ホール (Hall 1976) が，米独などの「低コンテクスト社会」と日中などの「高コンテクスト社会」とを対比したことは著名であるが，それが文化のどの部分を指しているのかは不明である。同様に，林 (林 1985, 1994) が米独などの「デジタル社会」と日中などの「アナログ社会」とを区別する場合も，それが文化のどの部分を指しているのかは不明である。そこで，これをホフスティード (Hofstede 1980, 1994) の「たまねぎ型モデル」で理解すると分かりやすい。

ホフスティードは，まず文化というものが，図表5-5に示されているように，「集団やカテゴリーに特有の」ものであり，かなり長い時間をかけて「学習」されたものであると位置づけている。図表5-5のピラミッドの最下層には，普遍的な人間性がある。「惻隠の情」や「誠実さ」「愛情」などは世

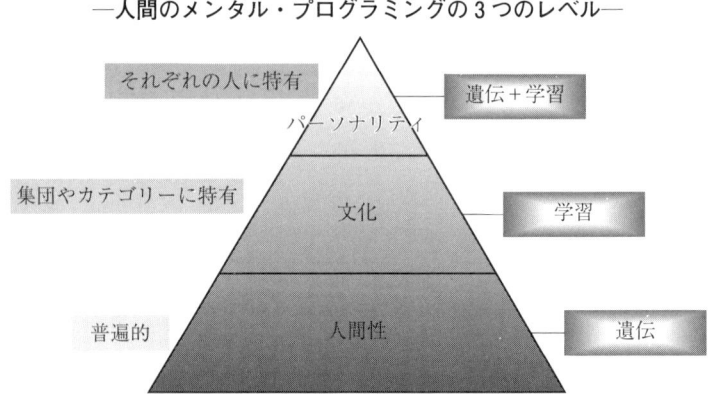

図表5-5 ホフスティードによる文化の位置づけ
—人間のメンタル・プログラミングの3つのレベル—

それぞれの人に特有	パーソナリティ	遺伝+学習
集団やカテゴリーに特有	文化	学習
普遍的	人間性	遺伝

出所：ホフスティード (1994), 邦訳5頁。

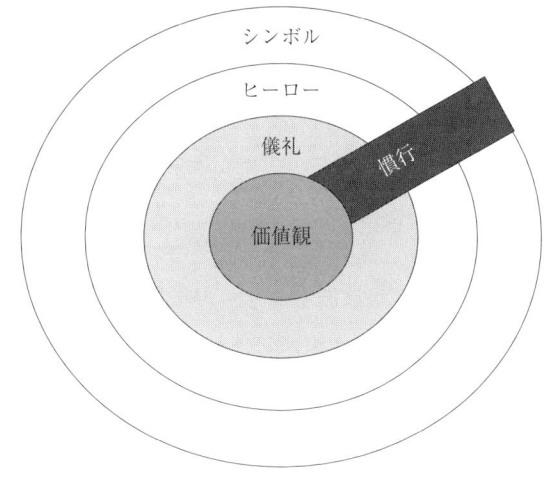

図表5-6　たまねぎ型モデル─文化の表出レベル─

（シンボル／ヒーロー／儀礼／価値観／慣行）

出所：ホフスティード（1994），邦訳7頁。

界的に普遍的なものであろう。これが「遺伝」的なものであるかどうかについては議論があるだろうが，いまは問わない。「文化」は，普遍的な「人間性」の上に位置するものであり，特定の集団やカテゴリーに特有の性格を帯びている。その集団やカテゴリー内では共通性が高く，他の集団やカテゴリーとは異質性が高い。ピラミッドの最上層には，それぞれの人に特有の「パーソナリティ」がある。国や地域ごとに文化が異なっていても，個々人にはそれぞれのパーソナリティがあり，単純な一般化はできない。

　では，文化はどのような面に表れるのか。これが，図表5-6に示される「たまねぎ型モデル」である。このモデルでは，表面の方から「シンボル」，「ヒーロー」「儀礼」「価値観」となっているが，その順に時間とともに「変化しやすい」ものになっている。「慣行」というのが，「変化しやすい」ものから「変化しにくい」ものに連続的に位置しているが，ここで重要なことは，「価値観」という最も「変化しにくい」ものを抽出し，それを検討することである。ホールの「低コンテクスト社会／高コンテクスト社会」論も林の「デジタル社会／アナログ社会」論も，この「価値観」部分を語っていると

考えると分かりやすい。

3-2 「価値観」に関する4つの指標

　ホフスティード（Hofstede 1994）は，各国・地域の「価値観」を探るのに，53の国・地域に立地するIBMの海外子会社に勤務する従業員を調査した。このような手法をとったのは，IBMという強力な企業文化を有する多国籍企業であれば，その企業文化は世界中ほぼ同一であると想定され，純粋に国・地域の価値観を比較できると考えたからである。調査結果を因子分析し，ホフスティードは価値観に関する4つの指標を導出した。すなわち，「権力格差の大／小」「個人主義／集団主義」「男性らしさ／女性らしさ」「不確実性回避の強／弱」の4つである。

　「権力格差の大／小」という点は，緯度の低い（赤道に近い）国・地域ほど「権力格差は大きく」，緯度の高い（極に近い）国・地域ほど「権力格差は小さい」という特徴を持つ。日本は33位，アメリカは38位である。「権力格差の大きい」国・地域は，権威主義的で，中央集権化しており，革命や暴動が起きやすい。「権力格差の小さい」国・地域は，平等主義的で，分権化しており，主張の相反する政党が選挙によって国政を担う。マーケティング的に解読すれば[6]，広告において「権力格差の大きい」国・地域は，セレブや人気タレントが推奨する方法が効果を持つであろうし，「権力格差の小さい」国・地域は，アナウンサーや普通の人が推奨する方法で十分であろう。

　「個人主義／集団主義」という点では，北米や欧州は「個人主義」的で，南米やアジアは「集団主義」的という結果になっている。「個人主義度」ではアメリカが1位で，日本は22位である。他のアジア諸国はもっと下位（集団主義的）にあるので，日本は経済発展に伴って上位に上がったとも考えられる。「個人主義」の国・地域では，アイデンティティは個人にあり，状況に関係なく率直に話すことが好まれる。「罪と自尊心」を尊重し，ドライな契約主義的でビジネス面では職務優先である。「集団主義」の国・地域では，アイデンティティは集団にあり，状況を勘案し調和的に話すことが好まれる。「恥と面子」を尊重し，ホットな家族主義的でビジネス面では人間関係優先

である。マーケティング的に解読すれば，チャネル政策において「個人主義」の国・地域では，ドライな人間関係と厳密な契約を前提としたビジネスが原則であるのに対し，「集団主義」の国・地域では，ホットな人間関係と信頼に基づいたビジネスが原則となる。

　「男性らしさ／女性らしさ」という点では，北欧諸国が「女性らしい」国・地域であることを除けば，地理的な特徴は見あたらない。「男性らしさ」の1位は日本であり，アメリカが15位，スウェーデンが最下位（最も「女性らしい」国）である。「男性らしい」国・地域は，物質的な成功を重視し，男女の役割差も大きい。競争も厳しく，業績を上げることが求められる。国・地域の目標は，経済成長優先である。「女性らしい」国・地域は，他社への配慮を重視し，男女の役割差は小さい。平等を尊び，連帯感が求められる。国・地域の目標は，環境優先である。マーケティング的に解読すれば，製品政策において「男性らしい」国・地域では，力強さや成功物語をアピールするものが好まれる。「売上高 No.1」であるとか「ベスト」「最高」である製品がさらに売れるという傾向を持つ。シェアの上位集中度が高まり，小さいもの，弱いものは排除されていく。これに対して「女性らしい」国・地域では，優しさや環境配慮をアピールするものが好まれる。「小さいこと」「ゆったりしていること」「環境に優しいこと」「弱者を救済するもの」などを積極的に購入する傾向を持つ。シェアの上位集中度は比較的小さく，ユニークなもの，自分にあったものが生き残る余地が大きい。

　「不確実性回避の強／弱」という点では，地理的に一貫した傾向はない。「不確実性回避」というのは，「将来が不確実であることを避けようとする傾向」のことである。「不確実性回避」の最も強い国はギリシアであるが，ヨーロッパ諸国は，ベルギー5位，フランス10位，イタリア23位，スイス33位，イギリス47位，デンマーク51位のように分散している。同様に，緯度の低い（赤道に近い）国・地域も，グアテマラの2位からシンガポールの53位（最下位）まで，分散している。日本は7位と，「不確実性回避の強い」国と位置づけられている。「不確実性回避の強い」国・地域は，不確実性を脅威

と捉え，異質性を危険と見なす傾向がある。正解にこだわる一方，革新に対する抵抗は強い。守れない規則が存在し，ユニークな言動を行う若者に否定的である。「不確実性回避の弱い」国・地域は，不確実性は当然と捉え，異質性に興味を持つ傾向がある。自由な討論を好み，奇抜なアイディアによる革新を賞賛する。遵守できる最低限の規則ですませ，ユニークな言動を行う若者に寛容である。マーケティング的に解読すれば，「不確実性回避の強い」国・地域よりも「不確実性回避の弱い」国・地域においての方がベンチャービジネスを興しやすいであろう。「不確実性回避の弱い」国・地域においては，奇抜なアイディアで新規ビジネスを考案する若者を許容し，支援し，育成していく傾向が高い。ダイバーシティ・マネジメントにも優れており，異質性を取り込み，異質性から革新を起こすことにも積極的である。取引においても，相手のブランド力や長期的関係にこだわらず，真に革新的なものを受容する度合いが高い。「不確実性回避の強い」国・地域よりも「不確実性回避の弱い」国・地域の方が，新規参入は容易であるといえる。

3-3 日米中3カ国調査

㈱JMR生活総合研究所は『消費社会白書』というものを毎年刊行しているが，その2008年度版は「日米中3カ国調査―多極化する消費，すすむ趣味の階層化―」であった。調査はインターネット調査のため，中国の調査対象者は中国全土の母集団に比べ上位の所得階層に上ブレしたため，上海の所得階層分布をもとに位置づけを定義し直している。日本とアメリカはそのままの数値を採用している。対象者は各国とも15～49歳である。

価値観の相違をおおまかにいうと，日本は「孤立主義」のくせに「他人依存」的である。アメリカは「個人主義」ではあるが「孤立主義」ではなく，「精神主義」に走っている。中国は「立身出世」という上昇志向がきわめて強いものの，「社会調和」にも配慮している。消費意識では，日中の消費者が「周りの口コミや評判を参考にして選ぶ」とか「他人にうらやましがられるのは気分がよい」などという人間関係を重視するのに対し，アメリカの消費者は「商品を選ぶとき，他人の評判や情報は一切気にしていない」という

自立性が強い。日本の消費者は,「見せびらかし消費」もややあるものの,「新しもの好き消費」ではない。アメリカの消費者は,「見せびらかし消費」は極めて少なく,「堅実消費」である。中国の消費者は,「見せびらかし消費」がダントツに高く,「新しもの好き消費」も3カ国中,最も高い。総じて,アメリカの消費者は「成熟個人主義」であり,中国の消費者は「欲望個人主義」であるといえる。これに対して,日本の消費者は「ミニマムライフ」を好む傾向が強い。「見せびらかし消費」や「新しもの消費」などの11項目を取り上げて,「価値観によるセグメント」と「国と年収によるセグメント」のどちらが有効であるかを分析した結果,11項目中6項目（「新しもの好き」「バンドワゴン消費」「堅実消費」「健康・美容悩み」「健康・美容悩み改善対策行動」「薄型テレビにおけるソニーの選択」）において「価値観によるセグメント」が有効であると結論づけている。

　ホフスティードの調査には,台湾は含まれているものの中国は含まれていないので,単純な比較はできないが,「価値観」という変化しにくいものが脈々と流れていることを感じ取ることができる。このような価値観研究,消費者研究は数多いが（例：電通総研・日本リサーチセンター編 2004),本章は「文化の核心は変化しにくい価値観にある」ことを指摘しておくにとどめる。したがって,中国の女性が海外ブランドの化粧品に殺到しても[7],インドの若者がジーンズにTシャツ姿になっても,ロシアでマクドナルドが流行っても,フランスで日本のアニメが大人気になっても,それが即「文化の変容」を意味するものではない,と考える。確かに消費者行動は変化しているが,表面的な消費者行動の変化と本質的な価値観の変化とは区別すべきであろう。

4　超文化経営のすすめ

4-1　ホルトらの研究

　ここでは,上記のような文化の重要性,変化しにくい価値観を認めながらも,現代の多国籍企業が文化障壁を超えた「超文化経営」を志向している点

を強調したい。アメリカ企業においては，2001年9月11日の同時多発テロ以降，「脱アメリカ」を志向し，むしろ「グローバル性」を追求しているし，日本企業においては，2000年代に入り，各社が「○○WAY」なるものを策定し，企業理念を世界的に普及させようとしている。

　ホルト・クウェルチ・テイラー（Holt, Quelch, and Taylor 2004）は，2002年に41カ国，1,500人を対象に定性調査し，翌2003年には12カ国，1,800人を対象に定量調査を実施した。その結果，インターネットの発達で「グローバル・カルチャー」が台頭していることが分かった。しかしながら，「グローバル・カルチャーが台頭したからとはいえ，世界中の消費者が同じ趣味や同じ価値観になったというわけではない。違う国籍，そしてしばしば相反する価値観の消費者行動がシンボルを共有しながら，会話を交わすようになったのだ。そして，その主要なシンボルの1つが，グローバル・ブランドなのだ」（p.70）と述べている。そして，2002年の定性調査の結果，「グローバル・ブランド」の特性は，「高品質の証」「文化的神話の創出」「社会的責任」「アメリカ的価値観」の4つであることが明かとなった。さらに，これを実証するために2003年に米，英，中，仏，印，日，伯，エジプト，インドネシア，ポーランド，南アフリカ，トルコの12カ国で定量調査を行ったが，最後の「アメリカ的価値観」はさして重要ではなかった。「アメリカのブランドであることが，どの程度，購買行動にマイナスの影響を及ぼすのかについて調べたところ，ほとんど関係がなかった」（p.72）。つまり，「アメリカは大嫌いだけど，アメリカ製品は大好き」という消費者も多数いたのだ。むしろグローバル・ブランドと認識されることは，「高品質の証」であり，「文化的神話の創出」すなわちグローバル・アイデンティティの証であり，「社会的責任」を全うする企業としての証であることが分かったのだ。しかも，グローバル・ブランドの価値を評価する方法は世界共通であることも分かった。

　ホルトらは，このような定性的・定量的調査結果から，多国籍企業にとっての5つの新しいチャンスと責任を説く。第1は，「グローバル性を考慮す

ること」であり，グローバル・ブランドを大切に管理することである。これが，「高品質の証」にもなり「社会的責任」を果たしている証にもなる。第2は，「影の部分の管理」の重要性であり，マイナス・イメージを軽減し，リスクを最小化するよう努めなければならない。どんな企業にも完璧はありえず，なんらかの影の部分は不可避だが，それをうまく管理することである。第3は，「現実化しそうな神話を構築すること」であり，グローバル・ステイトメントなどが神話のメッセンジャーとなりうる。絵空事でない，現実化しそうな夢・ストーリーを消費者に提示することが大切である。第4は，「反グローバル・ブランド派を顧客にすること」であり，今日の敵を明日の友にすることである。簡単なことではないが，信頼を獲得する努力を惜しんではならない。第5は，「起業家精神を生かした社会貢献」であり，社会的責任を積極的に果たしていくことで良好なグローバル・イメージを構築できる。Ｐ＆Ｇの南米最貧国での水プロジェクトのような社会貢献事業を推進しなければならない。

4-2　企業理念の普及

　企業がグローバル化するにしたがって，バリューチェーンの「配置と調整」（Porter, M. E.）にとどまらない，複雑な問題が発生する。海外現地法人の自発性・自主性を損なうことなく，多国籍企業としての全体最適をいかにして達成するか，という問題である。キヤノンの「三自の精神」，すなわち「自発・自治・自覚」は素晴らしい行動指針ではあるものの，適切に管理しなければそれぞれの海外現地法人が自発的・自治的に活動してキヤノン全体として収集がつかなくなってしまう。そこで，世界的に通用する行動の方針・規範・基準が必要になるが，さまざまな文化（≒価値観）が通底する世界の国・地域においては，母国におけるような「掛け声」だけでは十分に浸透しえない。そこで，明文化された行動の方針・規範・基準が必要になり，「○○WAY」なるものが策定されることになる。キヤノンは，1988年に「グローバル企業構想（5カ年）」をスタートさせ，御手洗冨士夫氏が社長になった翌1996年，「グローバル優良企業グループ構想」（フェーズⅠ）を始め

た。「グローバル優良企業グループ構想」は，その後，2001年に（フェーズⅡ）が，2006年に（フェーズⅢ）が始まっている。しかしながら，キヤノンはその根本的企業理念である「共生」や「三自の精神」を世界的に普及させるような文書を策定していない。これに対して，資生堂は，1997年にいち早く「The Shiseido Way」「The Shiseido Code」を策定しているが，日本語で書かれていることから，全世界に当てたメッセージとは言い難い。

　トヨタは，2001年，全世界向けの行動規範「The Toyota Way」を策定している。これは，「知恵と改善」（チャレンジ，改善，現地現物）と「人間性尊重」（他の尊重，チームワーク）という，豊田佐吉氏以来のトヨタのDNAを継承している。副題も「暗黙知を明示知に」となっており，個々人の知恵と能力の改善が，組織全体の改善につながることを示している。この「The Toyota Way」の下にさまざまな「トヨタウェイ」がある。「生産のトヨタウェイ」は表題が「Taiichi Ohno」であり，副題が「TOYOTA PRODUCTION SYSTEM: Beyond Large Scale Production」である。トヨタ生産システムの産みの親である大野耐一氏の名前を冠して，「TPS」よりも人間臭さを残すとともに，原点回帰を図っている。これに対して「販売のトヨタウェイ」は，販売に関する行動規範を整理している。主要なポイントは「ビジョン」と「ミッション」であり[8]，「ビジョン」では，①お客様に最高の車両購入・保有経験を提供することと，②世界各国で，最も成功し尊敬される自動車会社になること，が謳われ，「ミッション」では，①お客様第1と②オールトヨタの触覚が謳われている。もちろん，このような文書だけで行動規範が世界中に普及することはありえない。生産については「GPC: Global Production Center」を通して，販売については「GKC: Global Knowledge Center」を通して，知識やイノベーションの横展開が図られており，フォーマル・インフォーマルな会議やコミュニケーションでも意識的に企業理念や行動規範の世界的普及が図られている。

　トヨタのような「〇〇WAY」は，花王が2004年，富士通とNECが2008年に策定しており，日本企業も2000年代に入って本格的に企業理念・行動規

範の世界的普及を志向していることが分かる。各社とも，企業理念・行動規範の世界的普及によって，海外現地法人の自発性・自主性発揮による活力と，多国籍企業としての全体最適を同時に達成しようともくろんでいるのである。

4-3 サムスン電子の事例

　意識的に超文化経営を推進しているサムスン電子の事例をとりあげてみよう。[9]) サムスン電子は，韓国の最大財閥グループの中核企業であり，1969年にサムスン電子工業㈱として設立されている。主要な事業は，半導体，デジタルメディア（液晶テレビ等），情報通信機器（携帯電話等）である。2008年末の売上高（単体，以下同）は72兆9,530億ウォン，純利益は5兆5,269億ウォン，社員数16万4,000人である。

　もともと「安かろう，悪かろう」のイメージが強かったサムスン電子であるが，李健熙会長のリーダーシップの下，1990年代の前半からグローバル・ブランド戦略を推進した。李健熙会長は，1993年，フランクフルトに全幹部社員を集め「新経営」方針（量から質へ）を訴え，「第2の創業」を熱弁した。グローバル・ブランド戦略としては，技術開発，デザイン，広告に力を入れる。技術開発では，1996年の256MB・DRAM開発や2001年の40インチLCD開発などの世界初の快挙を成し遂げて，半導体，液晶テレビ，プラズマテレビ，デジカメ，携帯電話，通信システムなどで競争力ある製品を次々に上市した。デザインについては最重要課題と位置づけ，470人の「デザイン経営センター」を作ってデザイン力向上に尽力した。米経済誌『ビジネスウィーク』のBtoBデザイン賞を取得することを目標に掲げ，それを順次達成するとともに，デザインと広告との一貫性を図った。広告では，まず1996年，アトランタ・オリンピックのスポンサーになり，以後，夏冬のオリンピックに多額の広告投資と協賛をしていく。1999年にはアメリカからエリック・キム氏[10])を招いて「グローバル・マーケティング・オペレーション（GMO）」を設置し，50あまりあった広告代理店を1社に統一，2001年からは「デジタル戦略」と銘打ってグローバル・キャンペーンを展開する。2003年に公開された映画「マトリックス・リローデッド」では，作中，重要な役

割を演じる携帯電話を供給し，タイアップ広告を展開した。サムスン電子の国際広告ではアジア系のキャラクターはほとんど使われず（中国を除く），グローバル・イメージを強調する戦略を採用している。

　このような技術・デザイン・広告に基づくグローバル・ブランド戦略を支えるものとして，人材教育にも力を注いでいる。龍仁にあるサムスン人力開発院は，GEのクロトンビル・リーダーシップ研究所に匹敵するような人材育成施設である。もっとも，クロトンビルとは異なり，人力開発院では新人研修も「25泊26日」の長期にわたって徹底的に行われる。さらに，1990年から「地域専門家制度」を導入し，毎年200～300人を全世界に派遣している。「地域専門家」は派遣先の国に1年間滞在するが，仕事の義務はなく，その国の文化や習慣，言語，生活などを学び，人脈を作ることに専念する。多くは，復帰後，その国に正規に派遣され，両国の架け橋となる。加えて，1995年から「テクノMBA制度」を導入し，2年間のビジネススクールにエンジニアを派遣している。MOT（management of technology）の実践である。

　このような活動の結果，イギリスのブランド・コンサルティング会社「インターブランド社」が発表する「ブランド価値ランキング」では，2001年の42位（ブランド価値63億ドル）から，2005年にはソニーを凌駕し，2008年には21位（同176億ドル）へ躍進している。[11]　サムスン電子は，李健熙会長（2008年辞任）の下，1990年代からグローバル・ブランド戦略を推進し，韓国というネガティブなCOO（country of origin）イメージを回避するためにも，意図的な超文化経営を目指しているのである。

5　おわりに

　ドイツの自動車，フランスの化粧品，イタリアのファッション，アメリカの映画，日本の電子機器などのように，優れたCOOイメージがハロー（後光）効果として，特定の産業およびその産業に属する企業を後押しすることも多い。日本の「高品質で，妥当な価格」というイメージは，ユニクロの衣料品においてもハロー効果として働くであろう。そういう意味では，国籍を

有する国のイメージを最大限利用することは極めて重要である。

一方，メタナショナルやダイバーシティ・マネジメントに示されるように，各国・地域の相違を取り込み，その異質性を活用して競争優位を獲得することも重要である。ゲマワットはそれを「裁定（Arbitrage）」と呼んでいるが，このような活用は以前から行われてきたし，今後ますます精緻化されていくであろう。トヨタのGKCは，各国・地域における販売のイノベーションを集約し，「触媒」となってベスト・プラクティスを世界中に横展開している。その知識がまた各国・地域にイノベーションを引き起こし，より高次の販売戦略に活用されていく。移転価格による節税は，徴税強化を図る国家との軋轢を強めているが，以前から税率の違いを活用する典型例であった。

にもかかわらず，というよりそれらと並行して，近年，超文化経営の兆しが見られる。ホフスティードによる「文化の位置づけ」ピラミッド（前掲，図表5-5）の最下層に位置する「普遍性」の追求である。ホフスティードのピラミッドにおいて普遍的なものは「人間性」であったが，ここで普遍的なものは「グローバル性」であり，「企業理念」や「行動規範」であり，「グローバル・ブランド」である。国・地域の文化を十分に配慮しながらも，国・地域の文化に左右されない確固たる超文化性を獲得したものこそが，今後のグローバル市場で生き延びていくに違いない。

注
1）「異文化コミュニケーション学会」の母体であるSIETARは1974年に設立され，日本では1985年に「異文化コミュニケーション研究会」として発足し，2000年に「学会」に名称変更している。大会数は「研究会」から数えている。
2）多くの地域統合が，EUのように通貨統合まで進むには多くの時間がかかるであろう。
3）ゲマワット自身が「制度的・政治的」という表現をしている（Ghemawat 2007, 邦訳63頁）。
4）このような議論がヘーゲルをはじめとする多くの哲学や認識論の長年のテーマであることは承知しているが，ここでは言及しない。
5）現在のネスレは必要なところは世界標準化しているし（大石 2004），一方，

コカコーラは現地適合化にも注力している（Ghemawat 2007）。
6) 以下，「マーケティング的な解読」はホフスティードの説明ではなく，著者の追加である。
7) 中国の消費者行動の変化については大橋・小山（2008）を参照。
8) 通常，「ミッション」が上で「ビジョン」がその下に位置することが多いが，トヨタでは「ビジョン」「ミッション」の順になっている。
9) この項は，2005年11月25日に明治大学で開催した「グローバル・マーケティング研究会」の「サムスン特集」における著者の報告を基礎とし，小野寺健司氏（博報堂）および高橋徹氏（電通）の各報告を参照して執筆した。林（2007）も参照。
10) 5年の契約で赴任したキム氏は，契約通り5年で退任し，その後，インテルの上席副社長に転じた。
11) インターブランド社のホームページ，あるいはBusiness Week 各年版参照。

参考文献

Adler, N. J. (1986) *International Dimensions of Organizational Behavior*, Kent-Publishing Corporations（IBI 国際ビジネス研究センター訳『異文化組織のマネジメント』マグロウヒル出版，1992年）.

有村貞則（2007）『ダイバーシティ・マネジメントの研究』文眞堂。

浅川和宏（2003）『グローバル経営入門』日本経済新聞社。

浅川和宏（2009）「メタナショナル経営の実証研究をめぐる課題」『立教ビジネスレビュー』No. 2。

Cateora, P. R. and J. M. Hess (1975) *International Marketing*, 3rd ed., McGraw-Hill／Richard D. Irwin（角松正雄監訳・大石芳裕ほか訳『マーケティングの国際化』文眞堂，1989年）.

電通総研・日本リサーチセンター編（2004）『世界60カ国価値観データブック』同友館。

Douglas, S. P. (1971) "Patterns and Parallels of Marketing Structures in Seven Countries," *MSU Business Topics*, Vol.19, No.2, pp.38-48.

Douglas, S. P. and Y. Wind (1973, 1974) "Environmental Factors and Marketing Practices," *European Journal of Marketing*, Winter.

Kotler, P., H. Kartajaya, and H. D. Huan (2007) *Think ASEAN!: Rethinking Marketing toward ASEAN Community 2015*, McGraw-Hill（洞口治夫監訳『ASEANマーケティング』マグロウヒル・エデュケーション，2007年）.

Ferraro, G. (1990) *The Cultural Dimension of International Business*, Prentice

Hall（IBI 国際ビジネス研究センター訳『異文化マネジメント』同文舘出版，1992年）．

Friedman, T.（2006）*The World is Flat : A Brief History of the Twenty-First Century*, 1st Updated and Expanded ed., Farrar, Straus and Giroux（伏見威蕃訳『フラット化する世界（上・下）』日本経済新聞社，2006年）．

Ghemawat, P.（2007）*Redefining Global Strategy: Crossing Borders in a World Where Differences Still Matter*, Harvard Business School Publishing Corporation（望月衛訳『コークの味は国ごとに違うべきか』文藝春秋，2009年）．

Hall, E. T.（1976）*Beyond Culture*, Doubleday Anchor Book（岩田慶治・谷泰訳『文化を超えて』TBSブリタニカ，1979年）．

林廣茂（2007）『日韓企業戦争』阪急コミュニケーションズ．

林吉郎（1985）『異文化インターフェイス管理』有斐閣．

林吉郎（1994）『異文化インターフェイス経営』日本経済新聞社．

Hofstede, G.（1980）*Culture's Consequences: International Differences in Work-Related Values*, Sage Publications（萬成博・安藤文四郎訳『経営文化の国際比較』産業能率大学出版部，1984年）．

Hofstede G.（1994）*Cultures and Organizations : Software of the Mind : Intercultural Cooperation and its Importance for Survival*, Harper Collins（岩井紀子・岩井八郎訳『多文化世界』有斐閣，1995年）．

Holt, D. B., J. A. Quelch, and E. L. Taylor（2004）"How Global Brands Compete," *Harvard Business Review*, Sep.（邦訳「グローバル・ブランドの真実」『ダイヤモンド・ハーバード・ビジネス』2004年12月）．

JMR生活文化研究所（2008）『消費社会白書2008』．

角松正雄・大石芳裕編著（1996）『国際マーケティング体系』ミネルヴァ書房．

Levitt, T.（1983），"The Globalization of Markets," *Harvard Business Review*, May-June.

馬越恵美子（2000）『異文化経営論の展開』学文社．

Ohmae, K.（1990）*The Borderless World: Power and Strategy in the Interlinked Economy*, Harper Business（田口統吾訳『ボーダレス・ワールド』プレジデント社，1990年）．

大橋直子・小山諭（2008）『中国で成功するマーケティング』日本経済新聞社．

大石芳裕（1993a）「国際マーケティング標準化論争の教訓」『佐賀大学経済論集』第26巻第1号．

大石芳裕（1993b）「グローバル・マーケティングの分析枠組」『佐賀大学経済論集』第26巻第2号．

大石芳裕（1993c）「グローバル・マーケティングの具体的方策」『佐賀大学経済論集』第26巻第3号。

大石芳裕（1997）「国際マーケティング複合化の実態」明治大学『経営論集』第43巻第3・4合併号。

大石芳裕（2000）「グローバル・マーケティングの概念規定」，高井眞編著『グローバル・マーケティングへの進化と課題』同文舘出版。

大石芳裕編著（2004）『グローバル・ブランド管理』白桃書房。

大石芳裕編著（2009a）『日本企業のグローバル・マーケティング』白桃書房。

大石芳裕編著（2009b）『日本企業の国際化』文眞堂。

Quelch, J. A. and E. J. Hoff (1986) "Customizing Global Marketing," *Harvard Business Review*, May-June.

上田隆穂・徳山美津恵（2002）「サントリーだからこその正解があった」『マーケティングジャーナル』No.85。

海野素央（2002）『異文化ビジネスハンドブック』学文社。

Wind, Y. and S. P. Douglas (1971) "On the Meaning of Comparison: A Methodology for Cross-Cultural Studies," *Quarterly Journal of Management Development*, July, pp.106-121.

Wind, Y. and S. P. Douglas (1972) "International Market Segmentation," *European Journal of Marketing*, Vol.6, No.1, Spring.

山口生史（1998）『異文化間コミュニケーション戦略』同文舘出版。

米山正博（2009）「コマツ」『多国籍企業研究』No.2，特別講演録。

第6章

グローバル・リーダーシップ・コンピテンシー研究の展開

1 はじめに

　グローバル経営の進展に伴い，多国籍企業の本社では，文化圏の異なる地域間に分散する国籍や母言語に多様性を持つマネジャーを効率的に人的資源管理する手法の開発・導入が積極的に行われている。

　こうした状況への対応の一施策として，1990年代以降，欧米企業を中心として導入されたのがグローバル・リーダーシップ・コンピテンシー（global leadership competency，以下，GLCと略す）である。コンピテンシーとは，先駆的研究者であるスペンサー・スペンサー（Spencer and Spencer 1993）によれば「ある職務または状況に対し，基準に照らして効果的，あるいは卓越した業績を生む原因としてかかわっている個人の根源的特性」である。また，コンピテンシーの特徴として，客観性，汎用性の観点から，対象となる個人の職務行動が目に見える形で測定可能であることが重要と言える。

　一方，欧米のコンサルタント，研究者を中心としたGLC研究には，欧米型モデルを他地域に適用することによる限界も指摘されている。ホフスティード研究（Hofstede, 1991）に詳しいように，マネジャー行動は，多国籍企業文化よりも現地国文化により強く影響を受けているためと推測されることからも推測される。すなわち，各国，各地域には，現地で高業績を挙げるための環境適合的なマネジメント方法があり，それに付随したコンピテン

シーが存在することが考えられる。この点については、その後のブラック・モーリソン・グレガーセン（Black, Morrison, and Gregersen 1999）以降の実証研究においても、GLCには国際的な共通部分と地域特性に一定の割合があることが検証されていることからも支持される。

したがって、GLCの開発にあたっては、マネジャーの勤務地における地域特殊的な文化的側面と多国籍企業に横断的な組織的側面の両面を特定し、GCLの発揮がどのようなパフォーマンスに繋がるのかについて探索することが有益であると考えられる。

また、今後のGLC研究においては、将来のグローバル・マネジャー候補者に対し、どのようにGLCを育成するのかという能力形成の側面も重要な課題であると言える。

本章では、これまでのGLC研究の変遷を振り返るとともに、それらの先行研究から得られた知見を基に、筆者らが実施したGLC調査の概要を紹介する。また、継続研究として、とりわけ日本企業に関係性が強いアジアという文化的多様性の高い地域に特化したAGLC（Asian global leadership competency）開発についても言及する。一方、今後のグローバル・リーダーシップ研究の重要課題として、GLCの育成方法が挙げられる。本章の最後に、今後の研究の方向性として、認知心理学の理論的枠組みに依拠する「メタ認知理論」の観点からその育成方法についても議論する。

2 グローバル・リーダーとコンピテンシー研究の変遷

多国籍企業におけるグローバル人事異動は、本社主導による国際経営の一元化や技術移転を目的として、本社から現地法人への海外派遣者の送り出しという形態を中心に行われてきた。

こうした本社主導的な現地経営は、しばしば本国と現地国との文化的差異により現地市場の商習慣や異文化対人関係の軋轢にともなう困難を生じさせる原因となることが指摘されてきた。

GLCは、こうした本社と現地法人とのマネジャーの職務要件の格差をな

くすために考えられた一種の「共通のモノサシ」である。このモノサシを国際的な職務基準としてあてはまることにより，国籍や勤務地域の異なるマネジャー間において，実務成果に結びつくマネジメント行動の指標づくりとなることが期待されてきた。

　先進的な欧米系グローバル企業では，1980年代後半からすでに国際標準となる選抜，育成，人事考課の指標としてコンピテンシーの開発に着手している。その後，1990年代に入り，各国系の多国籍企業においても欧米系企業に追従するようにコンピテンシー制度を導入し，自社の国際ネットワーク展開におけるマネジメント人材育成のツールとして活用が試みられてきた。

　一方，GLCの適用を受ける現場では，グローバルに汎用的なコンピテンシーの導入は，経営理念や専門知識の理解や技術的な技能に関しては有効であるが，市場特性に根ざした戦略策定や対人コミュニケーションといった地域特性を反映した側面における不具合も指摘されてきた。

　この原因の一部として，調査方法における特定個人を対象としたインタヴューや少数サンプルによる行動観察法の限界，欧米系企業で開発されたGLCを文化的背景の異なる地域に転用した場合の適合性が指摘された。インタヴュー法では，過去に顕著なビジネス上の成功を収めた経営幹部が被験者に選ばれる場合が多く，客観性や一貫性から汎用性への課題が残るというものである。また，上述のように，欧米系企業本社では有効でも，地域，従業員国籍，部署により適合度に差異が生じることも指摘された。

　上記のような課題を克服するために，調査紙法によるGLCを複数の企業を対象に実証的に確認したのが，ブラック・モーリソン・グレガーセン（Black, Morrison, and Gregersen 1999）による『フォーチュン』誌500社を対象とした調査である。同調査において，欧米とアジア企業の間で3分の2のコンピテンシーは共通に適用されるが，残りの3分の1は現地の環境や文化に影響を受けるという結果が得られた。

　さらに，ブラックらの研究に前後して，研究者の間では，GLCには，国際的な汎用部分と地域的特殊性の両面を同時に考慮することの必要性と実証

研究の重要性が議論され始めた。

一方で,この頃の実証研究は,調査対象が多岐にわたることにも関連して,コンピテンシー数に幅が生じている (London and Seesa 1999 [9項目],Stahl 2001 [7項目], Adler 2002 [5項目], McCall and Hollenbeck 2002 [7項目], Goldsmith, Warren, Robertson, Greenberg and Hu-Chan 2003 [4項目])。

その後,ズーカル (Zucal, 2007) は,「個人」「職能」「文化」という3次元のコンピテンシー群から構成され,恒常的に外部のグローバルコミュニティとの相互作用を通してGLCが育成・開発される動的モデルを提唱している (図表6-1)。このモデルでは,外部環境との相互作用を通して恒常的に変化するGLCの構成要素について,上述の3次元のコンピテンシー群に枠組みを特定し,その群中で変化する動的なメカニズムを提唱している。

このように,GLC研究は,初期の欧米系企業のモデル開発,その導入にともなう課題と限界に対する指摘を通して,グローバル経営におけるより汎用性かつ環境適合性の高いモデル開発へと研究の方向性が変化してきている。

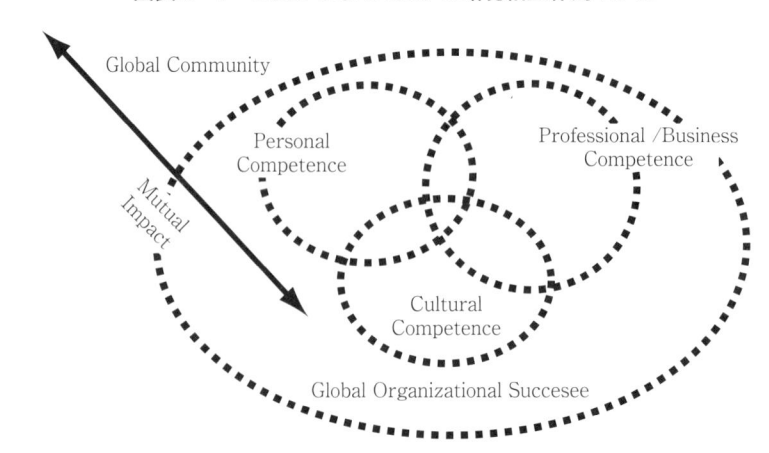

図表6-1　ZukalによるGLCの環境相互作用モデル

出所：Asian Productivity Organization (2008), p.3.

3 環境適合型コンピテンシー開発

　上述のように，先行研究におけるGLC研究の多くは，パフォーマンスの高いマネジャーの過去における職務行動をベンチマークとして，尺度開発する手法が採用されてきた。一方で，多国籍企業におけるリーダーシップ行動の効果は，地域文化の影響や個別の職務内容，異文化間の上司部下関係など輻輳した要因を内在していることが示唆されてきた。

　そこで，グローバル・リーダーシップ研究会（2005）は，GLCの活用におけるグローバル汎用性と現地化のバランスという観点から，GLCの発揮メカニズムにおいてこれまでブラックボックスとされてきた個人属性，職務内容，組織環境を媒介変数とした，GLCとパフォーマンスの間の環境適合型コンピテンシーの開発を試みた。

3-1　モデルの構成概念

　先行研究の成果から得られた知見に基づく環境適合型GLCの基本的な考え方は，以下の3点である。

　第1点は，グローバル経営に有効なコンピテンシーには，地域横断的な汎用性の高い種類と，地域文化や商習慣に影響を受ける地域特殊的な種類が存在するであろうということである。この点については，実証研究に基づく地域属性とGLCとの関係を分析することにより分析可能である。

　第2点は，顕在化されたGLCが具体的にどのような種類のパフォーマンスに結びついているのかを特定することは，GLCの実践的な適用において重要ということである。この点についても，高業績マネジャーのGLCとパフォーマンスの関係を調べることにより特定が可能であると考えられる。

　第3点は，GLCを顕在化させるトリガー（引き金）として，何らかの組織要因，職務要因，個人要因が存在しているであろうということである。これらのトリガーを発見することにより，GLC発揮に向けた個人や組織的な取り組みへの応用が考えられる。

図表 6 - 2　環境適合型 GLC モデル

組織要因

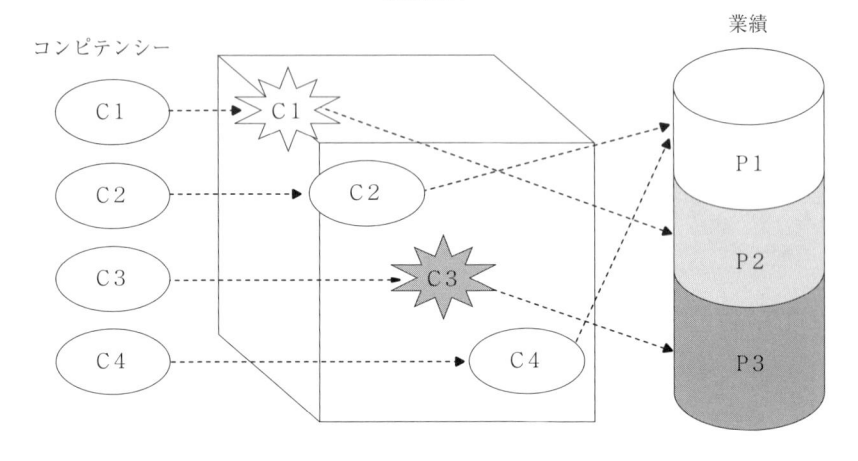

コンピテンシー　　　　　　　　　　　　　　　　　　　　　　　業績

（図：左側に C1〜C4 の楕円［コンピテンシー］、中央の立方体内に C1〜C4、右側に P1／P2／P3 の円柱［業績］。矢印で接続）

個人特性

出所：グローバルリーダーシップ・コンピテンシー研究会（2005），39頁。

以上のような3つの考え方に基づいて設計されたのが，上記に示す分析モデルである（図表6-2）。このモデルは，図中の左から右に向けて，グローバル経営において有効であるとされるコンピテンシーが，特定の環境条件との適合性を通して，パフォーマンスに結実する様子を示している。

本モデルを通して，既存研究で重点が置かれていた図中の左端に位置する楕円で示された高業績マネジャーのコンピテンシーの探索に留まることなく，その顕現化とパフォーマンスとの関係を定量的に実証する作業が試みられた。

3-2　尺度開発と調査方法

本研究の主たる研究目的は，特定の企業や地域に有効なコンピテンシーを探索することではなく，GLC がパフォーマンスに結びつく機能について分析モデルを検証することである。このため，尺度開発においても過去の GLC 調査を参考にしながら，新たなデータを収集し，分析モデルとの関連性の高い尺度開発を行った。

尺度開発にあたっては，次の5段階のステップを導入した。第1ステップ

は，GLCの構成概念を構築することである。本研究では，コンピテンシーの中分類として，マネジメント行動の基本的な構成要素である，①「問題発見」（解決すべきマネジメント課題の特定）⇒②「意思決定」（課題の関連情報を分析し，解決方法を意思決定）⇒③「実行」（前段階で決定した解決方法の実践）の3段階を規定した。

第2ステップは，先行研究の中から，本研究のGLC構成概念に適合するコンピテンシーアンカー（個別項目）を研究班の意見を総合して抽出し，暫定的なリストを策定した。

第3ステップは，前段階で作成された項目の妥当性を確認するため，10カ国に勤務する（国籍は，米国，中国，台湾，シンガポール，韓国，日本）高業績グローバルマネジャー約30名を対象としたインタヴュー調査による定性的な検証を実施した。

第4ステップでは，前段階で検証した尺度について，信頼性を検証するため，日本，アジア，米国，欧州の多国籍企業の人事マネジャーを対象としたパイロット版質問紙調査（n=150サンプル）を実施した。

第5ステップでは，上記の調査結果に因子分析を施し，尺度の精緻化を計り，最終的に図表6-3のような18コンピテンシー（57アンカー項目）を確定した。

以上のプロセスを経て開発された18項目のコンピテンシーを用い，世界5地域に事業所を持つ製造業の多国籍企業20社（日本10，アジア4，中国1，米国3，欧州2）に勤務するグローバル・マネジャー約2,000名とその上司を対象とするWeb調査を実施した。グローバル・マネジャーとその上司のペアを特定することにより，部下のGLC発揮と上司の部下に対する客観的な評価を組み合わせる設計とした。

3-3 分析結果

モデルの構成概念で述べた，環境適合型GLCの3点の基本的な考え方に基づき，分析した結果は次のとおりである。

図表 6-3　グローバルリーダーシップ・コンピテンシー尺度

要素	No.	コンピテンシー	行動例
課題設定	1	多様性の受容	現地パートナーの状況に配慮する
			メンバーのアイデアや提案を傾聴する
	2	学習力	自分の業務に必要な知識・スキルを自発的に習得する
			業務上の経験を通じて，自分の知識を継続的に高める
	3	達成志向	困難にあっても後ずさりしない
			時間的な制約条件に注意を払う
	4	不確実性への耐性	不確実な状況や，とても複雑な状況においても臆さない
			あいまいな出来事や情報を整理し，新たなコンセプトを提案する
	5	先見性	政治的，社会的，文化的な面が事業に与える影響について考える
			技術革新の進展を予測し，自分の役割に対する影響を考える
意思決定	6	情報収集力	ビジネスに影響を与える社会経済や政治，環境問題など様々な情報を収集する
			最新の情報を重要視し，直接情報がとれるような情報源を確保している
	7	創造的思考	既存の考えにとらわれずに，自由な発想をする
			さまざまな考えや情報を統合して新しいアイデアを生み出す
	8	分析的思考	多様な情報を論理的に系統づけて組み立てる
			多くの情報を体系づけることによって，顕在化していない問題を発見する
	9	戦略立案	目標を達成する上で効果的であり，コスト効率のよい計画を立てる
			自社の強みを最大限に活用するビジネスチャンスを探す
	10	危機管理	想定されるリスクを洗い出し，影響度を把握する
			危機が起こった際の，対応策と役割分担を明確にしている
実行	11	組織マネジメント	メンバーが成長意欲を持てるように仕事の役割を与えている
			メンバーを公平に扱う
	12	成果マネジメント	組織内での業務プロセスを構築し，確実に業務を達成する
			目標が未達成の場合は要因分析を行い，次の活動に反映させる
	13	変革推進	人を引き付けるアイデアで，理論を実践に変える
			部門や機能の変革課題を形成し，あるべき姿に向けた施策を打ち出す
	14	コミュニケーション	あいまいな状況や誤解を解消するようにする
			仕事を進める上で，関連部署の支援・理解を得ている
	15	葛藤処理	もめごとの当事者に対して両者の言い分を聞く
			取引先の利害が対立したときにも，合意形成を図る
コア	16	倫理性	ミスをしたときは，素直に認める
			守れないかもしれない約束はしない
	17	ネットワーキング	社外のリソースをいつでも利用できるように，幅広いネットワークを築く
			他社から協力を求められたときには，できるだけ支援する
	18	説明力	いかなる聞き手にも説得力ある説明をする
			相手によって適切な語句や表現方法を選び説明する

出所：グローバルリーダーシップ・コンピテンシー研究会（2005），47頁。

(1) 地域属性とGLCとの関係

 日本研究の分析枠組みである地域との環境適合という視点から，日系企業内の5地域間でそれぞれの地域に勤務する現地マネジャー（派遣者を除く）が，どのようなGLCを用いているのかを分析した結果を図表6-3に示す。

 この結果から，5地域間で18種類のGLCプロフィールを比較すると，全体的にプロフィールの形状が概ね似ており，一方，水準については，中国，アジアでは高く，欧州，米国が中間に位置し，日本では頻度が低い傾向が見られた。また，国ごとに発揮されるGLCは，種類によって多少異なることも見受けられる。

 日本企業におけるGLCの使用頻度が低い背景として，海外企業では個人の職務範囲が明確に規定されているのに対し，日本企業ではチームで仕事をする機会が多く，個人の職務範囲に柔軟性があるため，コンピテンシーという個人の職務行動を形式化した枠組みでは捉えにくいことが考えられる。また，日本人は中庸を好み，5段階のうちの3を選好する中心化傾向の影響も想定される。

 この結果から，同じ日本系企業でも，現地でのパフォーマンスを挙げるためには，現地に適合した種類のGLCを適度な水準で発揮することが重要であることが推測される。

(2) GLCとパフォーマンスの関係

 一般的にホワイトカラーのパフォーマンスを測定することは難しく，本研究では，さらに国際的な次元が加わることから，地域間で共通するパフォーマンス尺度として，バランススコアカードの12項目を用いた。バランススコアカードの項目には，「利益拡大」「付加価値」「サービス品質向上」「新しいビジネスモデルの創出」「組織ノウハウの蓄積」といった項目が含まれている。

 t検定を用いて，全サンプルを用いて，パフォーマンスの高い群と平均値以下の群との間で，GLCの発揮度を比較したところ，「学習力」「創造性思考」「危機管理」「変革推進」「説明力」という5種類のGLCについて，高ス

コア群が平均以下の群に比べて，GLC 発揮度が高いことが確認された。したがって，これらの5つの GLC は地域を越えて有効にグローバル・マネジャーのパフォーマンス向上に役立つことが考えられる。

(3) GLC を顕在化させるトリガー（引き金）

次に，この5つの GLC について，促進要因となるトリガーを特定するため，各 GLC を従属変数，組織と個人の職務に関連した項目を独立変数とした重回帰分析を行った。この結果，コンピテンシーの種類による多少の違いはあるが，「活力のある職場風土」や「良好な上司とのコミュニケーション」「組織のサポート体制」という環境要因に加え，個人の関係した「組織コミットメント」「仕事コミットメント」の影響が大きいことが確認された。

したがって，組織は職場環境を整備するとともに，個人の意識にかかわる「職務や組織へのコミットメント」という内発的な特性を高めるような諸施策を講じることが重要であると判断される。

4 アジア地域におけるダイバーシティ・コンピテンシー

4-1 AGLC モデルの開発

GLC 研究において，アジア地域は便宜上，ひと括りにして分析された。しかしながら，周知の通り，アジアは文化，言語，人種，社会構造等，ダイバーシティ（多様性）が非常に高い地域である。したがって，マクロ環境としての多様性をコンピテンシーに反映する必要がある。今後，アジア域内，またアジアと他地域間のグローバルな経営活動の進展が期待される中で，アジアを拠点としたダイバーシティ環境に適合するアジア版 GLC（Asian global leadership competency，以下，AGLC と略す）を開発することは，今後の研究面および実務面における有益かつ重要なテーマといえる。

この点に注目し，Nagai（2008）は，APO（国際機関アジア生産性機構）の主任研究者として，アジア5カ国（インド，韓国，シンガポール，台湾，日本）の研究者とともに AGLC の開発研究（2008-2009）を実施した。

4-2 AGLCモデルの調査研究

5カ国の研究者から構成された調査グループは，国際会議を通し，①GLCをベースにして自国のビジネス遂行で必要とされるコンピテンシーをリストアップし，②議論を通して5カ国に共通化されるAGLCを暫定的に作成した後，各国グローバル・リーダー（海外ビジネスに2年以上携わったことのあるマネジャー）へのヒアリング調査を通して，コンピテンシーの妥当性を検証し，③Web調査を通して，5カ国のグローバル・マネジャー（n=295サンプル）のAGLCを定量的に分析した。

図表6-4は，分析結果から導出された15種類から成るAGLCモデルを示したものである。このモデルは，コンピテンシーを行動次元の12種類と，価値次元の3種類に分類されている。行動次元とは，具体的な行動として可視的な次元であり，価値次元とは，行動規範となる根源的なものごとの重み付けの体系である。

また，AGLCモデルは，GLCモデルの①「問題発見」⇒②「意思決定」⇒③「実行」に加えて，「学習」（行動の結果から得られた，次の行動に向けた知見の獲得）を含む4段階から構成される。「学習」段階は，経験を通してコンピテンシーを獲得するための段階として，次のサイクルにおける最初の①「問題発見」段階に効果的に結びつけるための橋渡しの役割を果たすと言える。

図表6-4　AGLCモデル

	Search	Plan	Do	Learn
behavior	cultural sensitivity problem identification flexibility	vision adaptability/identification of talent communication decision making	managing diversity managing change risk management tactfulness	encourages learning/ result orientation
value	integrity/trust passion/resilience empathy			

出所：Asian Productivity Organization (2009), p.2.

15種類の AGLC の内容を GLC と比較してみると，3分の1程度は，共通であるが，残りの3分の2は独自性が高いことが分かる。また，GLC では「実行」次元に分類されていたコミュニケーションが，AGLC では「計画」次元に移動しているなど，分類枠組みにおいてもグローバル全体と，アジア的な行動様式に差異が見られる。さらに，全体を通して，理詰めの経営技法よりも，感性や対人関係能力といったソフト面での行動様式の重要性が特徴づけられる。

4-3　AGLC の5カ国比較

図表6-5は，5カ国間の AGLC15種類の出現頻度をプロフィールで比較したものである。この結果から，台湾，中国，シンガポール，日本，韓国の順番にコンピテンシーの活用頻度が高い傾向が現れている。日本の活用頻度が比較的下位に位置しているのは，GLC と同様の結果と言える。一方，AGLC の活用にあたっては，プロフィールの形状に着目することが有効といえるだろう。たとえば，インドでは「機転力」（tactfulness），台湾では「多様性」（diversity），シンガポールでは「誠実性」（integrity），韓国では

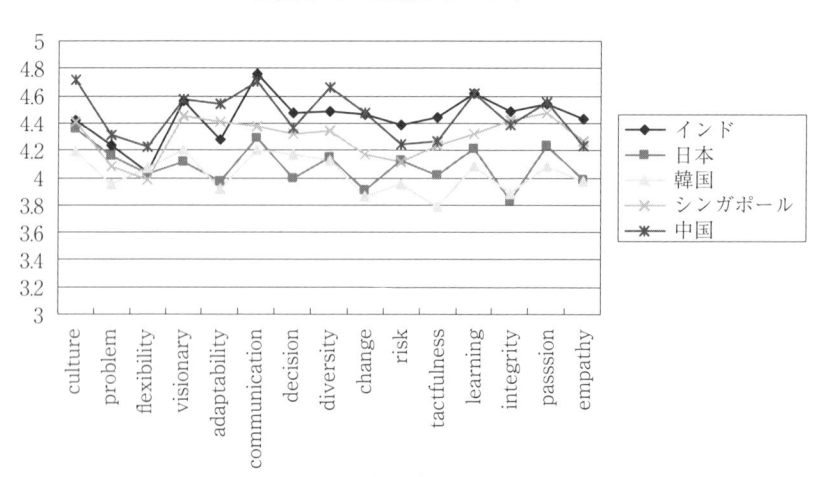

図表6-5　AGLC プロフィール

出所：Asian Productivity Organization（2009）p.3.

「意思決定」(decision) といった特定の種類のコンピテンシーが，他国に比べて自国内での相対的な活用度が高く，現地マネジメントに適合的なコンピテンシーと言えるだろう。

また，t 検定の結果から，5 カ国全体を通して，15種類のコンピテンシーをパフォーマンスの関係を調べたところ，6 種類のコンピテンシー「文化的感受性」(cultural sensitivity)，「問題発見」(problem identification)，「ビジョン」(vision)，「意志疎通」(communication)，「学習促進」(encourage learning)，「共感性」(empathy) は，業績の高いマネジャーに有意において確認され，AGLC とパフォーマンスとの関係が認められる。

以上のことから，AGLC アジア地域に共通な 6 種類のコンピテンシーと国別に有効なコンピテンシーを組み合わせることにより，アジアの現地環境に適合的な AGLC の種類を特定することができると考えられる。

5 メタ認知理論による GLC 学習モデル

過去の GLC 研究，また，アジア地域における AGLC の開発を通して，経営環境に応じてパフォーマンスに繋がるコンピテンシーの組み合わせがあることがほぼ確認された。また，種類に応じて，コンピテンシーの発現を促進するようなトリガーが存在することが想定された。

今後の GLC 研究の課題は，これまでの研究成果を活用して，いかに現地適合的なコンピテンシーを将来のグローバル・リーダーに育成するか，さらに，彼らの勤務地が移動した場合に，どのように新しい勤務地に適合的な GLC を自律的に学習させるかということである。

上記のような課題に対する解決の方向性を与える 1 つの方法として，メタ認知理論を援用することが考えられる。メタ認知とは，教育心理学における近年の重要な研究テーマの 1 つであり，自己内省，自己責任，自律行動に関連した心理メカニズムを分析する考え方である。ウィン・シンダー (Winn and Snyder 2004) によれば，メタ認知は，(1)自身の行動の客観的な観察，(2)置かれた環境との適合性に基づく行動修正という 2 つの基本構造を通して，

人間行動を自律的に制御する役割をしているとされる。したがって，メタ認知理論に基づけば，マネジャーは，新たに配置された部署において，自身が蓄積している知識やスキルを用いて，①新しい環境において効果的と思われるコンピテンシーを試行し，②その成果を確認して必要に応じて行動様式を修正する。この連続的なプロセスを自己内省することにより，行動を継続，修正，変更，学習するという (Ridley et al. 1992)。

　図表6-6は，バックスキー (Backwski et al. 2000) の研究モデルに基づき，メタ認知理論をGLC学習に援用するための概念を示したものである。本図表は，定型 (routine)，学習 (learning)，および習熟 (mastering) という3種類のループから構築されている。

　まず，定型ループ (Routine Loop) では，マネジャーは，置かれた環境における課題 (Task) に対し，定型的なマネジメントコンピテンシーを用い (Competency Use)，何かしらの業績 (Performance) を挙げる。この成果に対し，上級管理者が評価や報酬等のフィードバック (Feedback) を与えることにより，動機づけ (Motivation) が高まり，新たな行動を惹起する努力 (Effort) につながる。

　これに対し，より上位の学習ループ (Learning Loop) では，マネジャー自身が，定型ループを客観的に観察する認知的視点を持つことにより，置かれた環境において，どのような種類のコンピテンシーがより効果的に成果に影響を与えるのかに関する知識開発 (Development Knowledge) を行う。これにより，認知的視点を持たない場合に比べて，より高い成果を得ることが期待される。そして，この学習行動が次なる実行プロセス (Executive Process) の強化行動につながる。

　さらに，最上位の習熟ループでは，自己認知に基づく行動学習による環境適合型コンピテンシーの自己学習が可能な段階となる。この段階では，環境適合的なコンピテンシーを選択し，実行する力量 (Capacity to select competency) が内在化し，複合的なメタ環境の中から最適なコンピテンシーを計画し (Meta-level planning)，実施する自己効力感 (Self efficacy) を獲得

第6章　グローバル・リーダーシップ・コンピテンシー研究の展開　133

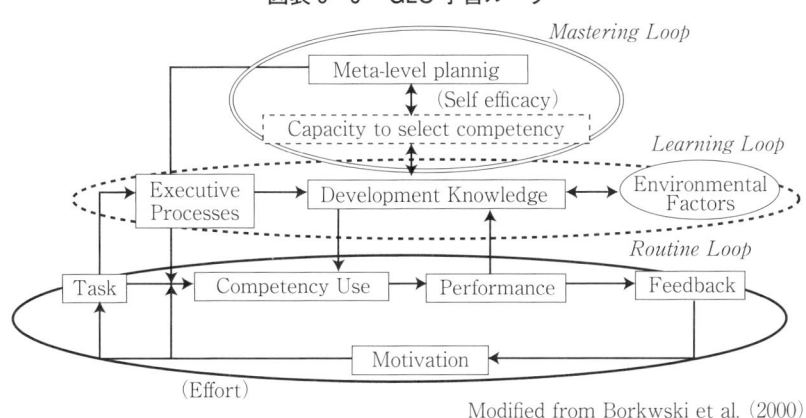

図表6-6　GLC学習ループ

Mastering Loop
Meta-level plannig
(Self efficacy)
Capacity to select competency

Learning Loop
Executive Processes　→　Development Knowledge　↔　Environmental Factors

Routine Loop
Task　Competency Use　Performance　Feedback
Motivation
(Effort)

Modified from Borkwski et al. (2000)

出所：Asian Productivity Organization (2008) p.6.

することができる。

　今後のGLCの研究課題として，メタ認知に基づくコンピテンシー学習ループを検証する実証研究を実施することが挙げられる。グローバル・マネジャーが自律的に環境適合型のコンピテンシーを自己学習する行動メカニズムをモデル化することにより，置かれた環境で最適なコンピテンシーを選択し，実行できるための育成プログラムの構築に役立てることが期待される。

6　おわりに

　本章では，GLCの先行研究から得られた知見を基に，環境適合という観点から，アジアという文化的多様性の高い地域に特化したAGLC開発に至る一連の実証研究の流れを紹介した。その結果，アジア版のリーダーシップは，世界標準のグローバル・リーダーシップに比べて，理詰めの経営技法よりも，感性や対人関係能力といった人ソフト面での行動様式を重視したコンピテンシーを発揮する傾向が確認された。

　これらの研究成果から，グローバル・リーダーシップは，地域や組織特性，業種，職務等といった環境要因との相互作用の中で，いかに環境適合的なコ

ンピテンシーを発揮するかがパフォーマンスを生み出す上で重要であることが推測された。

　一方，今後の研究課題として，グローバル・リーダーに対するコンピテンシーの育成方法が挙げることができる。本章では，1つの試案として，認知心理学に基づく「メタ認知」を援用し，グローバル・リーダーが，自分自身の行動を客観的に観察し，環境との適合性を判断しながら，コンピテンシーを選択し，実践していく可能性について議論した。

　将来的に，グローバル・マネジャーが，実務経験を通して環境適合型のコンピテンシーを自己学習する行動モデルを開発することにより，効果的かつ自動更新可能なコンピテンシー育成に役立てることが期待される。

参考文献

Adler. N. J. (2002) *International Dimensions of Organizational Behavior*, South-Western.

Asian Productivity Organization (2009) "Executine Summary of Asian-based Global Ledership Competency : Comparison of Five APO Member Countries."

Black J. S., A. J. Morrison, and H. B. Gregersen (1999) *Global Explorers: The Next Generation of Leaders*, Routledge.

Black J. S., H. B. Gregersen, M. E. Morrison, and L. K. Stroh (1999) *Globalizing People Through International Assignments*, Addison-Weisley Series on Managing Human Resources, Wesley Longman.

グローバルリーダーシップ研究会 (2005) 『パフォーマンスを生み出すグローバルリーダーの条件』白桃書房。

Goldsmith, M., B. Warren, A. Robertson, C. Greenberg, and H. Hu-Chan (2003) *Global Leadership: The Next Generation*, Financial Times-Prentice Hall.

Hofsteade, G. (1991) *Culture and Organizations: Software of the Mind*, McGraw-Hill.

London, M. and V. I. Seesa (1999) *Selecting International Executives: A Suggested Framework and Annotated Bibliography*, Center for Creative Leadership.

McCall, Jr., M.W. and G. P. Hollenbeck (2002) *Developing Global Executives*, Harvard Business School Press.

Nagai, H. (2008) "Development of Future Asian Global Leaders: Vision, Framework, and Implications for APO Member Countries," APO Strategic Paper.

Ridley, D. S., P. A. Schutz, R. S. Glanz, and C. E. Weinstein (1992) "Self-Regulated Learning: The Interactive Influence of Metacognitive Awareness and Goal-setting," *Journal of Experimental Education*, Vol.60(4), pp.293-306.

Spencer, L. M. and S. M. Spencer (1993) *Competencies at Work, Models for Superior Performance*, John Wiley & Sons, Inc.

Stahl, G. K. (2001) *Using Assessment Centers at Tools for Global Leadership Development: An Exploratory Study, Developing Global Business Leaders: Policies, Processes and Innovations*, Quorum, pp.197-210.

Winn, W. and D. Snyder (2004) "Cognitive Perspectives in *Psychology*," *Handbook of Research for Educational Communications and Technology*, Lawlence Erfbaum Associates.

Zucal, B. and C. Coron (2007) "Global Leadership: A Competency-based Model," Proceeding Presented at the 2007 Global Leadership Conference, pp.5-7.

第7章

アジアにおける
グローバル人材マネジメント上の諸課題

1　はじめに：日本企業の人材マネジメントのあり方

　日本の多国籍企業が世界に広がるオペレーションを十全に運営するために必要な人材を活用するには，「本社のグローバル化」と「現地法人における人材の蓄積」が不可欠である。しかも，この「本社のグローバル化」と「現地法人における人材の蓄積」は同時並行的に行われる必要がある。前者（人材の需要面）の制度化だけが先走り，後者（人材の供給面）が疎かになっている場合には，栄養失調のような形で組織は機能しないし，逆に，後者（人材の供給面）だけが進み，前者（人材の需要面）が存在しない場合には，人材獲得・育成の無駄が発生する。

　より具体的に考えてみよう。「本社のグローバル化」とは，本社組織が多国籍の人材を活用できるように変わることであり，また，本社という場合に，日本の地域本社である「日本本社」と，グループ企業全体の意思決定を行う場である「世界本社」とを明確に区別することを含んでいる。この場合の「日本本社」（そこでは日本語が基本言語となる）が他のグループ企業との人事交流を実施し，多国籍な人材を包含できるようになることが「グローバル化」である。「世界本社」はバーチャルな意思決定の場でもまったく構わないものであるが，ここでは多国籍であることがむしろ当然なのである。したがって，使用言語は日本語である保障はどこにもない。

他方,「現地法人における人材の蓄積」とは,人的資源管理における当たり前のことの実践を通じて,スタッフのモチベーションを高め,その結果として人材の蓄積をもたらすことを意味している。スタッフのモチベーションを高めるには,信頼できる上司の下で,挑戦的な仕事を通じて自分の能力をどれだけ伸ばせるかどうかが基本であり,それに対応する形で公平な評価や処遇(給与・ボーナスの支給)が行われ,時には現地法人を超えるグループ企業内でのキャリアの提示も必要となってくる。ここに至ると,「現地法人における人材の蓄積」と「本社のグローバル化」とは,表裏一体の関係にあることが明らかである。

このような問題意識の下,以下では,日本在外企業協会が2008年末に実施したアンケート調査結果[1]を踏まえ,日系企業の人材マネジメントの現状と課題を検討する。その後,具体的には中国での労働契約法の導入に伴う対応の実態とその論理,中国でのグローバル・マネジメント人材の資質・能力とそれへの評価を検討し,最後に本社の課題などについて論じることにする。

2 アンケート調査結果のハイライト:日本企業のグローバル化とその諸課題

2-1 全般的状況

アンケート調査に回答した108社(回収率39%)の海外拠点数は5,411カ所(無記入を除く101社の合計値,以下101社と略),国内従業員数は2,543,966人(106社),海外従業員数は1,506,158人(92社),日本人の海外派遣者数は17,962人(94社)であった。

海外拠点5,411カ所の地域別分布は,図表7-1に示されるように,アジア29.9%,中国24.8%とアジア地域で54.7%と過半数を占めていた。これに続くのが欧州の17.8%,北米の15.9%であった。

同じ表で海外従業員数(85社)を地域別に見ると,アジア33.7%,中国34.5%とアジア地域で68.2%とさらにアジア集中が際立つことになる。ちなみに,欧州は11.0%,北米は12.4%にとどまる。

図表 7-1　海外の拠点数，従業員数，売上高の地域別分布

	北米	中南米	中国	アジア	オセアニア	欧州	中東・アフリカ	合計
海外拠点数	15.9%	5.6%	24.8%	29.9%	2.4%	17.8%	3.6%	100.0 (101社)
海外従業員数	12.4%	6.8%	34.5%	33.7%	0.5%	11.0%	1.1%	100.0 (85社)
海外売上高	37.6%	2.0%	20.3%	14.7%	1.3%	21.9%	2.2%	100.0 (66社)

　ただし，売上高で見ると，中国，アジアのウエイトは下がり，北米，欧州のウエイトが上がる。売上高の過半数（59.5％）は，北米と欧州で占められる（図表7-1参照）。

　企業のグローバル化に伴い，利益獲得の海外拠点への依存度も高くなってくるであろう。回答の得られた40社で見ると，図表7-2の通り，連結経常利益に占める海外経常利益の比率は，80％以上に上る企業も10％存在し，40-80％の企業も17.5％に上っている。こうして平均は30.5％となる（ただし回答の得られた41社のうち，連結経常利益，海外経常利益ともにマイナスとなっている1社は除いた）。今や，日本の多国籍企業にとって，海外での経営業績の如何が日本本社の業績を大きく左右するようになったと言ってよい。

2-2　現地法人におけるトップ・マネジメントの状況

　現地法人の社長の国籍を見ると，日本人83.6％，外国人16.4％と，8割強

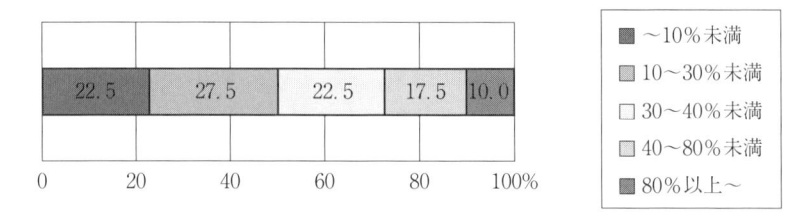

図表7-2　連結経常利益に占める海外経常利益の比率

22.5	27.5	22.5	17.5	10.0

■ ～10％未満
■ 10～30％未満
□ 30～40％未満
■ 40～80％未満
■ 80％以上～

図表7-3　社長の国籍（地域別）

	北米	中南米	中国	アジア	オセアニア	欧州	中東・アフリカ	合計（3,199社）
日本人	72.2	77.1	90.7	88.3	86.3	73.7	95.1	83.6
外国人	27.7	22.9	9.3	11.7	13.7	26.3	4.9	16.4

注：日本本社95社の回答による。

が日本人となっている（図表7-3参照）。なお，外国人という場合に，526社中500社（95.1％）とほとんどが現地国籍人のことであり，第三国籍人の比率は526社中16社（3.0％）に過ぎない。

さらにこれを地域別に検討すると，とりわけ中東・アフリカ，中国，それにアジアで社長が日本人である比率が高くなっている。操業年数の比較的短い現地法人が多い中国では，現地法人の統制と経営ノウハウ・技術移転等のため日本人がとりわけ多く派遣されていることがうかがわれる。

このような外国人がどのような方法で登用されたのかを見ると，図表7-4のとおり，内部昇進が63.4％と最多である。これにパートナー企業の指名，直接スカウト，人材紹介会社を通じての採用などが続いている。これらに比べると，自社の他法人からの異動（第三国籍人を多く含むと考えられる）や本社から派遣された外国人は，それぞれ7.0％，4.2％とまだまだ例外的な方法にとどまっていると言える。

外国人社長登用の理由やメリットは，図表7-5に明らかなように，まずもって本人の能力が優れていることは当然のこととして，現地社会に深く入れることが大きな理由となっている。現地でのビジネス展開が進むにしたがってこの理由が多くなっていくものと見られる。それ以外の理由・メリットは，現地従業員のモラール・アップである。優秀な現地社員を採用できるという理由もこれと軌を一にした理由であると見られる。

後述のように，現下において現地人社員の育成が最大の経営課題となっている中で，外国人社長の登用は戦略的重要性を持っていると言えよう。

合弁などの場合に，パートナー企業の指名による場合も少なくない理由と

図表 7-4 外国人社長起用の方法・経緯（選択肢3つまでの複数回答による）

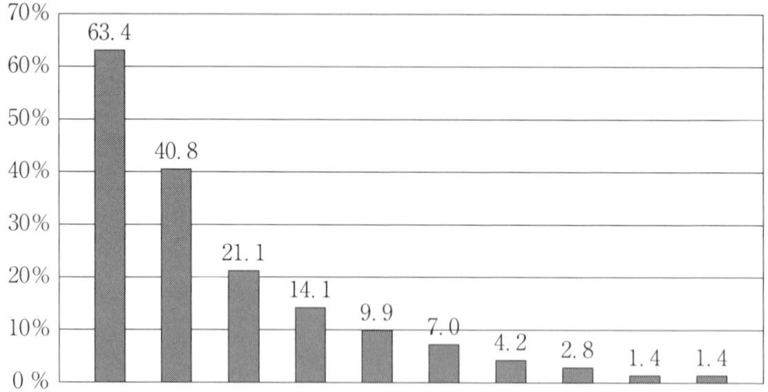

(凡例)

内部昇進	63.4
パートナー企業の指名	40.8
直接スカウトした	21.1
その他	14.1
人材紹介会社に依頼して探した	9.9
自社の他の法人からの異動	7.0
本社から派遣された外国人	4.2
取引先・銀行・官庁などからの紹介	2.8
新聞などで公募した	1.4
内部公募	1.4

注：回答企業数101社。ただし外国人社長のいない30社を除き71社を母数として比率を算出した。

なっている。

　以上のような理由や根拠でもって外国人社長を登用するのであるが，その場合の難点は何であろうか。図表7-6はこの点を明らかにしている。最大の問題は，本社とのコミュニケーションが難しくなるという点である。同根の難点として，本社主導の経営がやりにくい，自社の経営理念の共有が難しい，日本人派遣者との連携がとりにくい，グローバルな経営戦略を理解してもら

いにくいなどが指摘されている。これらの問題群は，日本人派遣者以外の場合に一貫性のあるマネジメントが難しくなるという意味で，本社におけるグローバル・マネジメント・システムの遅れを示していると見て良いであろう。

他方で，社内に優秀な外国人人材がまだ育成されていない，会社に対する忠誠心が低いなどという指摘は，さらに外国人社員を登用する意欲はあるにしても人材面でのボトルネックが問題となっていることを示している。

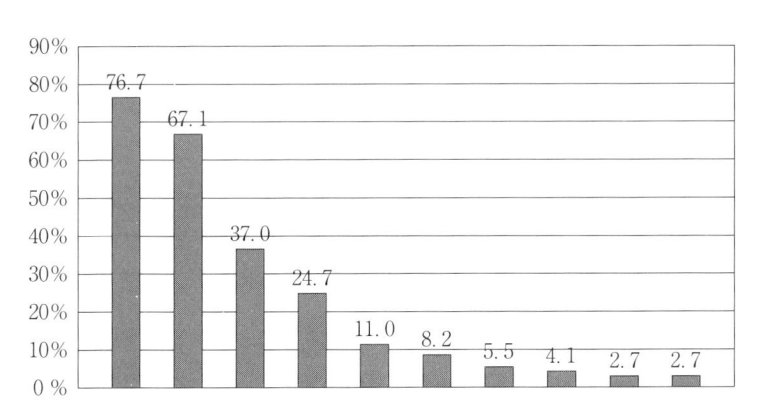

図表7-5　外国人社長起用の理由（選択肢3つまでの複数回答による）

(凡例)

本人の能力が優れている	76.7
現地社会に深く入れる	67.1
現地従業員のモラール・アップにつながる	37.0
パートナー企業の指名	24.7
優秀な遠地社員を採用できる	11.0
経営に合理的発想が期待できる	8.2
日本本社の国際化が促進される	5.5
日本人の適当な人材がいない（日本人人材の不足）	4.1
現地社会での企業イメージアップになる	2.7
その他	2.7

注：回答企業数73社。

図表7-6　外国人社長起用の難点（選択肢3つまでの複数回答による）

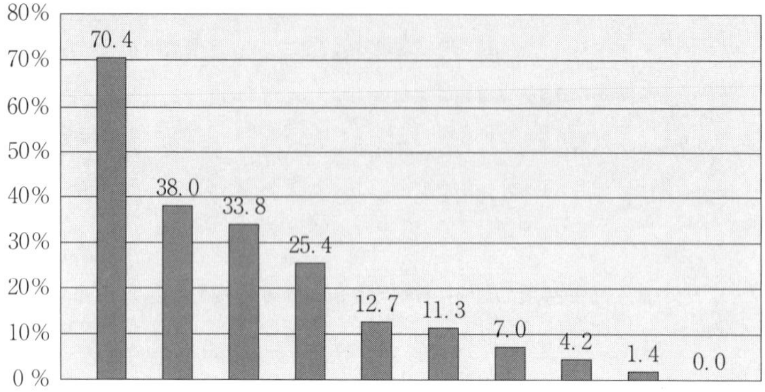

（凡例）	
本社とのコミュニケーションが難しい	70.4
社内に優秀な外国人人材がまだ育成されていない	38.0
本社主導の経営がやりにくい	33.8
自社の企業理念の共有が難しい	25.4
本社からの日本人派遣者との連携が取りにくい	12.7
会社に対する忠誠心が低い	11.3
グローバルな経営戦略を理解してもらいにくい	7.0
その他	4.2
全社人事ローテーションに支障が出る	1.4
日本人のグローバル人材が育ちづらくなる	0.0

注：回答企業数71社。

2-3　グローバル化に伴う経営諸課題

　グローバル化に伴い本社がどのような経営課題を抱えているのかを見ると，図表7-7に明らかなように，最大の課題は，現地人社員の育成である。優秀な人材の採用，育成，活用，確保という基本的な課題を抱えていることを指摘できる。この点は，製造業より非製造業の方でより大きな課題となっているように見える。

これに続くのが，本社と海外現地法人とのコミュニケーション，グローバルな人事・処遇制度の確立，経営理念の共有化，権限委譲と現地法人の経営主体化，現地人幹部の経営理念の理解，技術・ノウハウの移転等の日本企業

図表 7-7　グローバル化に伴う経営諸課題（選択肢3つまでの複数回答による。業種別）

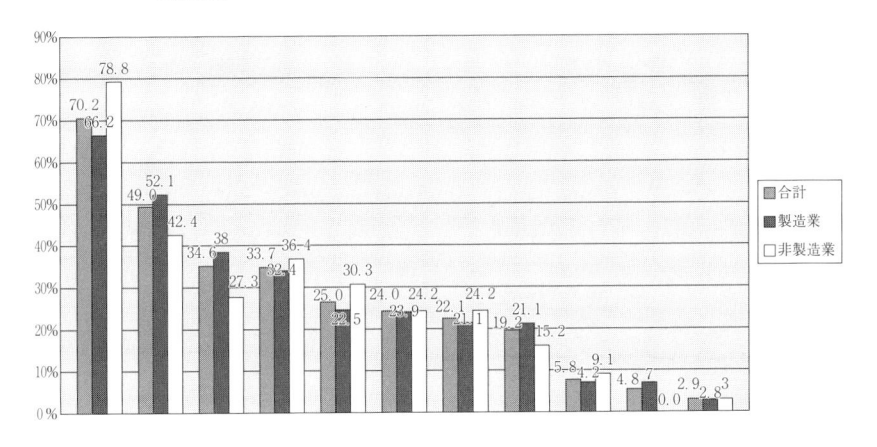

	合計 (104社)	製造業 (71社)	非製造業 (33社)
現地人社員の育成	70.2	66.2	78.8
本社と海外現地法人とのコミュニケーション	49.0	52.1	42.4
グローバルな人事・処遇制度の確立	34.6	38.0	27.3
日本人派遣者の育成	33.7	32.4	36.4
経営理念の共有化	25.0	22.5	30.3
権限委譲による海外現地法人の経営主体化	24.0	23.9	24.2
現地人幹部の経営理念の理解	22.1	21.1	24.2
技術、ノウハウの移転	19.2	21.1	15.2
資本の現地調達化	5.8	4.2	9.1
研究開発機能の移転	4.8	7.0	0
その他	2.9	2.8	3.0

のグローバル・マネジメント・システムの確立と展開にかかわる課題である。

さらに，日本人派遣者の育成も大きな課題として指摘されている。現地人社員の育成，日本企業のグローバル・マネジメント・システムの確立と展開で最も中心になって機能するのが日本人派遣者に他ならないためであると考えられる。その意味で，海外オペレーションを安心して任せられる海外派遣人材のさらなる育成と蓄積が必要となっている。

3　日本人派遣者の現地マネジメント上の課題

以上で，今回のアンケート調査からうかがわれる諸課題についての検討を終える。これらから明らかなように，親会社から海外オペレーションを預かる海外派遣者には，子会社の統制，本社との調整，本社からの技術・経営ノウハウの移転，それに，本人ならびに後継者の育成というミッションが与えられている。しかも，親会社，パートナー，現地社会，競合他社などの日常的な影響力の下で，それらを適切に調整しながら意思決定を行っている。これだけの複雑かつ過重な負担の中で適切な意思決定ができる人材とは，強靭な精神力と体力を持つベスト・アンド・ブライテスト以外に考えられない。

もちろん，派遣者それぞれが与えられるミッションはより具体的であり，各個人の職位，職種，年齢，さらには現地法人の成長段階・役割により大きく異なるであろう。たとえば，現下のように市場が極めて縮小する状況にある場合には，全般的に市場の積極的な開拓よりは，市場の確保の方がより重要なミッションとなるかもしれないし，新設の現地法人にトップ・マネジメントして派遣される人には経営理念の浸透が最も重要で，工場長として派遣される人には製品の品質の安定・向上がより重要かもしれない。

海外派遣を一層難しくしている点は，既述のようにして与えられたミッションが本社から見て達成されることが最も重要であることはいうまでもないが，同時に当該派遣者が現地スタッフに十分受け入れられているかどうかという点も現地法人の業績向上の重要な要素となるという点である。つまり，本社からのミッション達成はいうまでもないが，同時に現地スタッフの動機

づけにプラスになる人材かどうかが，全体としての現地法人の業績向上に密接不可分となっている。

　そこで，一例として中国人の部下から日本人上司がどのように評価されているかを見てみたい。具体的には，在中国日系企業に働くホワイトカラーを対象に，彼らが自分の直属上司（中国人上司と日本人上司）に対し，業務遂行能力，部下育成能力，コミュニケーション（情報伝達）能力，問題対応能力，対人関係，異文化対応能力（日本人上司のみを対象），そして中国人部下と上司との関係の7つのカテゴリーごとにどのような評価をしているのかについてアンケート調査を2008年9月に実施した。図表7-8はその結果である。[2]

　図表7-8は，中国人部下からの直属上司への評価（各評価項目について，部下の評価を点数化（1＝－2，2＝1，3＝0，4＝1，5＝2）した）に関する国籍別間差異をt検定により比較分析したものである。「仕事の効率が高い」「現場の状況を客観的に会社に伝えてくれる」「会社の経営についてよく話してくれる」「上司の指示に納得して行動している」という4つの項目以外，全体的な傾向として，中国人上司の方がより高い評価を得ている。業務遂行能力のカテゴリーにおいては有意差が見られなかったが，「仕事において，説明が分かりやすく納得性がある」という項目における日本人上司の評価が極めて低く，語学力不足を超えて，日本人上司の指示の仕方や態度が関係しているかもしれない。

　部下育成能力のカテゴリーにおいては11項目のうち，「部下に対する気配りや関心がある」「部下を信頼している」「部下を叱るより褒めることが多い」「部下の成果を客観的に評価する」「部下の間違いを的確に指摘する」「部下のキャリアに関心を持つ」「部下の要望をよく聞く」の7項目で中国人上司・日本人上司間に有意差が見られた。つまり，現地人材の確保・育成がますます重要になっていく中，中国人部下の育成と成長できる環境の提供において日本人派遣者はより劣ると指摘されている。

　次に対人関係のカテゴリーにおいては，「上の人が間違っていたら指摘す

る」という項目に有意差が見られた。また上司との関係のカテゴリーにおいて「私は直属上司と仕事以外の話をよくする」で有意差が現れた。管理能力のみならず，対人面でも中国人上司と比べ低い評価となっている。

今回の調査においては，中国人部下から見て日本人上司の評価が相対的に低いことが指摘できる。特に部下育成のカテゴリーにおいては，部下から見て日本人直属上司が自分を育成しようとする姿勢が弱いと見られている。もちろん，数年間滞在するにとどまる日本人派遣者の置かれた立場とそこに永住する中国人上司の置かれた立場に相異があるため，これらの違いを割り引いてみる必要があり，さらには，これらのデータはごく限られて地域，サンプル規模による結果であり，一般化することは難しいであろう。ただし，日本人派遣者の課題の一端を提示していることは疑いがない。3)

図表7-8　中国人部下から見た直属上司の国籍別評価（t検定結果）

直属上司の評価	中国人 N=131 平均値（標準偏差）	日本人 N=49 平均値（標準偏差）	全体 N=180 t値
専門知識を確実に身につけている	1.23 (0.87)	1.20 (0.71)	0.18
仕事が効率的である	1.18 (0.89)	1.33 (1.36)	-0.87
意思決定が速い	0.92 (0.94)	0.86 (0.94)	0.42
既存の考えにとらわれず、新しいアイディアを出す	0.93 (1.01)	0.88 (1.01)	0.32
業務に必要な知識やスキルを自発的に習得しようとしている	1.15 (0.92)	0.98 (0.95)	1.11
仕事において、説明が分かりやすく納得性がある	1.09 (1.18)	0.71 (1.06)	1.96
部下に対する気配りや関心がある	1.05 (1.03)	0.63 (1.17)	2.36*
部下を信頼している	1.14 (1.21)	0.67 (1.03)	2.38*
部下を叱るより、ほめることが多い	0.93 (1.27)	0.35 (1.18)	2.81**
部下に明確な業務目標を示してくれる	1.18 (1.07)	0.84 (1.03)	1.91*
部下の成果を客観的に評価する	1.09 (0.92)	0.65 (0.95)	2.82**

項目			
部下の間違いを的確に指摘し、方向を示してくれる	1.21 (1.26)	0.69 (0.94)	2.58**
部下のアイディアや提案をよく聞いてくれる	1.33 (1.24)	0.94 (0.97)	1.98*
部下の今後のキャリアについて関心をもっている	0.60 (1.10)	0.24 (0.99)	2.00*
部下育成のためのチャンスを用意してくれる	0.80 (1.24)	0.53 (1.08)	1.35
重要な問題について、部下にも相談する	1.22 (0.82)	1.00 (0.89)	1.58
部下の要望をよく聞いてくれる	1.15 (0.85)	0.86 (0.94)	2.03*
問題点を素早く発見できる	1.03 (0.91)	0.86 (0.79)	1.18
問題が発生した時の対応が速い	1.16 (0.98)	0.86 (0.87)	1.91
会社に関する情報を部下に伝えてくれる	1.16 (0.80)	1.10 (1.43)	0.34
現場の状況を客観的に会社に伝えてくれる	1.25 (1.03)	1.35 (1.79)	-0.44
会社の経営についてよく話してくれる	0.55 (1.02)	0.65 (1.56)	-0.52
上の人が間違っていたら、指摘する	0.72 (1.47)	0.16 (1.65)	2.17*
上から評価されている	1.17 (1.35)	0.96 (1.53)	0.89
関連部署から支援や理解を得て、仕事をしている	0.99 (0.87)	0.84 (1.55)	0.85
他部門の悪口を言わない	1.06 (0.93)	1.02 (1.59)	0.21
他部門からの支援を求められる時、できるだけ支援する	1.27 (0.81)	1.16 (1.40)	0.62
ミスをした時は素直に認める	1.06 (0.81)	0.88 (1.48)	1.06
中国社会に関心をもち、中国の習慣を理解している		1.12 (1.96)	
中国語をよく勉強している		1.20 (1.96)	
私は直属上司の指示に納得して、従っている	1.18 (0.88)	1.39 (1.79)	-1.02
私は直属上司の指示に異議があったら、反論できる	1.24 (0.75)	1.14 (1.38)	0.63
私は直属上司と仕事以外の話をよくする	0.46 (1.52)	-0.08 (1.81)	2.01*
私は仕事を離れて、直属上司と食事に行くことがある	-0.21 (1.63)	-0.55 (2.01)	1.18

注：＊＊：1％水準で有意、＊：5％水準で有意であることを示す。

これらの結果から，日本人派遣者は部下育成能力，日本国内とは異なる異文化での自己主張や意思疎通などにおいて課題を抱えていることが明らかである。しかし，これらの課題は，本社によるキャリア・サポートのあり方によりかなりの程度までは解決可能なものではないかと考えられる。

　しかし同時に，各国，各地域では企業経営，とりわけ人的資源管理にとって環境要因と言える政策・制度上の変化も著しく，これへの対応もスピーディに的確に行っていく必要がある。そこで，次に中国での「労働契約法の導入」を事例として，日本企業でどのような変化が生じているかを検討することにしよう。

4　中国における労働契約法施行の人的資源管理への含意

　2008年1月1日より中国では「労働契約法」が施行されている。そのことによる企業経営や人的資源管理へのインパクトについて，事例を踏まえて考えてみよう。

4-1　労働契約法のポイント

　1990年代から2000年代にかけての急速な経済発展の中で国有企業労働者のレイオフが行われるとともに，農村からの出稼ぎ労働者数が大幅に増加し，労働力の超過供給が発生した。このため，労働契約の未締結や一方的・短期的解除，試用期間の濫用といった問題が多発するようになった。

　これらの問題に対応するために，これまでの使用者に有利と思われた1995年施行の労働法に代えて導入されたのが，労働契約法（2008年1月1日施行，全8章98条から構成）である。従来の労働法と比較すると，労働契約法は労働者の権利を大幅に拡大するなど，いわば「社会的弱者」である労働者の保護を重視する側面が極めて強いと言える。

　労働契約の期間は，これまでの1年ごとの雇い止めが認められていたのと比べると大きく変化した。労働契約法では，労働契約の期間を定めるにあたって正しい対応をしないと企業側に不利益がもたらされる。すなわち，2回連続して一定の期間を定める「固定期間労働契約」を締結し，さらにこれ

を更新するときは，原則として，期間を定めない「無固定期間労働契約」を締結しなければならない。

　採用した労働者の適性・能力を全面的に把握するのに長い期間が必要であれば，第1回目の労働契約を締結するにあたって，その期間を長くすることがより重要となる。というのも，第2回目の固定期間労働契約が期間満了となったときは，原則として自動的に契約が更新されるため，企業がその要求を満たさない者との契約締結を拒否するチャンスは，第1回目の労働契約の期間満了時に限られる。そこで，第1回目の労働契約については，労働者の適性・能力をよりよく把握するため，固定期間労働契約の期間をなるべく長期化させようとする論理が企業側に働く。

　労働契約未締結の場合の使用者の責任は大きい。つまり，労働契約締結の義務を怠り，雇用した日から1カ月以上にわたって労働契約を書面で締結しなかった使用者は，労働者に対し，月ごとに賃金の倍額を支払わなければならない。さらに労働者を雇用した日から1年以上にわたり労働契約を書面で締結しなかった場合には，無固定期間労働契約を締結したものとみなされ，かつ，その使用者は，労働者にその間の賃金の倍額を支払わなければならないのである。

　労働契約法は，労使双方が協議して合意に達したときは，労働契約を解除することができるものと定めている。しかし，労働契約法は，使用者側が解除を提議して労働者と合意に達したときは，使用者は，労働者に対し経済補償金を支払わなければならないと定めている。労働者の側から労働契約の解除が提議され，双方がこれに合意したときは，使用者の経済補償金支払義務は生じない。

　これら以外にも，労働契約法では，規則制度の周知義務，労働者の民主的参加が明記され，試用期間や労務派遣などについても明確な定義がなされている。

4-2　日系企業の対応

　労働契約法が導入され，個別企業ではどのような対応がなされているのか

を探る目的で2008年の8月末から9月初旬にかけて，天津，青島の日系企業を駆け足で訪問したことがある。若干の事例をかいつまんでまとめると以下の通りであった。

A社（電機メーカー，独資，1995年設立，従業員数約1,800人）：2007年12月，従来の会社規定で変えるべき項目を組合と企業の間で協議した。現在，組合の責任者は総務部長で，従業員全員が組合に加盟している。12月末に，10年以上の長期勤続に伴う無固定期間労働契約者を増やさないため駆け込み的に雇用調整を実施する企業も多いようであるが，A社はそれを行わなかった。操業年数が短くて勤続年数が10年近くの従業員がまだ少なく，また長期勤続者に優秀な社員が多いためである。ただし新入社員との初回契約期間を従来の1年から3年に変更した。試用期間は6カ月で，2回目の契約期間も3年間にする予定である。試用期間中に能力テストを導入し，不適格者を見極めるようにした。法律により，労働組合への加入は試用期間中と関係なく，働き始める日からであり，また試用期間中の給与は正式に雇用するときの80％以上でなければならない。また，管理者に対しての労働法勉強会を行ったり，就業規則を組合と交渉しながら見直したりしている。従業員のうち，約500人（全員女性）は農村からの出稼ぎ労働者である。これらの労働者の雇用管理が難しいため，政府系の派遣会社と締結して派遣社員の形で雇用している。天津では派遣の利用が多い。ただし，実際に採用，管理を行うのが企業自身であり，派遣会社には給与や福祉，保険の管理だけ任せている。労働契約法により派遣会社への規制が厳しくなっていることがあって，A社は派遣会社との間で，その責任が自社に転嫁されないかどうか懸念している。今後雇用量を絞りながらもっと付加価値の高い生産を考えるという。

B社（製薬メーカー，合弁，1996年設立，従業員数約300人）：B社では，定着率の悪い営業部門と対照的にほかの部門の定着率は極めて高い。周辺の競争企業と比較して待遇が良いのが最も大きい理由と見られている。

就業規則に関して，B社は従来からきちんとやってきたので，労働契約法に対応して変えるべきところは少ないが，1年ほど前からプロジェクトを作

り，就業規則の1割ぐらいの改定，追加を行った。具体的には，まず，採用のときに，試用期間を明示すること，次に，労働契約期間に対して工場に勤める従業員は1年契約，営業職は2年契約とした。B社では企業特殊技能を重視し，長期雇用の方針をとっている。従業員が特に問題なければ，その後契約期間を更新することになっている。生産が安定しており変動も少なく，雇用調整も特に行っていない。

　労働契約法により従業員が企業に対して請求権を持つようになることに対して，組合を通じて従業員が請求する。B社の従業員の3分の2ぐらいが中国側のパートナー企業からきたので，勤続年数は10年を超えているのが多く，現在は既に無固定期間労働契約に変わっている。清掃，警備の仕事に派遣会社と締結して農民工を非正規社員として導入しているが，製品の品質を維持するために，工場の従業員は正社員の形で雇用している。そして優秀な農民工を正社員に採用するルートを用意している。労働契約法のメリットに関しては，従業員と紛争が発生するときに，解決基準が明確化されているので，解決コストが下がるものと受け止めている。

　C社（小売業，合弁，1998年設立，従業員数約1,300人）：2008年現在，従業員は約1,300人であり，その内の1,100人ぐらいは正社員となっている。C社の初任給は地元の最低賃金よりはるかに高い。C社は労働契約法に対して，就業規則を改定し，労働契約期間の変更を行った。以前の初回労働契約期間は一般社員が1年，ジュニア管理職が2年，中層管理職（課長クラス）が3年，トップ管理職（部長クラス）が5年と，その後同じ期間で更新することになっていたが，2008年からは，2回目の契約期間を一般社員はそのままで管理職はすべて延長した。一般社員の初回労働契約期間を従来のまま1年にしたのは，働いてみてから長期に勤めるかどうかを決めたいと一般社員からの希望があり，労使双方が合意したためである。実際に一般社員の離職率は他の従業員より高い。

　就業規則に関しては労働契約法の細則が出てから，中国全土にあるすべてのグループ企業で歩調を合わせて対応する予定である。労働契約法は企業の

解雇行動を規制しているが，社員が簡単に辞められることや，さらに，社員が辞表を提出した翌日から会社に来なくなる場合，企業経営に支障が生じるにもかかわらず請求権を定めていないことなど，労働契約法が労働者への保護が行き過ぎと，C社は不公平に感じている。それと同時にC社は労働契約法により社内の就業規則がさらに明確になるにつれて，社員の就業規則や法律に従う意識が高まるようになり，メリットもあると評価している。

4-3 解釈と評価

以上から，当座，日系企業は就業規則の修正，労働契約期間の変更にとりわけ取り組んでいるように見られる。

就業規則の見直しは以下の理由が考えられる。第1に，現在の就業規則が労働契約法に一致しない場合，その内容を事前に修正しておく必要があるためである。第2に，就業規則を綿密に設定する必要がある。従業員に求めることをより明確に規定することで企業の権益を守り，他方で，就業規則に違反する従業員の行為に対して，懲戒や解雇の正当な理由にするためである。

採用において企業は慎重となり，より厳しく選抜するだろう。これは，解雇が難しく，長期雇用が見られる内部労働市場では当然のことで，企業は採用の段階で，より多くの時間とお金をかけて自社にふさわしい人材を選別する必要が高まると考えられる。熟練を要する職場や職種ではもともと定着率が高く，実体として長期雇用が見られたため，今回の労働契約法により大きな変化は生じていない面もある。[4]

長期雇用を促進することで，雇用を安定させるのは，既述のように，労働契約法の目的の1つである。中国では，最初の2回は労働期間を定めて契約をし，3回目には従業員の希望によるが，無固定期間労働契約を締結することになっている。このような状況下では，企業は人事戦略として長期雇用の戦略をいやがうえでもとるようになるのではないかと考えられる。長期雇用の中で，適切な人的資源管理を実施し，労働者のモラールを維持向上させるための工夫が不可欠となったことは明らかである。

5 グローバル・マネジメント人材に必要とされる資質・能力と本社の課題

　多国籍企業の海外オペレーションにおける成否は，本社からの派遣者が各人に与えられたミッションを十分に達成すると同時に，環境の変化に的確かつスピーディに対応しながら，現地法人における人材マネジメントが現地スタッフを引きつけ，動機づけられるかどうかに依存している。その場合の重要な要素は，本社からの派遣者の育成と選抜が本社のミッションに適合的であると同時に，現地事情にマッチすることであり，他方で，ローカル人材の育成，モチベーション対策が過不足なく実施されていることである。

　筆者が，2008年から2009年にかけて中国を中心にアジアの各種の調査を実施してきたが，それらを通じて得られた情報を基に，日本人派遣者が成功するために必要とされる資質・能力は何かということを仮説的に提示したい。同時にそれらの成功要因が成立するために前提となる日本本社のサポート体制についても述べておきたい。

　まず日本人派遣者が成功するために必要とされる資質・能力には3点ある。

　第1は，「実務面で絶対的に自信のあるスペシャリティを持つ」ことである。これがあれば現地の部下は信頼を深めるし，派遣者本人も自信を持てる。この自信のある分野を基に他の分野の知識も増やしていくことができる。

　第2に，リーダーたるもの「方針提示，指示命令，言動において一貫性を保つ」ことであり，いわゆる「軸がぶれない」ことである。マネジメント能力の大きな要素はここに存在し，執念と情熱を傾け，信念を貫く姿勢が求められる。派遣前にこのミッションの十分な納得の有無を企業・派遣者双方で確かめておく必要があろう。

　第3に，派遣者は，「自分で考えられる人，創意工夫できる人」であることである。派遣先をステレオタイプで見ると失敗するし，現地スタッフの信頼も得られない。派遣に伴い参考や基準がない場合，その場での判断と柔軟な対応が常に求められるし，また自ら現場でのやるべきことを見つけ，率先

垂範でアクション・プランを策定し，実行する必要があるということである。

　以上の3点を身につけるには，日本本社のサポートが不可欠である。本社のサポートは広い意味ではキャリア設計であり，キャリア・サポートである。第1に，20代後半から30代における若いときの海外勤務経験，異文化体験の付与である。これにより状況対応能力，サバイバル能力の著しい向上が期待され，また言語能力の必要性に関する認識の高まりと，コミュニケーション能力の向上が期待される。

　第2に，国内，海外を問わず，最終的意思決定経験をさせることである。最終的意思決定を自信を持って行うには，事前の経験が必要であり，場数を踏む必要がある。というのも，国内における派遣前の職位は6割以上が部課長クラスであるが，海外派遣に伴い職位は1.9ランク上昇してトップ・マネジメント層に就任する場合が多くなり，その結果担当職務の範囲も格段に広くなり，また職責も重くなっている[5]が，そのポイントは，優秀な中間管理職に必要とされる要件と派遣先のトップ・マネジメント職位で必要とされる要件とには，その職域の範囲と職責の重さのみならず，最終的な意思決定を行わざるを得ないという点において大きな差があるためである。

　以上のように，日本企業がグローバルに活動し，多国籍企業となるにしたがい，日本人を超えて多国籍の人材を日本本社ならびに現地法人においてその能力を十分に発揮できるシステム（「多国籍内部労働市場」と呼ぶシステム）に移行していく必要があるが[6]，本小論では，それに至る前の日本人派遣者にかかわる諸課題を強調して論じたものである。

注
1）社団法人日本在外企業協会は，本章で用いた第5回目の「海外現地法人の社長」についてアンケート調査を実施している。詳細については，『月刊グローバル経営』㈳日本在外企業協会（日外協），6月号，12-17頁をご覧いただきたい。
2）本調査は「2008年度早稲田大学特定課題研究助成費」（課題番号：2008B-002）による研究の一部である。本研究への参加者は，筆者，梅澤隆（国士舘大学教授），韓敏恒（早稲田大学大学院博士後期課程），孫豊葉（早稲田大学大

学院博士後期課程）である。図表7－2の作成は韓敏恒による。本調査は，中国沿岸部の天津，青島，北京，上海で操業する日系企業計15社で働く中国人ホワイトカラーを対象に実施した。調査時期は2008年9月～11月である。アンケートの配布は天津，青島の日系企業を訪問した際に調査の趣旨を説明し，了解を得たうえで配布したものと，個人的な人脈を通じ電子メール形式での配布の2通りの方法をとった。配布したアンケート票は計211票あり，うち有効サンプルが180票であり，有効回収率は85.3%である。

3) 筆者らは2008年6月の文部科学省の産学連携プロジェクトに申請し，選定を受けて同年10月から「海外経営専門職人材養成プロジェクト」（略称G-MaP）を開始した。プログラムの詳細についてはホームページ（http://www.waseda-gmap.jp）を参照されたい。当該プロジェクトの一環としてこれらの先行調査をより拡充したアンケート調査も実施中である。

4) 内部労働市場の最初の体系的な議論については，Doeringer and Piore (1971)，邦訳 (2007) を参照されたい。採用と選抜に関しては特に第5章を見られたい。

5) 労働政策研究・研修機構『第7回海外派遣勤務者の職業と生活に関する調査結果』(2008年1月) による。

6) 当該概念については，白木 (2006) を参照されたい。

参考文献

Doeringer, P. B. and M. J. Piore (1971) *Internal Labor Markets and Manpower Aralysis: with a New Introduction*, M. E. sharpe (白木三秀監訳『内部労働市場とマンパワー分析』早稲田大学出版部，2007年).

白木三秀 (2006)『国際人的資源管理の比較分析』有斐閣。

― (2006.10)『第4回日系グローバル企業の人材マネジメント調査』労働政策研究・研修機構。

― (2007.12)「日系企業における現地人材の採用と定着のための諸施策」『関西経協』16-20頁。

― (2008.1)『第7回海外派遣勤務者の職業と生活に関する調査結果』労働政策研究・研修機構。

― (2009.3)『アジア諸国における企業の戦略的人事労務管理―優秀な中間管理職と技術者の定着』(財) 日本経団連国際協力センター。

― (2009.5)「日本企業に必要とされるグローバル・マネジメント人材とは」『世界経済評論』17-23頁。

― (2009.6)「日本企業のグローバル化とグローバル人材マネジメント」『月刊グローバル経営』4-11頁。

――(2009.8)「日本企業のグローバル人材マネジメント上の諸課題―調査結果からの考察―」『JBIC 国際調査室報』(国際協力銀行) 67-78頁。

(本章は,白木三秀「日本企業のグローバル人材マネジメント上の諸課題―調査結果からの考察―」『JBIC 国際調査室報』(国際協力銀行) 2009年8月号,67-78頁を若干加筆・修正したものである。)

第8章
フラット化する世界と異文化経営

1 はじめに

　21世紀のフラット化した世界中では，個性的文化（個人，企業，国に固有の文化を含む）が，製品，サービス，システム（以下，新製品と略す）にユニークな差異化をもたらす。国際技術標準が進んだ世界では，新製品を立ち上げるとき，コンソーシアムを形成して，事前に「国際標準」を決める（竹田・内田・梶浦 2001；梶浦編 2007）。新製品の初期立ち上げ期のリスク低減，高額な研究開発投資の早期回収，すばやい製品普及とグローバル市場の形成のためには，「国際標準」作りが欠かせない。その結果，新製品は短い導入期を経て，いきなり成熟期に入る。過去において，製品の成長期は，世界標準（デファクト）を争うグローバル競争の期間でもあった。大企業は競争戦略を駆使し，雌雄を決した（デファクト標準の獲得）。激しい市場淘汰の結果として，成熟期におけるグローバルな市場シェアの獲得（と高収益）が約束された。

　その競争のプロセスをコンソーシアムによる「国際標準」作成が代替してしまう。その結果，成長期が極端に短縮された。そのため，フラット化した世界では，新製品は，瞬く間にコモディティー化する。そのうえ，製品アーキテクチャのモジュール化によって組立加工が簡素化され，製造の脱熟練化が進んだ。こうして，多国籍企業は，台湾，中国，インドといった国々に

アッセンブル工程を移管する。現地の企業家が，モジュール型組立生産の方法を学習すると，彼らは電子機器の受託生産（EMS）のビジネスモデルを立ち上げる。こうして，EMSという新しい業態が生まれ，コモディティー化の波が加速化されていく（安室 2003；楠木 2006；新宅・立本・善本・富田・朴 2008）。

　世界的規模で進行するコモディティー化の流れの中にあって，どのようにして競争優位を保つのか。その答えは究極の暗黙知である「固有文化」に求められる。他に真似されない，差別的特長の源が「固有文化」である。製品設計や製造技術は模倣できても，その製品のデザインのもとになる発想，大胆な表現方法，独特の感性，微妙な形状や色合いのグラデーションなどは，個人の独創とその背後にある固有文化に由来するのなら，模倣が困難である。特に固有文化は，他の文化によっては模倣できない。インド人が努力しても日本人にはなれないし，その逆も真である。インド人にはインドのオリジナリティーが，日本人には日本のオリジナリティーがある。個人，集団，組織，地域，国家などが，どのような「固有文化」を持っているかが21世紀の競争優位の決め手になるだろう。ここに「異文化経営」とグローバル戦略の接点がある。本章では，急速に進む21世紀の知識経済の中で，企業が競争優位を保つための基本戦略としての文化の創造的役割について論ずる。

2　マネジメントにおけるモダニズム

　フレデリック・ウィンスロー・テーラー（Taylor, F. W.）が「科学的管理法」（Taylor 1931，邦訳 1969）を著した時，彼は「文化」の存在を意識しなかった。彼は，熟練工が勝手に工具や道具を工夫し，自己流の作業を行うことを嫌った。仕事における多様性ではなく，標準化が必要なことを何度も強調した。彼は20年に及ぶ綿密な現場研究の結果，システマチックで科学的な「時間研究」を行えば，一人の作業者が１日どのくらいの仕事が可能か，正確なデータが入手できると考えた。彼のこのアイデア（仕事の分析と標準化）が，モダン・マネジメントの起源である（Merrill 1960，邦訳 1968）。

彼は，ガントなどともに「動作時間研究」を行い，個々の仕事を分析し，より労力の少ない，スピーディーな作業方法をデザインして，これを「標準作業」と定めた。その成果（産業合理化による生産性向上）は大きかった。生産性が著しく向上し，企業の収益性が改善された結果，労賃も引き上げられた。こうした成功体験から，テーラーは，どのような作業にも「唯一最善な方法」（ワン・ベスト・ウェー）があると信じた。この「条件が一定なら」，1つの最善な解決法（ソリューション）があるという信念は，エンジニアリング的（工学）発想である。しかも，いちど「最善な方法」を発見したなら，この方法をあまねく施行するために，他の条件を「一定の条件」に作り変えることが望ましい。今日の「文科系的」システムデザインでは，それぞれの条件性に適合した，「それぞれの最適解」をデザインするだろう。しかし，19世紀や20世紀のエンジニアはそうは考えなかった。「唯一最善な方法」がうまく動くように，外部条件を作り変えて「一定の条件」を実現する方向を選んだ。内部経済を効率化するために，外部経済を改編すべしという思想である。部分最適の絶対視が生態的環境の軽視を招き，工業化に適した「一定の条件」の押し付けに進む。テーラーの「標準化」運動は，外部世界に対して強烈な「画一化」を要求する。「画一化」とは，社会にスケールを拡大した「標準化」にほかならない。

　これが，モダニズムの典型的な発想法である。日本の四季や湿潤な環境条件に合わせて最適な建築をデザインするのでなく，ニューヨークの街並みの中から扁平で尖がったデザインのビルを切り取り，日本の地方都市にコピーする。あるいは，自動車の性能を発揮するために，その国の環境や道路事情に適した自動車のデザインを考えるのではなく，アメリカ並みの道路を建設すべきだと考える。日本の生態環境などお構いなしに，砂漠にアスファルト道路を造るような勢いと感覚で，自然を破壊する。

　モダニズムの思想では，自動車や建築物といった「部分最適」が，全体最適（トータル・システム）よりも優先される。「人工物は普遍だ」という主張が先にあり，奇抜なモニュメントがそれを取り巻く自然環境を制圧する。

したがって，モダニズムにおいては，「普遍性」を持つ人工物が，生態環境に刺さった棘のように「痛々しく」，伝統文化や自然環境を毀損する。幾何学的な人工物が「牙を剥く」スタイルが，19世紀の装飾過剰や個人的嗜好に対する拒否反応として，新しい「美意識」をもたらした。

　好き嫌い，善し悪しは別として，20世紀はモダニズムの時代だった。その間，モダン・マネジメントは輝かしい成果を上げた。本来，人間は多様な才能や能力を持っている。モダニズムは，生物としての人間能力の「多様性」「汎用性」を抑圧し，組織の中の「画一性」「職務標準」に順応させた。元来，多様であるはずの「仕事のやり方・作法」を禁止し，「唯一最善な方法」に従わせることには，テーラーの時代でも反発があった。テーラーリズムを受け入れることは，マネジメントの絶対権を受け入れ，労働の楽しみ（創意工夫や仕事を通じた学習，人間的成長）を放棄させ，脱人格の「標準」に従属することだった。

　「標準化」は人間存在を犠牲にして経済効果を上げた。仕事の方法（手順，作業の進め方，工具類，マテリアルハンドリング等）の標準化は，マネジメントへの第一歩だった。「標準作業」を確定できれば，ワンサイクル（1単位）の作業にどれだけの時間が必要か測定できる。ワンサイクルが10分なら，8時間の労働で48サイクルの仕事ができる。これで，1人当たり／1日作業量が確定できる。完成品を造るために必要な工数（標準作業の数）が決まれば，完成品の生産に必要な労働者数が確定する。これで，工場の1日の生産量が決まり，1週間，1カ月の生産量が計算できる。1カ月で1万個の製品を作るためには，何人の工員が必要で，その労賃の合計はいくらか，簡単に計算できる。標準作業1単位当たりの労賃が決まり，使用する原材料や光熱費，設備に投資した金額を生産量で按分すれば，標準原価計算が可能となる。すべてが「標準」をベースに体系化されている。

　こうして，熟練した親方しか管理できなかった作業現場が，「科学的」分析によって効率的に管理できるようになった。つまり，現場の労働に精通していない管理者でも，現場のマネジメントが可能になった。すべての作業が

「標準化」（マニュアル化）されれば、マネジメントの機能は、立てた生産計画を時系列でモニターすることに変わる。別言すると、「作業を標準化」することで、あらゆる「仕事」が、その微分値である「時間」と「原価」で表記可能になる。仕事の進捗管理は、「標準作業」（決められたやり方に従い、早くも遅くもない速度で、標準時間通りに実行する）が厳格に遂行されるなら、マネジメントは「時間管理」に集約される。

重要なポイントは、煩雑な仕事を直接管理するのではなく、使用された「時間」（時間に単価を掛ければ原価になる）を監視することである。生産計画外の注文や「急ぎの仕事」でも、「作業標準」が確立していれば、混乱を最小限に抑えることができる。「特注」の仕事を決められた時間内で処理するためには、何単位の標準作業が必要であり、それには何人の追加要員が必要か、彼らに支払う労賃は幾らになるか、簡単に計算できる。「作業標準」がないと、目の子算式に残業を増やしたり、臨時工を雇用したりするため、原価管理が困難になり、採算性が失われてしまう。

このように、「標準化」がモダン・マネジメントの出発点である。日本的経営が普遍性を確立できない理由の1つは、「作業の標準化」が、ブルーカラーでは実現できても、ホワイトカラーではできない点にある。日本のホワイトカラーの生産性が測定困難なのも、物差しとなる「標準」が設定できないからである。その意味で、テーラーリズムは、「作業の最適デザインと標準化」に対して、極めてリジッドな構造を持つ。

3　多国籍企業の構造とモダニズム

このモダン・マネジメントの象徴的なモニュメントを世界各地に建設したのがアメリカの多国籍企業であった。バートレット・ゴシャールが分類する「インターナショナル」モデルがこれに相当する (Bartlett and Goshal 1989, 1995)。アメリカで科学的にデザインされた仕事の仕組み、作業標準からマーケティング方法まで、ワンセットにして海外に移転するという考え方である。まるでニューヨークの街角に立つ、尖ったデザインのビルディングを

内装もそのまま，外国の古都にコピーするようなやり方である。このワンセット主義の典型が，石油化学を中心としたプロセス技術のプラント移転である。

　テーラーの時代の製造技術には，それでも若干は，人為的特長や各国の文化的特長が忍び込む余地があった。それは，彼が対象にした工場の生産方式が，バッチシステムを基本としていたからである。つまり，工程を作業単位で区切って部品の加工を行い，工程ごとに仕掛かり在庫を持つ方法である。このバッチ生産方式では，作業と作業の間に「緩衝在庫」（仕掛品）を置くことで，作業速度のバラツキを調整した。つまり，作業は標準化されたが，工場全体の最適化（たとえば「在庫を持たない」JITシステムなど）は果たされなかった。これを改善したのが，フォードシステムである。バッチシステムで構成されていた加工・組立の工程を，流れ作業にすることで，作業全体の最適化・システム化を図った。これにより，ワーカーの裁量は決定的に狭められた。それが，チャップリンの「モダンタイムス」の暗喩である。

　さらに，石油化学などのプロセス技術は，生産工程の自動制御により，人間の作業を極限まで簡素化・標準化した。たとえば，石油化学関係の原料を作るプラントの工場敷地を訪問したとしよう。目隠しをして連れていかれ，工場敷地に立たされたとする。目隠しをはずして，プラントの概観や設備関係を見ただけでは，それが滋賀工場なのか中国の南通工場なのか判別できない。設備もレイアウトも瓜二つである。おまけにオペレーターは同じ服を着ている。その会社のプラント設計技術者なら，レイアウトや設備の微細な違いから，工場の立地場所を当てられるだろう。しかし，その会社の管理職，コンサルタント，マネジメント研究者には違いが識別できない。それほど均質化，標準化が進んでいる。つまり，バッチシステムからプロセス技術に進んだ現代の工場システムでは，文化による違いは，それが国の文化であろうと，企業の文化であろうと，塗られたペンキの色と会社のロゴマークほどにも，反映されない。「効率化」を競うプロセス技術では，世界的規模で「同質化」作用が働くからである。

このように，モダン・マネジメントでは，文化の違いは，考慮の対象になりにくい。ある意味で，強烈な「普遍性」の世界である。モダン・マネジメントを信奉するかぎり，本国本社のやり方をそっくりそのまま海外子会社に移植する「インターナショナル」モデルが「唯一最善の方法」である。異文化に対する認識は，「モダンに対する旧弊」「外国嫌い」「奇妙な慣習」といったネガティブなものであろう。周知のように，これにナショナリズムが絡むと，特有の優越感である「エスノセントリズム」が生まれる（馬越 2000；船川 1998；太田 2007）。

地場の環境をまったく無視して人工物をデザインするという「モダニズム思想」は，20世紀の建築様式にも共通して見られる。ル・コルビュジエの設計した「サヴォア邸」(1931年)は，細い柱（ピロティー）を何本も立てることによって，地面から建物を浮かせる様式である（隈 2004；後藤・佐々木・深澤 2004）。横に長い大きな窓を持つ，コンクリート製の立方体は，それ自体が強烈な普遍性を表現している（隅 2004, pp.201-206，後藤・佐々木・深沢 2004, pp.207-220）。地面から切り離され，空中に浮かんだ箱のような白い構造物は，地面との関係を遮断して，「標準化」された快適な人工空間を実現する。モダン建築物は，外面デザインの普遍性だけでなく，室内空間もモダン・アートそのもの，エアコンディショニングで制御された「普遍的空間」を実現する。その建物が湿地にあろうと，砂漠に建てられようと，ピロティーによって地面から浮き上がり，内部環境が自動制御でコントロールされる限り，外部環境は単なる景色でしかない。設計段階から外部環境を考慮に入れない「厚かましい」設計思想がモダニズムの真髄である。ポストモダンに生きるわれわれの観点からすると，これは地球の生態環境に対する無知と傲慢といわざるを得ないのだが（原 2003，フリードマン 2007）。

19世紀まで，良くも悪くも，建物は地面の上に立っていた。つまり，構築物は地場と深く関係し，複雑な相互作用を切り結んでいた。プレモダンの国際ビジネス，その典型が植民地時代の英国のフリースタンディング・カンパニーであるが，植民地に根を下ろし，愛憎の濃い複雑な関係を保っていた

（ジョーンズ 2005, Wilkins and Schröter 1998）。モダニズム以降の国際ビジネスは，その強い普遍性により，ル・コルヴィジエの箱型邸宅のように，大地から遊離し，それ自体の内部空間を形成した。先の石油化学プラントの例に戻るなら，熱帯の湿地であろうと，乾燥した砂漠であろうと，石油化学プラントは大地を削って平らにし，コンクリートを厚く打って，その上にパイプだらけのプラントを建設する。設備一式は自動制御でコントロールされ，事務室はエアコンで一定の湿度・温度に保たれている。石油化学プラントは，地球上のどこにあっても同型である。現地の環境とは無縁であるだけでなく，異文化の入る余地も与えない。

4 「グローバル」と「ローカル」の2項対立

　モダン・マネジメントが地場との交流や異文化の存在を軽視したことから，「ローカリズム」というアンチテーゼが台頭してくる。伝統的なマネジメント研究家は，そのエンジニアリング的発想のゆえに，文化の多様性を軽視ないし無視した。異文化へのアプローチは，社会学者や文化人類学者が，「外の世界から」持ち込んだものである。彼らは，マネジメントは外部環境の様々な要因に影響を受け，制約を受けていると主張した（中根 1971）。本国の優れたマネジメント方法が現地に移植できないのも，現地に移植しても効果的に機能できないのは現地文化の制約によるものであり，ビジネスを効率的に運営管理するためには，現地環境に適応しなければならないと説いた。他方で，彼らは，20世紀に達成されたテーラーリズムの偉大な成果（生産性革命）にほとんど関心を払わなかった。

　しかし，モダン・マネジメントの考え方も，それに基づいてデザインされたマネジメント・システムも，それ自体が技術的一貫性・体系性を持っていた。「現地適応」というのは，いったい何を意味するのか。精密に設計され，計画されているシステムを，見識もなく「現地適応」していけば，生産性は著しく毀損されるだろう。「インターナショナル」モデルでは，オペレーティング・システムの裁量的「現地適応」「場当たり的変更」を許さない。

そこに，現地適応のジレンマが存在する（安保編 1988, 1994；安保・板垣・上山・河村・公文 1991；苑 2006）。

「インターナショナル」モデルほど厳格ではないにせよ，多くの企業がマネジメント・システムの恒常性維持（ホメオスタシス）には多大の努力を払っている。現地適応は，マーケティングと人事管理に限られる傾向がある。これは，マーケティング機能が地場の人々と密着していること，人事管理はその国や地方政府の定める法律や労働慣行によって規定されるからである。また，この2つの領域では，社会学系・文化人類学系の研究者が多く活躍している。彼らは，国際マーケティングや国際人事・労務管理の分野を中心に，「ローカリゼーション」を主張する。これらの主張は，もっともではあっても，モダン・マネジメントとは相容れない。モダン・マネジメント論者は「普遍性」と「グローバリゼーション」を主張し，社会学・文化人類学系の論者は「文化の特殊性」と「ローカリゼーション」を擁護する。

しかし，この2項対立は，モダニズムにおける「普遍」と「特殊」論争の焼き直しの面がある（馬場 2007）。一部の論者は，両者の折衷案，「グローカル」（グローバルであり，かつローカルであるようなソリューション）概念を提示し，2項対立を調和しようとする。しかし，その「調和」の中身が一向に釈然としない（伊丹 2004）。「グローカル」は，プレモダンとモダンの折衷論にすぎず，出口の見えない歯切れの悪い議論である。モダン・マネジメントのパラダイムに立つ限り，ローカル（特殊文化的）とグローバル（世界普遍的）は，水と油で，融和しない。2項対立を超えた，新しいパラダイムでなければ，この論理の桎梏を越えられない。われわれは，マネジメントにおける「ポストモダン」を探索しなければならない。

5　ポストモダンとマネジメントの革新

マネジメント研究における「ポストモダン」を説明するために，しばらくの間，アーキテクチャ（建築学）の比喩を使いたい。

19世紀までは，建築は，規格化されたサイズのレンガや石材を積み上げる

工法で作られた。レンガや石材が普遍的に同じような大きさだったのは，偶然ではない。人間が片手で持ち上げたり，運んだりしやすいハンドリングの条件によっていた。レンガや石材が標準サイズであったため，工法も作業も規格化された。レンガの積み上げでは，建築様式が限られていた。建物の開口部はアーチ型，屋根の部分はドーム型にならざるを得なかった。これが，アーキテクチャ（アーチ型）の語源であることは論を待たない。

　建物の大きさと形状が決まれば，建築に必要なレンガの数も，レンガ積職人の数も，完成までの日数も概算が可能だった。概算が可能ということは，計画が立つということである。テーラーの最初の研究対象が「レンガ積職人」であったことは，モダン・マネジメントの特質を象徴している。つまり，テーラーの「標準作業」は，レンガや石材と同様であり，それを積み上げたものが仕事の体系，すなわち「機能的組織」になる。レンガの形状や重さが不均質であったなら，近代的な建築は極端に難しくなり，計画化が困難になる。つまり，マネジメントという行為が成立しない。

　日本の数寄屋造りは芸術的ではあっても普遍的でない。それは標準サイズのレンガを積み上げる工法とはまったく異質な，「ブリコラージュ」の方法をとるからである。つまり，身近にある地場の素材を上手に活かして，周辺の生態環境に適合した建物を作る。茶室のように，基本的なデザインは共通でも，素材のバラツキで多様な形態が生まれる。それぞれが個性的な芸術作品になる。建物が年数を経て廃棄される時，建材は生物分解されて自然に還元される。これは今日的な意味で「持続可能」な建築と言えるだろう（隅 2008）。

　しかし，数寄屋形式は標準化されたレンガ工法でないため，建築のプロセスを標準化し，計画し，管理することが難しい。すべてが匠の技，職人の勘と経験にゆだねられてしまう。日本人が標準化に基づく普遍的なマネジメント・システムの構築が苦手な理由は，レンガ積み工法の経験を持たず，「ブリコラージュ」的工法を発達させたからであろう。

　ところが，20世紀になると，建築の世界に大革命が起こった。それが，コ

ンクリートの出現である。レンガを積み上げるという制約から解放された建築は，ル・コルヴィジエに代表されるモダン建築を生み出す。コンクリートにより，どこまでも平坦な壁とかアーチ型でない直線的な開口部の設計が可能になった。ガラスや鉄骨と組み合わせれば，重く閉鎖的だったレンガ積みの壁を取り除き，開かれた透明な空間を作ることが可能になった。コンクリートは建築上のあらゆる制約を開放するはずであった（安藤 2008）。しかし，モダン建築はデザインの自由度を高める方向には向かわなかった。

　コンクリートは，究極の素材である。コンクリートに砂と砂利を加え，水を注いで攪拌すれば，どろどろの液状になる。どろどろのコンクリートは，流動的なるがゆえに，どんな形にでも整形できる普遍性がある。アメリカ人が捏ねても，インド人が捏ねても，コンクリートはコンクリートである。しかも，瞬時に硬化（不可逆性）して，強靭な塊に変化する。これほど便利・簡単で，普遍性を備えた素材は他にはなかった。この特性を活かす最初の試みが，ル・コルヴィジエ等の設計した「箱型」のコンクリート住宅であった。しかし，それは直線と平面からなる立方体であった。

　原理的にはコンクリート建築はどんな造形でも造ることができる。とくに曲面や凹凸を表すことはレンガよりも優れている。ベニア板を切り，曲げたり繋げたりして形を整え，一定の型枠を作る。型枠の中に鉄筋を入れれば，準備はできあがり。後は，空洞や偏りが出ないよう，注意深く棒で突いて生コンを流し込む。コンクリートはすぐに硬直して形を作る。コンクリートが固まったら型枠を取り除く。すると，灰色の造形が出現する。豪華に見せるためには，薄く切った大理石の化粧版を貼る。費用が不足する時はペンキを塗る。それ以上に，節約する場合は，コンクリートの打ちっぱなしで済ます。

　コンクリート建築の驚くべき点は，ベニア板を加工して型枠を作る程度の技能なら，何処の国の大工にもできることである。型枠の出来栄えが良ければ，イスラム寺院であろうと，仏教寺院であろうと，キリスト教会であろうと，建ってしまう。ピロティーで空中に浮かせることも，地中に埋めてしまうことも，コンクリート建築なら容易である。

コンクリート，砂，砂利，鉄筋の類は，どこにでもある。ベニア板も普遍的に存在する。型枠を作る技能程度ならどの途上国にもある。見栄えを良くするには，高価な化粧版を貼ればよい。いたって簡単なことである。コンクリート建築ほど，普遍的でありながら，文化特殊的なスタイル表現が可能なものはない。モダン建築がコンクリートの可能性を追求せず平面と幾何学的直線美に固執したことが，今になると不思議な気がする。コンクリートほど異文化適応が容易な素材はないから，ディズニーランドのお伽の城なぞ簡単に作れる。

6　素材としてのナレッジと型枠としての固有文化

　21世紀の知識経済では，製品やサービス，ソフトウエアなどの原料（素材）に占める物質の比率は低下傾向にある。それに反して，投入されるナレッジ（知識）は，質・量ともに，増加傾向にある。その典型がプロフェッショナル・サービスである。コンサルティングに見るように，商品として知識を提供するが，インプットも，スループットもナレッジで構成されている。しかも，ナレッジは基本的に公共財としての普遍性を備えている。ナレッジはなんにでもトランスフォーム（変形）する「どろどろした」素材である。建築の比喩を用いれば，ナレッジはコンクリートのような素材といえる。ただし，ナレッジがコンクリートと異なるのは，簡単には固まらないことである。固めるためには「凝固剤」を加えて「制度化」しなければならない。ルーチン化，規範化，教条化など，知識を「固める」方法はあるが，「硬直化」するとコンクリート同様，廃棄に大きなコストが必要になる。

　型枠がしっかり作られていれば，ナレッジを注ぎ込んだ構築物は何にでもトランスフォームする。ナレッジは世界普遍性を表わし，型枠は固有文化を表わしている。ナレッジという「どろどろした」素材に形を与えるためには，固有のデザインを施した「型枠」が必要だ。その型枠は，デザイナーが設計する。そのデザイナーが何をイメージするかが，型枠のかたちを決める。そのデザイナーのオリジナリティーの源泉は，彼が属する固有文化であり，そ

の文化伝統である。デザイナーのオリジナリティーは，彼が所属する文化の巨大なデーターベースのなかに格納されている。知識経済が進むに従い，ナレッジは急速に普遍化する。インターネットの発達は，ナレッジ・マネジメントを容易にし，いつでも，必要なときに，必要なだけ，低料金で標準的なナレッジを提供する。

では，そのナレッジを利用して，誰がそれに「かたち」を与え，商品にするのか。その働きは，デザイナーの仕事である。デザイナーの競争優位はオリジナリティーである。そのオリジナリティーの源泉はどこにあるのか。地中海人にはギリシア・ローマの遺産がある。エジプト人には古代エジプト文明がある。中国人には中華文化があり，インド人にはインダス文明がある。日本人には独特の文化的感性がある。過去の文化遺産のデーターベースから，新しいデザインの核を発見するのである。

つまり，フラット化する世界の競争は，ますます平準化・コモディティー化へ流されていく。この中で，際立った個性を表現するのが，「デザインの力」である。その「デザインの力」は，デザイナーの才能に依存するが，そのアイデアのオリジンの多くが，自己の所属する文化に由来する。20世紀は，モダン・マネジメントの時代だった。21世紀のグローバル競争時代では，デザイン・マネジメントが切り札になる。デザイン・マネジメントが，「普遍」対「特殊」，「グローバル」対「ローカル」といった2項対立を止揚する鍵を握る。21世紀の異文化経営は，①「ローカル」な文脈を活かした「型枠作り」（コンセプト作り），②型枠の中に上手に知識（普遍性）を流し込む「ナレッジ・マネジメント」，③流動的な知識を「凝固」させるための「ルール・標準・規範作り」（制度設計），の3つの段階的プロセスを統合する機能として立ち現われてくるだろう。

参考文献
安藤忠雄（2008）『建築家　安藤忠雄』新潮社。
安保哲夫編（1988）『日本企業のアメリカ現地生産』東洋経済新報社。

安保哲夫・板垣博・上山邦雄・河村哲二・公文溥（1991）『アメリカに生きる日本的生産システム』東洋経済新報社．
安保哲夫編（1994）『日本的経営・生産システムとアメリカ―システムの国際移転とハイブリッド化』ミネルヴァ書房．
Bartlett, C. A. and S. Ghoshal (1989) *Managing Across Borders*, Harvard Business School（吉原英樹監訳『地球市場時代の企業戦略』日本経済新聞社，1990年）．
Bartlett, C. A. and S. Ghoshal (1995) *Transnational Management*, Times Mirror Higher Education Group.
馬場一（2007）「グローバル・マーケティングの革新」諸上茂登・藤沢武史・嶋正編著『グローバル・ビジネス戦略の革新』同文舘出版．
苑志佳編（2006）『中東欧の日系ハイブリット工場』東洋経済新報社．
Friedman, T. L. (2008) *Hot, Flat, and Crowded:Why We Need a Green Revolution*, International Creative Management, Inc.（伏見威蕃訳『グリーン革命』日本経済新聞社，2009年）．
船川淳志編・訳（1998）『多文化時代のグローバル経営』ピアソン・エデュケーション．
後藤武・佐々木正人・深澤直人（2004）『デザインの生態学』東京書籍．
原研哉（2003）『デザインのデザイン』岩波書店．
板垣博編（1977）『日本的経営・生産システムと東アジア』ミネルヴァ書房．
伊丹敬之（2004）『経営と国境』白桃書房．
Jones, G. (2005) *Multinationals and Global Capitalism:From the Nineteenth to the Twenty First Century*, Oxford University Press（安室憲一・梅野巨利訳『国際経営講義』有斐閣，2007年）．
梶浦雅己編（2007）『国際ビジネスと技術標準』文眞堂．
楠木建（2006）「次元の見えない差別化―脱コモディティー化の戦略を考える」『一橋ビジネスレビュー』第53巻第4号，6-24頁．
隈研吾（2004）『負ける建築』岩波書店．
隅研吾（2008）『自然な建築』岩波新書．
紺野登（2008）『知識デザイン企業』日本経済新聞社．
馬越恵美子（2000）『異文化経営論の展開』学文社．
Merrill, H. F. (1960) *Classics in Management*, American Management Association, Inc.（上野一郎監訳『経営思想変遷史』産業能率短大出版部，1968年）．
中根千枝（1971）『適応の条件』講談社現代新書．
太田正孝（2008）『多国籍企業と異文化マネジメント』同文舘出版．
新宅純二郎・立本博文・善本哲夫・富田純一・朴英元（2008）「製品アーキテク

チャから見る技術伝播と国際分業」『一橋ビジネスレビュー』第56巻第2号，42-61頁。

竹田志郎・内田康郎・梶浦雅己（2001）『国際標準と戦略提携』中央経済社。

Taylor, W. F. (1931) *Scientific Management*, Greenwood Pub.Group（上野陽一訳『科学的管理法』産業能率短大出版部，1969年）.

安室憲一（2003）『中国企業の競争力』日本経済新聞社。

安室憲一（2009）「多国籍企業の新しい理論を求めて」『多国籍企業研究』No.2，3-20頁。

Wilkins, M. and H. Schröter (1998) *The Free-Standing Company in the World Economy, 1830-1996*, Oxford University Press.

実践編

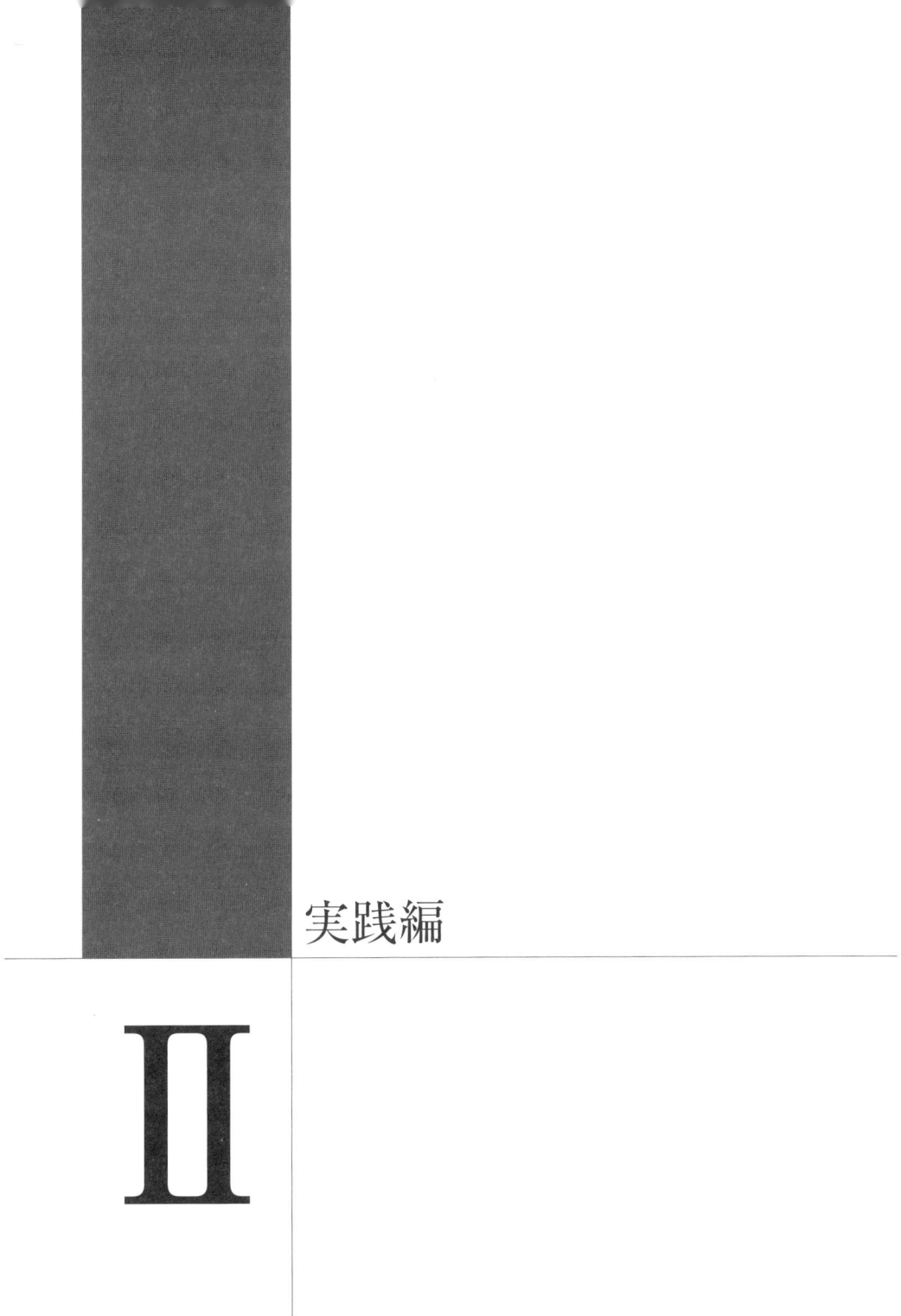

II

第9章

ダイバーシティ・マネジメントの特質
——イトーヨーカ堂と第一生命保険相互会社——

1　はじめに

　欧米諸国に遅れること約20年，日本国内においてもダイバーシティ・マネジメントが非常に注目されるようになった。

　しかし，日本のダイバーシティ・マネジメント論を振り返ると，多様な人材を活かそうとする点では共通のメッセージが見られるが，そこから先の話になると論者によってあまりにも強調点やアピールポイントが異なっているために戸惑いを隠せない読者も多いのではなかろうか。雇用形態の多様化を提唱したり（日経連ダイバーシティ・ワーク・ルール研究会 2001, 2002），ワークライフバランスや企業の社会的責任との関連性に着目したり（小室 2007，荒金・小崎・西村 2007），組織パフォーマンス向上こそがダイバーシティ・マネジメントの目的であると主張したり（谷口 2005），個を活かすことを日本型ダイバーシティ戦略と提唱したり（マーサージャパン 2008），と実に様々である。[1]

　筆者は「機会均等」と「企業の成功」をともに実現しようとする点，そのためには個人を変えることよりも組織自体の変革を重視すべきであると説いている点にダイバーシティ・マネジメントの最大の特質があると思っているが，残念ながら日本国内においては，あまりこの点について強調されることはなかったし，あったとしても形式的に言及されているにすぎない。

そこで以下では，ダイバーシティ・マネジメントの創始者とも言えるトマス（Thomas, Jr., R. R. 1991）の *Beyond Race and Gender* に立ち戻り，なぜ彼が個人よりも組織自体の変革を重視したのかという点を確認することから始めたい。次に「機会均等」と「企業の成功」の双方の実現，そのためには個人を変えることよりも組織自体の変革を重視すべきであると説いている点にダイバーシティ・マネジメントの最大の特質があることを再確認するとともに，これらが日本国内では見失われがちであることを指摘する。最後に個人よりも組織自体の変革を重視して多様な人材を活かす株式会社イトーヨーカ堂と第一生命保険相互会社の事例を紹介する。

2　個人よりも組織の変革を重視

トマスは1991年に *Beyond Race and Gender* というタイトルの本を出版した。この序文（pp.xiii-xv）において，彼は，ダイバーシティ・マネジメントを模索するようになったきっかけを述べているが，ここになぜ彼が個人よりも組織自体の変革を重視したのかが語り尽くされていると言っても過言ではない。

アメリカ企業社会においてダイバーシティ・マネジメントが広く注目されるようになったのは，1987年に *Workforce 2000*（Johnston and Packer 1987）が発表され，新規労働力に占める白人男性の割合が劇的に縮小することが予測されたからである。また，ますます高まりつつあったアファーマティブ・アクション政策への反発，グローバル競争の激化，違いに対する人々の意識の変化なども少なからず影響していよう。

しかし，トマス自身のきっかけは，これではなかった。社会や事業環境の変化が浮き彫りになる以前に，ある企業のマネジャーから発せられた次の質問がきっかけであった。「なぜ私たちは白人男性が黒人の従業員を管理するのに役立つ"何か"を開発していないのか」。トマス自身が黒人であることが関係していよう。この質問は，彼を困惑させた。「黒人だとなぜ特別の支援が必要になるのか」「黒人は他の人たちと同じでないのか」「なぜ他の人た

ちに上手くいくことが黒人には上手くいかないのか」。

　困惑どころか実際には「気分を害した／腹が立った」とその時の正直な気持ちを吐露しているが，それでもトマスは，上記マネジャーのリクエストに答えるべく，アメリカ企業の中の黒人の経験を扱った文献のサーベイにとりかかる。その結果，2つの発見があったと言う。1つは，黒人や女性の経験を経営的視点で扱ったものはほんのわずかで，多くは人種問題や対人関係，法律，道徳，社会的責任の視点に立っていた。トマスは，この経営的視点を多義的に用いているが，その意味が最も鮮明に表われているのは，法律や道徳，社会的責任よりも「企業の利害／利益（interests）を優先する」（p.17）ことであり，これは後に紹介するようにダイバーシティ・マネジメントの特徴の1つとなっていく。

　もう1つは，アメリカ企業の中で黒人や女性が経験したこと／経験していることを描写し，成功者となるためのアドバイスを彼ら・彼女らに提示するものがほとんどであった。これらは，黒人や女性が自らの境遇や課題を理解したうえで主流にうまく同化できること，そのサポートを主たる目的としていたのである。

　この後者の発見になぜトマスが個人よりも組織自体の変革を重視したのかがよく表われている。つまり，以前は黒人や女性をマイノリティの立場に追いやっている社会や組織の仕組み，それ自体を問うのではなく，いかにすれば黒人や女性が既存の社会や組織の仕組みの中で成功者となれるのか，その方策や秘訣探しに重きを置いていたのである。トマスは，この発想に根本的な疑問を感じたのである。

　しばらくして既述の *Workforce 2000* へと最終的につながっていく調査結果が発表されるが，これらを読んでトマスは，自身が取り組もうとしている課題は，①黒人だけでなくマイノリティ全般に適用可能である，②白人男性マネジャーだけでなく，すべてのマネジャーが自分とは異なる人材を管理しなければならない，よってすべてのマネジャーの支援を目的とする必要がある，③人種や民族，ジェンダー以外にも様々な次元で従業員は異なっており，

これら様々な違いを労働力の「多様性」の次元に含めないといけないと考えるようになる。そしてダイバーシティ・マネジメントを最終的に次のように定義する。「すべての従業員に有効に機能する環境（an environment that works for all employees）を構築するための包括的な経営的プロセス」（p.10）。

補足しておこう。まず「すべての従業員に有効に機能する環境」とは具体的には，すべての従業員が自身の潜在能力を十分に発揮することができる，あるいはそうした人材の管理がなされうる環境を指している（p.12）。潜在能力という言葉が使われているので，すべての従業員が自分でも気付かなかったような能力をどんどん発揮していくことできる，そんな魔法のような世界をついイメージされるかもしれないが，そうではない。能力発揮の機会や場がある特定の集団に有利に配分されている状況を是正することによって，すべての従業員の能力発揮を促していく，そういうエンパワーメント的な意味での潜在能力である。つまり，この場合の潜在とは，個人ではなく組織や管理者の立場から見たものと言える。

次に経営的プロセスであるが，これは管理過程学派が主張するような一連の経営管理職能行為のことではない。「企業の利害／利益を優先する」という経営的視点に立って，すべての従業員に有効に機能する環境を構築していくという意味であり，より重要なことは，こうした環境構築のプロセスとしてダイバーシティ・マネジメントが定義されていること，しかもそのプロセスには「進化的性質」があるとトマスが指摘していることである。彼はこの「進化的性質」とは何かを明確に述べていないが，ダイバーシティ・マネジメントは，それ以前の多様な人材の管理方法や発想（以下，伝統的アプローチとする）とは根本的に異なるというメッセージがこの「進化的」という形容詞に象徴されているのだろう。

実際，トマスは，伝統的アプローチと比べた場合のダイバーシティ・マネジメントの特徴を以下のように指摘していく（p.12）。

第1に個人・対人関係・組織の三次元同時アプローチ。換言すれば，伝統

的アプローチは個人と対人関係の側面にしか注目していなかったのに対して，ダイバーシティ・マネジメントは組織の次元にも着目する。この組織の次元は，ここでは多様性を「組織全体の課題」として捉えることと簡単に紹介されているが，以下で述べる組織の管理の仕方やマネジャーの職務遂行方法の見直し，制度や企業文化の修正／変革がこの組織の次元に含まれることはいうまでもない。

　第2に経営的視点。既述の通り，この経営的視点は「企業の利害／利益を優先する」という意味であるが，これをダイバーシティ・マネジメントの特徴の1つとしたのは，アメリカ企業の中の黒人の経験を扱った過去の文献では人種問題や対人関係，法律，道徳，社会的責任の視点ばかりが強調されていたからである。そして経営的視点に立って，すべての従業員に有効に機能する環境を構築していくためには，組織の管理の仕方やマネジャーの職務遂行方法を見直す必要があるとトマスは指摘している。

　ただし，注意すべきは「企業の利害／利益を優先する」とは言っても決して法律や道徳，社会的責任の視点を放棄しろとトマスが主張しているのではないことである。「経営的視点は，従業員の機会均等と企業の成功をともに推し進めることができるという以前は見落されていたアプローチに注意を促す試みである」(p.17)あるいは簡潔に「伝統的視点の拡張」(p.xv)ともトマスは述べている。

　第3にラインマネジャーの学習。これは，上述のマネジャーの職務遂行方法見直しに関連する。すなわちラインマネジャーは，仕事の遂行よりも従業員が円滑に仕事を行えること，このことにより多くの時間を費やさなければならない。ダイバーシティ・マネジメントの定義に照らし合わせると，すべての従業員が自身の能力を十分に発揮して職務を遂行することができる，そうした職場環境作りにマネジャーは尽力しなければならないとの指摘である。

　第4に多様性を幅広く捉える。トマスがこの考えを抱くに至った経緯については既に説明した。実際，彼は人種や民族，ジェンダー以外にも年齢，個人的背景，学歴，職能，個性，ライフスタイル，性的嗜好，出身地域，在職

期間，残業代支給対象か否か，管理者か否か，合併買収先の従業員か否か，など様々な違いの例をあげている。また白人男性も他の人たちと同じように多様であると注記することも忘れない（p.10）。そしてトマスは，多様性を幅広く捉えるということは，様々な違いと同時に様々な類似性に着目することであるとも述べている。

　トマスに代わって筆者が具体例を示そう。男性と女性，これは多様性を狭く捉えた例であるが，ライフスタイルや学歴，性的嗜好，婚姻状況などの違い（類似性でもある）にも着目すると，男性と女性を横断する集団が必ず存在するだろう。このように性別以外の次元にも視野を広げることによって，男女とはまた別の横断的集団を浮かび上がらせていく。これが多様性を幅広く捉えるということの真の意味であって，決して「個」などの次元が人種や民族，ジェンダーなどの次元よりも重要だとアピールすること（マーサージャパン 2008），ではない。トマスがダイバーシティ・マネジメントの成功要件の１つとして，いまだ社員が十分に多様化していない場合はアファーマティブ・アクションを継続する必要があるとあえて指摘したのも（Thomas 1990），こうした誤解を生み出してはいけないとの意図があったに違いない。

　第５に個人と組織の相互適応プロセス。伝統的アプローチの根底にあった同化の考えでは，（主流派とは）異なる人材ばかりに適応の負担が課されていたが，ダイバーシティ・マネジメントでは，組織の側の適応プロセスがより重要となる。

　第６に企業のあり方（ウェイ・オブ・ライフ）の抜本的変革であり，これには長期を要する。換言すれば，ダイバーシティ・マネジメントは，アファーマティブ・アクションのような政府から指示されたプログラムの順守／実行でもなければ，単に個人の行動を変えることでもない。その核心は「ルート・カルチャーの変革」「制度の変革とコア・カルチャーの修正」にある（p.26）。よって長期を要するのも当然と言えよう。

　なお，このルート・カルチャーやコア・カルチャーは，シャイン流に解釈した企業文化のことで，トマスはこれを組織の価値観や伝統，行動様式など

とは異なる，むしろその根元に潜む，いまだ検証されたことのない基本的仮説と捉えている (p.13)。そして紙幅の関係上，割愛せざるを得ないが，すべての従業員が自身の能力を十分に発揮することができる企業環境を構築していくために，どのようにして企業文化や制度の変革を進めていけばよいのかへと考察を進めていく。

以上で紹介した6つの特徴は，すべて組織自体の変革にかかわると言えるが，それが個人を変えることよりも重要と指摘しているのは，第1と第5，第6の特徴である。第1の個人・対人関係・組織の三次元同時アプローチ，第5の個人と組織の相互適応プロセスは，過去においては「個人と対人関係の側面にしか注目していなかった」「（主流派とは）異なる人材ばかりに適応の負担が課されていた」ことへの反発／反論でもあるので，組織自体の変革がより重視されていることは明白である。第6の特徴は，この組織自体の変革の中心が企業文化と制度の変革にあることを指摘したもので，当然その裏には個人よりも組織自体の変革が重要であるとのメッセージがともなっている。そして，こうした彼の発想が，以前は黒人や女性をマイノリティの立場に追いやっている社会や組織の仕組み，それ自体を問うことがなかったという伝統的思考パターンへの根本的疑問から生じているであろうことは，容易に推測できよう。

3　見失われがちな特質

以上を踏まえて，ダイバーシティ・マネジメントとは一体何なのかをここで整理してみたい（図表9-1参照）。

出発点は，経営的視点すなわち法律や道徳，社会的責任よりも「企業の利害／利益を優先する」ことである。この「企業の利害／利益」は，業績向上や競争力強化，イノベーションなどビジネスに直結したものを各社なりに設定すればいいだろうが，重要なことは「経営的視点は，従業員の機会均等と企業の成功をともに推し進めることができるという以前は見落されていたアプローチに注意を促す試みである」とトマスが指摘していたことである。つ

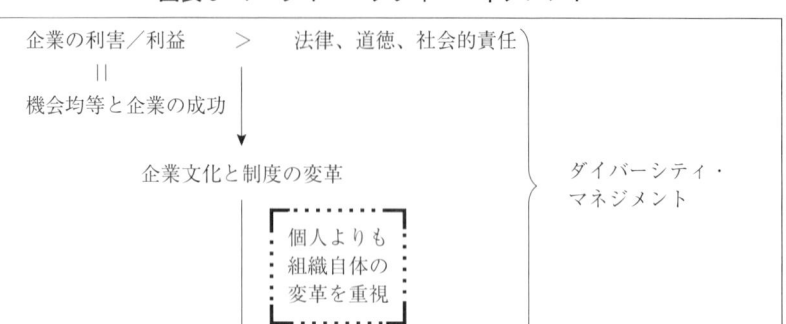

図表 9-1　ダイバーシティ・マネジメント

```
企業の利害／利益    ＞   法律、道徳、社会的責任 ⎞
     ‖                                        ⎟
機会均等と企業の成功                            ⎟
     ↓                                        ⎬  ダイバーシティ・
  企業文化と制度の変革                         ⎟    マネジメント
       ┌──────────┐                          ⎟
       │ 個人よりも │                          ⎟
       │ 組織自体の │                          ⎟
       │ 変革を重視 │                          ⎟
       └──────────┘                          ⎟
     ↓                                        ⎠
すべての従業員が自身の潜在能力を十分に発揮することができる環境
```

まり，この経営的視点には「機会均等」と「企業の成功」をともに実現するという意味が込められているのであって，決して「企業の成功」だけを意図しているわけではないのである。別な言い方をすれば，法律や道徳，社会的責任よりも「企業の利害／利益」をより強調することによって，はじめて企業の中の「機会均等」は真に実現されうるだろうとのメッセージでもある。[2] よって，図表9-1では「企業の利害／利益」と「法律，道徳，社会的責任」との間に前者の方がより重要であることを示す不等号の記号を挿入するとともに「企業の利害／利益」と「機会均等と企業の成功」との間をイコールで結んだ。

次にこの経営的視点に立って，企業文化と制度の変革に着手するが，この変革のプロセスでは，常に個人よりも組織自体の変革が重視であるとの認識を保たなければならない。なぜなら，組織自体の変革を軽視して個人ばかりに変革や適応を求めてきたこれまでのやり方（伝統的アプローチ）では，ダイバーシティ・マネジメントが最終的に目指すべき「すべての従業員が自身の潜在能力を十分に発揮することができる環境」には到達できないからであり，それはまた「機会均等と企業の成功」の双方実現が困難であることも意味している。

この一連のプロセスがダイバーシティ・マネジメントである。なお，図表

9-1では「すべての従業員が自身の潜在能力を十分に発揮することができる環境」をダイバーシティ・マネジメントの範疇に含めていないことに留意されたい。なぜなら，前節の定義に示されていたように，当該環境はダイバーシティ・マネジメントにとって決して変えることのできない所与の目標あるいは達成すべき結果であって，ここに至るまでのプロセスがダイバーシティ・マネジメントであるからである。

ところが，こうしたダイバーシティ・マネジメントの特質が往々にして見失われてしまう場合がある。特に日本のダイバーシティ・マネジメント論には，この傾向が強いように思われる。

この見失いは「企業の利害／利益」ばかりにとらわれて経営的視点の意味を履き違えてしまうことから生じる。具体的には，次のような問題設定の仕方である。「ダイバーシティ・マネジメントは法律や道徳，社会的責任を目的とするのではない。"企業の利害／利益"の拡大こそが目的である。では，この目的達成のためにどのようにして多様な人材を活かせばよいのか」。その結果，たとえば研究開発やマーケティングなどのイノベーションや創造性が求められる領域では多様な人材を活かすことを提言するが，そうでない領域に関しては考察の対象から完全に捨象してしまう，場合によってはあえて多様な人材は活さない方がいいとまで主張するような極めて安直な議論や答えが導き出されてしまうことがある。これは，決してダイバーシティ・マネジメントが目指すべき「すべての従業員が自身の潜在能力を十分に発揮することができる環境」とは言えない。組織自体を変えることなく組織の勝手な論理（「企業の成功」）のために多様な人材の使い分けを行っているに等しい。

経営的視点の意味を履き違えた場合に陥りやすい思考パターンの典型を図表9-2に示した。ここでは「企業の利害／利益」にあまりにも固執しすぎて，本来それが優先対象とするはずであった「法律，道徳，社会的責任」が知らず知らずのうちに「すべての従業員が自身の潜在能力を十分に発揮することができる環境」へと置き換わってしまっている。その結果，「企業の成功」のことだけしか頭にない状態になっている。

図表9-2　経営的視点の意味を履き違えた場合に陥りやすい思考パターン

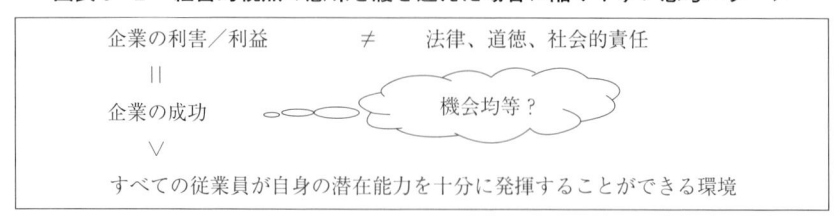

```
企業の利害／利益        ≠    法律、道徳、社会的責任
   ‖
企業の成功  ―――――（  機会均等？  ）
   ∨
すべての従業員が自身の潜在能力を十分に発揮することができる環境
```

　もちろん今の時代，良識のある人なら誰一人として「企業の成功」のためなら「機会均等」がなおざりになってもいいとは言わないだろう。それでも心の奥底では「機会均等が大事なのはわかるけれどもビジネスの世界は…」と思っている。図表9-2において「機会均等」にクエスチョン・マークをつけたのは，こうした心理状態を表わすためである。この伝統的発想を脱却して「機会均等」と「企業の成功」をともに実現するという視点に立たなければ，ダイバーシティ・マネジメントではない。

　法令順守や企業の社会的責任の必要性が強く叫ばれるようになった昨今では，へたな学者やコンサルタントよりも企業の方がこのバランス感覚を保とうとする意志は余程しっかりしているかもしれない。しかし，仮にそうだとしても次に問題となるのは，個人よりも組織自体を変えることの重要性を十分に認識していない場合である。特に日本企業においては，この傾向がいまだ強いと思われる。

　誰でも入手可能なデータを示そう。図表9-3は，21世紀職業財団が2005年に「女性管理職の育成と登用に関する調査」と題して行った調査結果の一部である。対象は東京・大阪・名古屋証券取引所の上場企業を中心とした409社（回答ベース）で，これらの企業は，今後重視する[3]人事戦略として第1位に「評価における公平性・納得性の確立」（85.3%），第2位に「多様な人材の確保」（32.3%），第3位に「業績評価の拡大」（72.2%），第4位に「女性社員の活用及び登用」（68.8%）をあげていた。したがって女性を中心に多様な人材を活かそうとする意志はあるとみてよかろう。

　ところが現状をみると，女性の管理者がまったくいない企業が「係長・主

任相当職」で19.1％，「課長相当職」で45.5％，「部長相当職」で79.0％に達した。5年後の女性管理職比率に関しても「変らない」「やや減少」「減少」と回答する企業が全体の約4割であった。図表9-3は，この約4割の企業になぜ5年後も女性の管理職比率が増加しないのか，その理由を尋ねた結果である。

　これが示す通り，女性社員は「職務経験」「勤続年数」「ラインの経験」「判断力・企画力・折衝力等」「部下の育成・指導力」が不足しているからとする理由が多い一方で，「経営層の旗振りの欠如」「男性管理職が女性を対等に取り扱わないため」「評価が女性より男性に有利に働くため」などをあげる企業は非常に少ない。

　一見すると合理的で正当性があるようにも思える調査結果であるが，ダイバーシティ・マネジメントの発想からすると，これらは伝統的アプローチと同様に（異なる）個人に変革や適応ばかりを求めた結果にすぎない。個人よりも組織自体の変革を重視しているのならば，次のような疑問を抱かないといけない。「そもそもなぜ女性社員の勤続年数や職務経験は不足しているのか」。離職がこの原因だとすれば「女性社員は我が社の何に不満を感じて辞めていくのか」「実は同じような不満を男性社員も感じているのではないか」「そもそも本当に勤続年数や職務経験が十分でないと管理職は務まらないのか」「ラインの経験が不足しているのは，スタッフ職ばかりを女性社員に与えてきたからではないのか」「女性社員の部下育成力や指導力が不足しているように思えるのは，社員のほとんどが男性であるからではないのか」「逆に男性社員は，女性の部下を育成・指導する力が十分にあるのか」など。

　こうしたそもそもの疑問を社内で提起して組織の変革を進めていくためには，トップのリーダーシップやコミットメントが絶対に不可欠である。よって「女性社員の活用／登用のためには，組織のあり方を根底から見直す必要性があることを本当に理解しているのか」「反発があっても断固として組織の変革を推進していく覚悟はあるのか」「その覚悟を社員全員に理解してもらうためには具体的に何をすればいいのか」「機会均等と自社の成功をとも

186　第Ⅱ部　実践編

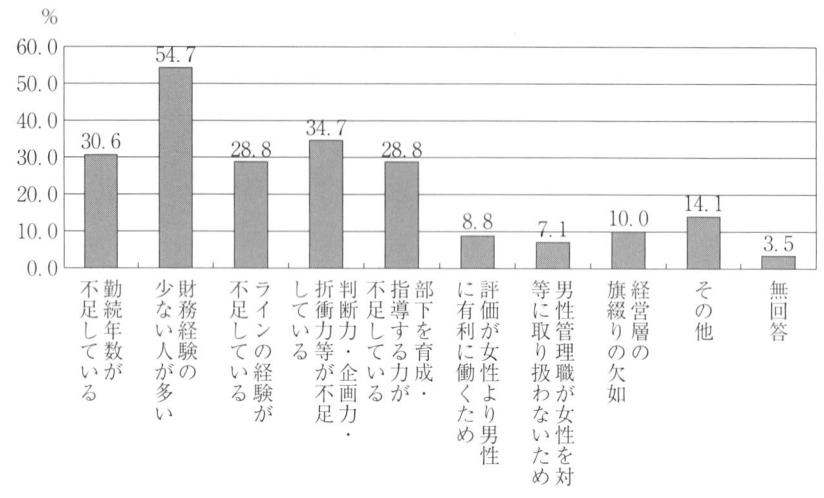

図表 9-3　女性管理職比率が増加しない理由

項目	%
勤続年数が不足している	30.6
財務経験の少ない人が多い	54.7
ラインの経験が不足している	28.8
判断力・企画力・折衝力等が不足している	34.7
部下を育成・指導する力が不足している	28.8
評価が女性より男性に有利に働くため	8.8
男性管理職が女性を対等に取り扱わないため	7.1
経営層の旗振りの欠如	10.0
その他	14.1
無回答	3.5

出所：21世紀職業財団のインターネットウェブサイト (http://www.kintou.jp/chosa/1703.html) より。

に実現するという強い意志があるのか、どこかで"機会均等なんて"と冷めた態度を持っていないか」などとトップ自身が自らに問いかけることも必要である。

4　事例

では、最後に個人よりも組織自体の変革を重視して多様な人材を活かす株式会社イトーヨーカ堂と第一生命相互保険会社の事例を紹介しよう。なお、ここでは多様な人材の中でも女性の活用に関する両社の取り組みについて紹介する。

4-1　株式会社イトーヨーカ堂[4]

(1) 社員群制度とリ・チャレンジプラン

株式会社イトーヨーカ堂（以下、イトーヨーカ堂とする）は、早くから女性の働きやすい職場作りを進めてきた。たとえば、1970年代には早くも女性社員を対象に勤務地を特定地域に限定する「地域限定勤務制度」を導入した。

これは60年代以降，店舗数の拡大が相次ぐ中，採用した女性社員の中に転勤を望まない人が多くなってきたことに対応したものであった。さらに男女雇用機会均等法が施行された1986年には，この考えを全社員に適用して「社員群制度」を確立，海外も含む全国転勤可能な「ナショナル社員群」，特定のエリアに勤務地を限定する「エリア社員群」，特定の事業所や店舗を勤務先とする「ストア社員群」の3つの群に全社員を振り分けた。もちろんこの振り分けは，会社側の強制ではなく，各社員が自らの価値観やライフスタイルに応じて自己選択するもので，群転換も可能となっている。[5] これにより，離職率が大幅に減少したと言う。

また1991年には，仕事と家庭の両立支援を目的とする「リ・チャレンジプラン」を制定した。この「リ・チャレンジプラン」には，育児や介護で長期間休職した社員の職場復帰を支援する「休職プラン」，勤務時間を1日最大4時間まで短縮できる「短時間勤務プラン」，退職者を優先的に雇用する「再雇用プラン」の3本柱があり，なかでも「休職プラン」においては，法定基準を上回る育児休業や介護休業が用意されている。たとえば，育児休業の場合最長2年，保育園に入れないなどの特別の事情がある場合には最長3年まで取得可能である。介護休業は最大で1年（365日）を分割で取得することができる。年5日間の子の看護休暇もイトーヨーカ堂では有給である。こうした取り組みが評価され，2007年4月には次世代育成支援対策基本法に基づく「次世代認定マーク」の使用が厚生労働大臣により認められた。[6]

「社員群制度」も「リ・チャレンジプラン」も女性が働きやすい職場作りを目的の1つとしていたが（もう1つの目的は"男性も働きやすい職場作り"），個人よりも組織自体の変革を重視して女性の活躍推進に取り組んだ例がよく表われているのは，以下で紹介する職域の拡大と2001年から始まった事業構造改革である。

(2) 職域の拡大

1980年代に入ってからイトーヨーカ堂は，女性の職域拡大に乗り出す。これは1986年の男女雇用機会均等法施行に合わせた動きの側面ももちろんある

が，一方で採用した大卒女性の中に「いずれは商品部門のバイヤーになりたい」「店の食品売り場に入りたい」といった希望を持つ人が多くなってきたことも関係していた。ところがイトーヨーカ堂では，食品売り場は「きつい」「危ない」といったイメージがあったことから，これまで大卒の女性を店の食品売り場に配置したことはなかったのである。そこで人事部は，人事部所属の若い女性に1カ月間，店の食品売り場で働いてもらうことにした。

今，醤油といえばペットボトル詰めが普通であろうが，当時はまだ一升瓶に入ったタイプが主流であった。したがって，こうした重い商品群を台車に乗せて女性が在庫置き場から店の売り場まで運び出すことは「難しい」「危険」と考えられ，それが女性の配置を妨げていたのである。しかし，その彼女は，男性なら大きな台車で一度に運ぶところを小さな台車で小分けして運ぶことにより，難なく商品の配列や補充業務を遂行することができた。また魚を刺身にする調理場は室温が低く，30分その場に居るだけでも体が非常に冷える。そのため女性を配置したことはこれまでなかったが，彼女は暖かい肌着を自ら用意して着用することにより，この業務も難なく遂行することができた。

彼女は，こうした実体験をもとに「知恵を働かせて創造的に仕事をすれば，女性でも十分に仕事ができる」という旨のレポートを人事部に提出した。そして，このレポートがきっかけとなって「この仕事は女性には無理だろう」といった組織の側の勝手な思い込みに変革が生じたのである。その結果，86年の男女雇用機会均等法施行時には，女性が担当できない職場などないと考えるのがごくあたり前の状態にまでイトーヨーカ堂は到達していたと言う。実際，かつては男性ばかりであった食品や鮮魚部門の責任者として活躍している女性社員は今では多いとのことである。

(3) **事業構造改革**

個人消費の低迷が続く厳しい経営環境の中，イトーヨーカ堂は2001年事業構造改革に着手する。その第一段として①店長以下の管理職全員が30代以下の店を作ること，②店長はじめ管理職全員が女性の店を作ること，③食品部

門の鮮魚売り場と惣菜売り場をパートタイマーだけで運営する店を10店舗作ること，という3つの指示がトップ・ダウンで下される。

　現場レベルでは不安がよぎった。確かに創業時は若い店長もいたが，今は規模も大きくなり，店によっては年商100億円以上，従業員数も400人から500人に達しているところがある。したがって，それなりのキャリアがないと店長は務まらないと考えるのが常態化していた。もう10年以上も前から「女性の店長を育てるように」とトップから言われてきたが，実際には極めてハードな店長職に女性が務まるだろうかとの不安があって，実現できないままであった。パートタイマーに関しても，実際には食品部門の就業者の7割から8割を占めていたが，運営責任までパートタイマーに任せるのは無理だと思い込んでいた。しかし，トップからの指示である以上，実行に移すしかない。

　その結果，管理者全員が30代以下の店は，若い店長の斬新な発想を活かして店を運営し，活性化させた。未経験な部分も確かにあったとのことであるが，この点に関しては，本部スタッフが応援体制を組んでフォローすれば特に問題はなかった。店長をはじめ管理職全員を女性にした店でも，時間帯によって客層が異なることに合わせて，売り場のディスプレーをこまめに変更するなど様々な工夫を行った。その結果，売上が10％以上も伸びたと言う。

　食品部門をパートタイマーだけで運営するようになったある駅前の店では，お客様に出来るだけ暖かい物を食べてもらおうと，以前は夜7時頃に終了していた惣菜の揚げ物作業を夜8時や夜8時半になっても続けるようにした。その結果，惣菜の売上が伸びた。

　この成功を受けてトップは，立て続けに管理者全員が30代以下の店を4店舗，女性が店長を務める店を2店舗作るようにとの指示を打ち出す。その結果「このトップの本気を感じ取って，今では女性も若手も資質さえあれば登用していくという考えが定着している」と言う。

　これが制度となって表われたのが2002年の管理職立候補制度である。これは，役員を除くすべての管理職にパートタイマーを含めて誰もが立候補でき

図表 9-4　女性管理職比率

	01年	02年	03年	04年	05年	06年	07年
女性管理職比率（％）	14.9	15.2	15.7	15.0	16.2	16.2	16.2

出所：同社のインターネットウェブサイト情報（http://www.itoyokado.co.jp/company/profile/csr/iycsr/csr04.html）をもとに著者が作成。

る制度である。初年度には1,027名の応募があり，人事部による厳正な審査のもと約10％が管理者に登用されたという。元取締役の水越氏は，当該制度について次のように語る。「社員一人ひとりがこれまでの成功体験を本当に否定して仕事の仕方を変えないといけない。そのためにも意欲と能力のある社員が縦横無尽に活躍できる風土をなんとしても作り上げる」「このポジションは，何年間これこれしかじかの仕事をやってこなければ無理だよね，といった考えは硬直を生み出すだけで，今はその考え方はなくなった。年齢，性別，雇用形態にかかわらず，意欲と能力のあるすべての社員に管理職の道が開かれたのである」。

　もちろん，イトーヨーカ堂にもまだまだ改善すべき点はあると思われる。たとえば，同社は2003年よりCSR指標を設定し，その一環として「男女の差別がない職場環境の維持」を年度の目標・方針として掲げ続けている。しかし，この具体的指標でもある女性管理職比率に関しては，2005年の16.2％から伸び悩んでいる（図表9-4参照）。パートタイマーも含めれば社員の多くが女性である同社にとっては，このレベルで満足していてはいけないだろう。しかし，それでもここで紹介した「職域の拡大」と「事業構造改革」は，個人よりも組織自体の変革を重視して多様な人材を活かすというダイバーシティ・マネジメントの特質がよく表われており，この動きを継続することが同社には必要であろう。

　次は，第一生命保険相互会社の事例である。同社の場合，男女雇用機会均等法成立後の女性に対する雇用差別の隠れ蓑になっているとも言われるコース別管理の代表，すなわち総合職と一般職の区分にメスを入れようとしている点に最大の特徴がある。もちろん，そのためには個人よりも組織自体の変

第9章　ダイバーシティ・マネジメントの特質　191

図表 9-5　ダイバーシティ・マネジメントの骨子

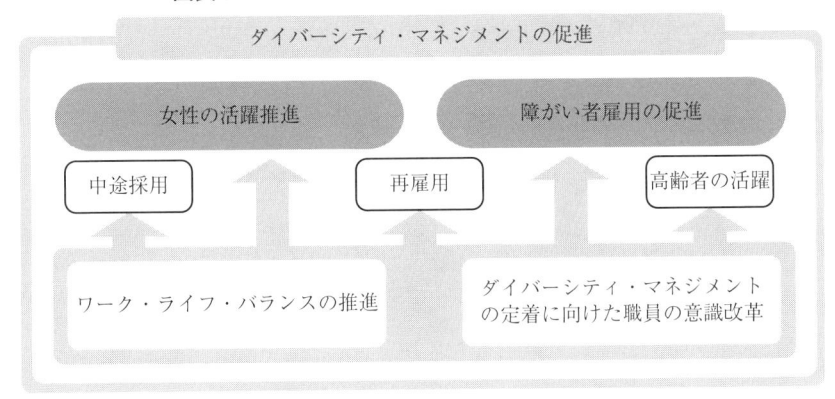

ダイバーシティ・マネジメントの促進

- 女性の活躍推進
- 障がい者雇用の促進
- 中途採用
- 再雇用
- 高齢者の活躍
- ワーク・ライフ・バランスの推進
- ダイバーシティ・マネジメントの定着に向けた職員の意識改革

出所：同社のインターネットウェブサイト（http://www.dai-ichi-life.co.jp/company/csr/diversity/policy/index.html）より。

革が重要になることはいうまでもない。

4-2　第一生命保険相互会社[7]

(1)　ダイバーシティ・マネジメントの促進

　第一生命保険相互会社（以下，第一生命とする）は2008年4月，人事部内にある「イコールパートナーシップ推進室」を，ダイバーシティ推進室と改称し全社を挙げてダイバーシティ・マネジメントに邁進している。同社のダイバーシティ・マネジメントを1文で表わすと「多様な人財が個性と能力を発揮できる会社」を作り上げていくこととなる。

　図表9-5にこの骨子を示した。これが示す通り，第一生命は「多様な人財」の中でも「女性の活躍推進」と「障がい者雇用の促進」にターゲットを絞っている。「中途採用」や「再雇用」「高齢者の活躍」は，新規学卒採用以外にも力を入れることによって，より多くの女性や障がい者に雇用の場や活躍の機会を提供していくことを意味している。また図表9-には掲載されていないが，2006年8月に特例子会社の「第一生命チャレンジド株式会社」を設立し，障がい者の雇用拡大にも乗り出した。そして，この「女性」と「障がい者」をターゲットにしたダイバーシティ・マネジメント施策の現在の2本

柱が「ワーク・ライフ・バランスの推進」と「職員の意識改革」である。以下では前者の「女性の活躍推進」，その中でも同社が最も力を入れている一般職の女性の活躍推進について紹介していく。

(2) **一般職の女性の管理職登用**

業種特性もあり，第一生命にはもともと女性職員が非常に多い。2009年4月1日時点で5万5,647人の職員がいるが，うち89％は女性である。しかもそのうちの約9割は，全国各地にある支社・支部からお客様のもとへとセールスやアフターサービス等に出かける営業職員である。それもあって女性の活躍推進に力を入れている側面ももちろんあるが，それ以上に重点を置いているのは内勤職員，その中でも一般職の女性の活躍推進である。

現在，約1万人の内勤職員のうち約6割は女性である。この内勤職は一般職と総合職に分れるが，一般職の大半は女性であるのに対して，総合職の約8割は男性である。そのため同社は，早くから一般職の女性の活躍推進に取り組んできた。これが現在のダイバーシティ・マネジメントの源流である。

まず1990年に「副長」という職位を創設し，一般職の女性を役職に登用した。この「副長」は，現在では「アシスタントマネジャー」と呼ばれているが，いわゆる係長に該当する。しかし，一般職の女性をいきなり係長に任命するのも実際には難しい側面があるので2年後の1992年には，1つ下のリーダークラスとして「業務主任」という職位も創設した。そして1997年にはいわゆる課長に該当する「管理職」が，2008年には部長に該当する「経営管理職」までもが一般職の女性の中から誕生した。

なお「業務主任」は，現在でも一般職の職員のみが就く職位であるが，そ

図表9-6　女性管理者比率（2009年4月1日時点）

	部長クラス	課長クラス	アシスタントマネジャー
女性職員数	5名	154名	570名
女性比率	1.2%	6.2%	32.8%

出所：会社資料より。

れ以上の「アシスタント・マネジャー」や「管理職」「経営管理職」は，一般職も総合職もまったく同じである。

　図表9－6は2009年4月時点の女性の管理者比率を示している。部長クラスで1.2％，課長クラスで6.2％，アシスタント・マネジャーで32.8％であり，各クラスの女性管理者人数の中には，もちろん一般職の女性も含まれている。なお，最新の政府統計によれば，常用労働者100人以上の民間企業における女性の管理者比率は部長クラスで4.1％，課長クラスで6.6％，係長クラスで12.7％である（2008年時点）。[8] したがって部長クラスでは全国平均にまだ追いついていないが，課長クラスではほぼ同じ，係長クラスでは全国平均を大幅に上回っていることが分かる。

　部長クラスの女性管理者比率が全国平均を下回るのは，早くから一般職の女性の管理職登用を進めてきたとはいえ，総合職の主力は男性であったことに主な原因があると思われる。既述のとおり，今でも総合職の約8割は男性である。しかし，これにも最近は変化が出始めている。直近3年間の総合職採用に占める女性の割合を見ると，2006年度は18.0％，2007年度は24.8％，2008年度は34.7％である。さらに以下で紹介していくように，近年同社は女性管理者養成のためのプログラムを急ピッチで整備・拡張してきた。また一般職と総合職の区分を完全に廃止するというドラスティックな改革も決断した。よって部長クラスの女性管理者比率も確実に上昇していくと思われる。

　図表9－7は，現在の女性管理者養成プログラムの体系である。一番上に「ポジティブアクションプログラム」とあるが，これはその下にある5つのプログラムが女性の管理者養成を目的としていることを総称する言葉であって，これ自体が1つの独立したプログラムではない。なお，図表には載っていないが，通常の管理者養成プログラムももちろんあり，双方の間の連携が維持されるようにデザインされている。

　まず入社4年目以降の一般職の女性を選抜して行う「リーダーチャレンジ研修」がある。これは，キャリアを踏まえた自らの能力の棚卸し（再確認）と今後求められるスキルの開発，多様な職務の理解とチャレンジ意欲の拡大

を目的としている。次に若手の業務主任を選抜して行う「ステップアップ研修」があり，チーム・マネジメントに必要なリーダーシップ力や各種ビジネススキル，課題創造や課題解決力の向上などを目的としている。

「キャリアアップ推進者研修」は，所属長の推薦を受けたアシスタント・マネジャーや業務主任クラスの女性職員が所属部署の代表として受ける研修であり，一般職の意識改革推進者としての役割認識やそれを具体的実行に移すことが期待されている。「マネジャー養成塾」は，将来「管理職」を目指せる一般職の女性アシスタント・マネジャーを人事部が選抜し，経営環境の認識やリーダーシップ力／マネジメントスキルの向上，キャリアアップ意識の醸成などを行う。

最後の「女性管理職塾」は，一般職・総合職の区別なく「管理職」（課長）になったすべての女性管理者を対象としている。女性活躍推進に向けた提言，

図表9-7　女性管理者養成プログラム

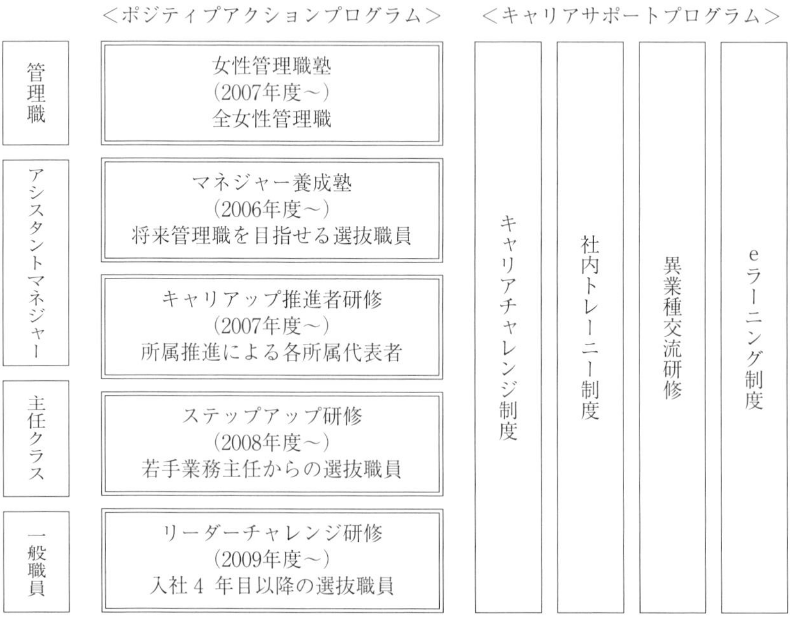

<ポジティブアクションプログラム>

階層	プログラム
管理職	女性管理職塾（2007年度～）全女性管理職
アシスタントマネジャー	マネジャー養成塾（2006年度～）将来管理職を目指せる選抜職員
	キャリアップ推進者研修（2007年度～）所属推薦による各所属代表者
主任クラス	ステップアップ研修（2008年度～）若手業務主任からの選抜職員
一般職員	リーダーチャレンジ研修（2009年度～）入社4年目以降の選抜職員

<キャリアサポートプログラム>
- キャリアチャレンジ制度
- 社内トレーニー制度
- 異業種交流研修
- eラーニング制度

出所：会社資料を参考に筆者が作成。

視野の拡大とネットワーク構築，女性ロールモデルとしての意識向上などが目的であるが，その上の「経営管理職」(部長)へと育っていくことが大いに期待されていることはいうまでもない。

これら階層別のプログラムだけでなく，階層横断的に利用可能な「キャリアサポートプログラム」も用意されている。「キャリアチャレンジ制度」は，職員が自ら希望する新しい職務への挑戦を可能とさせるための社内公募制である。「社内トレーニー制度」は，視野を広げるために短期間のトレーニーとして本社や支社の業務に従事することができる制度である。この2つは女性，特に一般職の女性のキャリアサポートに特化したものであるが，男女双方(全職員)に開かれたキャリアサポートプログラムも従来からたくさん用意されている。たとえば「異業種交流研修」「eラーニング制度」，各種の「ビジネススキル研修」，総合職の新入職員を対象とした「メンター制度」，一般職の新入社員を対象とした「チューター制度」などである。

(3) ワーク・ライフ・バランスと職員の意識改革

第一生命は2000年代に入ってから企業の社会的責任，いわゆるCSRを非常に重要視するようになる。そして，これをきっかけに「ワーク・ライフ・バランスの推進」と「職員の意識改革」の動きも始まる。

「ワーク・ライフ・バランスの推進」は，CSRの一環として2003年から全職員を対象に「職員満足度(ES)調査」を毎年実施するようになったことがきっかけであった。具体的には2005年に行ったこの調査で一般職が総体的に前年度調査を下回るという結果になったのである。

これを受けて早速，同年7月にダイバーシティ推進室の前身にあたる「イコールパートナーシップ推進室」が人事部内に設置された。この室長に任命され，現在でもダイバーシティ推進室の室長を務める吉田久子氏は，当時のことを次のように語る。「従来から当社には，法定基準を上回る両立支援制度がありました。しかし，入社9年目の女性一般職の離職率が5割に達したことが分かったのです。入社9年目は，結婚や出産などのライフイベントを迎える時期と重なります」。[9]

こうして先駆的企業の事例も参考にしながら，さらなる両立支援策（ファミリー・フレンドリー施策）の充実とワーク・ライフ・バランスの推進がはかられる。図表9-8は，現在のこれらの支援制度や促進策を示している。

紙幅の関係上，すべての制度の詳細をここで紹介することはできないが，法定基準を上回る，あるいは法定では要求されていないものがほとんどである。たとえば，同社の場合，産前産後休暇期間中も給与が全額支給される。育児休暇は最長で25カ月の取得が可能である。また子供が既に成人となった職員も多いことを配慮して「孫」誕生休暇も設けた。ワーク・ライフ・バランス休暇は公休（有給休暇）を利用することになるが，育児や介護以外の理由（自己啓発やボランティアなど）でも積極的に休暇を取得するよう会社側

図表9-8　ワーク・ライフ・バランスの推進

■ ファミリー・フレンドリー施策

妊娠・出産・育児・介護関連の休暇・勤務制度等に関する取扱い		
積立公休制度	マタニティ休暇	育児休業の期間延長
産前産後休暇期間の全額有給化	育児・介護のための短時間勤務制度	
チャイルドサポート休暇	介護休業の期間延長	『孫』誕生休暇

子育て支援に向けた対応策	育児・介護からの復帰に向けた環境整備	
育児サービス経費補助	ガイドラインの制定	育児休業からの復職支援

継続勤務支援する仕組み	両立支援策に関する周知徹底
ふぁみりぃ転勤制度	『両立支援ハンドブック』の提供
OG会『なでしこ会』・ウエルカムバック制度	『両立支援相談窓口』の設置

■ ワーク・ライフ・バランスに関する取組

公休等の休暇取得の促進		
ワーク・ライフ・バランス休暇	計画公休制度（年間3日）	リフレッシュ休暇の拡大

出所：会社資料より。

から全職員に呼びかけている。さらに年に3日間は必ず公休を取得することを義務づけた。

「職員の意識改革」のために「両立支援ハンドブック」を2007年に作成し，全職員に配布した。このハンドブックには，図表9-8の各種支援／推進制度の内容や手続きが詳細に記載されているが，その主な狙いは，制度の積極的活用と周囲，特に上司の理解を促すことにある。また「両立支援相談窓口」をイコールパートナーシップ推進室内に設け，制度利用に関する職員の相談に直接応じる体制も整えた。さらに社内イントラネットを使って，社長自ら「女性の活躍推進」やそのための「両立支援」の必要性などを全職員に呼びかけており，これも「職員の意識改革」を促す重要な取り組みの1つである。

(4) ダイバーシティ・マネジメントの中期経営計画一環化

2008年4月，「イコールパートナーシップ推進室」から「ダイバーシティ推進室」へと名称が変更になる。これにともない，これまで推し進めてきた一般職の女性を中心とした「女性の活躍推進」「ワーク・ライフ・バランスの推進」「職員の意識改革」が正式にダイバーシティ・マネジメントの一環として位置づけられることとなる。もちろん，これには「障がい者雇用の促進」も「女性の活躍推進」と並ぶ2大ターゲットの1つに含まれている（図表9-5参照）。

2008年以降の動きとして何よりも注目すべきは，ダイバーシティ・マネジメントが中期経営計画の一環に位置づけられたことである。一般職の女性の管理職登用を進めるべく1990年に「副長」職を創設してから様々な取り組みを行ってきたが，これらが中期経営計画の一環に含められたことは過去にもなかった。つまり，それほど第一生命は「多様な人財が個性と能力を発揮できる会社」作りを現在，非常に重要視しているのである。それはまたダイバーシティ・マネジメントが自社の成功や競争力強化にとっても欠かせない存在であるという認識が一層深まった証しでもある（図表9-9参照）。

2010年を最終年度とするこの中期経営計画には4つの柱がある。そのうち

の1つが「"人財"が成長を支える態勢の確立」であり，これを実現する2つの手段の1つに「ダイバーシティ・マネジメントの推進」が位置付けられている（図表9-9参照）。

これを受けて「女性の活躍推進」のための取り組みもさらに充実したものとなった。たとえば，既に紹介した「ステップアップ研修」と「リーダーチャレンジ研修」を2008年，2009年と立て続けに開始したこともその一端である。研修対象者を若手の業務主任や入社4年目以降の一般職としていることからも分かるように，これらは，もっと早い時期から一般職の女性のキャリアアップ支援を行おうとする会社側の意図が表われたものである。また，支社で活躍する女性を人事部のHPや社内報で紹介したり，人材育成方針を示したリーフレットの中で一般職に求められる人財像を明示したり，各職員が自分で自分のキャリア展開を描くためのガイドブックを作成・配布したりするなどキャリアステップの「見える化」にも最近は力を入れている。

日本の場合，長時間労働をまず見直さないと「仕事と家庭の両立」「仕事と私生活の両立」などできるわけがないとよく指摘される。長時間労働は仕事量が絶対的に多いか，仕事の進め方が非効率的であるかのどちらか，もしくはその双方に原因があると思われるが，いずれにせよこの現状が変革されない限りは，いくら両立支援のための各種休暇・休業制度を整えても，結局は制度利用者の「ツケ」が他の誰かにまわされるだけである。そうなれば周囲の理解も生まれにくいし，制度利用を控えてしまう人が出てくるかもしれない。また周囲の理解があって制度の利用には支障がなかったとしても長時間労働が続く限りは，あえて復職したいという強い希望は生まれないかもしれない。

第一生命の「ワーク・ライフ・バランスの推進」も2008年以降は，この「仕事の量の多さ」や「仕事の進め方の非効率性」を見直す方向性がより強く打ち出されるようになっている。たとえば，2009年に社長直轄の部隊として業務量削減プロジェクトチームが結成され，全社を挙げて「ワークスタイルの変革」を推し進めている。と同時に「業務量削減策」の徹底も忘らない。

図表 9-9　中期経営計画におけるダイバーシティ・マネジメント

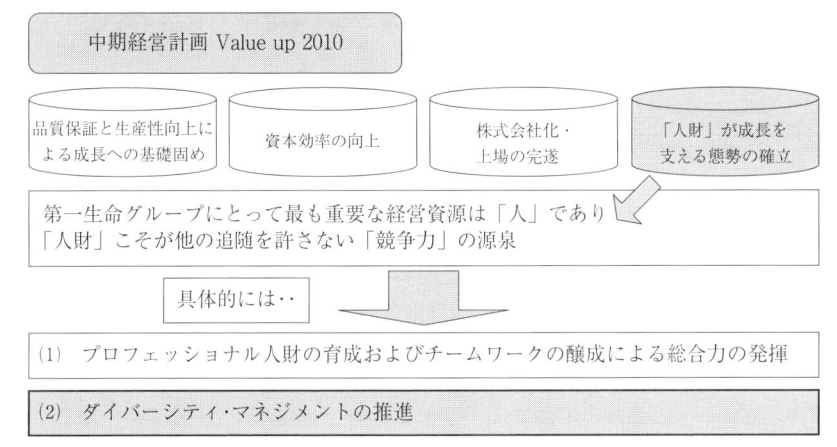

中期経営計画 Value up 2010

- 品質保証と生産性向上による成長への基礎固め
- 資本効率の向上
- 株式会社化・上場の完遂
- 「人財」が成長を支える態勢の確立

第一生命グループにとって最も重要な経営資源は「人」であり「人財」こそが他の追随を許さない「競争力」の源泉

具体的には‥

(1) プロフェッショナル人財の育成およびチームワークの醸成による総合力の発揮

(2) ダイバーシティ・マネジメントの推進

出所：会社資料より。

　他にも会議時間等に制限をもたす「デットライン運営」や「終業時刻期限の設定」「ノー残業デー」などがあり，これらが現在の「ワーク・ライフ・バランスの推進」の重要課題や重要対策となっている。

　もっともドラスティックな改革は，一般職と総合職の区分を廃止して「基幹職」に完全統合するという職掌の一本化を決断したことである。これは2009年7月から実施の予定である。「基幹職」への完全統合後も，勤務地を特定エリアに限定する職員か，それとも全国／グローバル勤務対象者かの違いは残る。また，これまで一般職が担当してきた事務的ルーチンワークが職場からなくなるわけでもない。それでも，この職掌一本化に踏み切るのは，従来から第一生命は一般職員の職務領域拡大（たとえば，コンサルティング業務や他の職員の指導を行うインストラクター業務などに従事する非管理職の一般職員もいる）を進めてきたが，一般職／総合職という肩書きもなくすことによって意識面でも変革を促していく，そして何よりもこうした肩書きにとらわれず，個々人の能力を真に活かすことができる会社を作り上げることによって「職員の働きがい・生きがいの向上」と「会社の競争力維持・向上」をともに実現するためである。

注
1）日本のダイバーシティ・マネジメント論の批判的考察に関しては，有村（2008）を参照されたい。
2）このメッセージは，Thomas（1991）の次の指摘に表われている。「企業のなかの人種やジェンダー問題の持続的進展は，経営的視点に基づかなければならないだろう」（p.xv）。
3）「重視する」と「やや重視する」の双方を含む。
4）この事例は，2006年11月20日，山口市で開催された「女性が活躍できる職場のあり方を考えるシンポジウム」（山口地域労使就職支援機構，山口県経営者協会など12団体による主催）における株式会社セブン＆アイホールディングス常務執行取締役，株式会社イトーヨーカ堂取締役（当時）の水越さくえ氏の講演，「意欲と能力のある女性が活躍できる職場づくりのために」に基づく。
5）現在の社員郡制度に関しては，同社のインターネットウェブサイト（http://www.itoyokado.co.jp/company/profile/csr/employee/emp0201.html）にも紹介されているので，参照されたい。
6）「リ・チャレンジプラン」も同社のインターネットウェブサイト（http://www.itoyokado.co.jp/company/profile/csr/employee/emp0401.html）に紹介されているので，参照されたい。
7）事例作成にあたり，ダイバーシティ推進室の吉田久子氏と稲垣智子氏にヒアリング調査および資料提供の面でご協力いただいた。この場を借りて厚く御礼申し上げたい。
8）厚生労働省のインターネットウェブサイト（http://www.mhlw.go.jp/houdou/2009/03/dl/h0326-1g_0002.pdf）に基づく。
9）日経ビジネスオンラインに掲載された田村知子氏のインタビュー記事（http://business.nikkeibp.co.jp/article/skillup/20080909/169996/）より。

参考文献
荒金雅子・小崎恭弘・西村智編著（2007）『ワークライフバランス入門』ミネルヴァ書房。
有村貞則（2007）『ダイバーシティ・マネジメントの研究』文眞堂。
有村貞則（2008）「日本のダイバーシティ・マネジメント論」『異文化経営研究』第5号，pp.55-70。
Johnston, W. B. and A. E. Packer（1987）*Workforce 2000*, Hudson Institute, Inc..
小室淑恵（2007）『ワークライフバランス』日本能率協会マネジメントセンター。
マーサージャパン（2008）『個を活かすダイバーシティ戦略』ファーストプレス。

日経連ダイバーシティ・ワーク・ルール研究会（2001）『日本型ダイバーシティ』日本経営者団体連盟。

日経連ダイバーシティ・ワーク・ルール研究会（2002）『原点回帰』日本経営者団体連盟。

Thomas, Jr., R. R. (1990) "From Affirmative Action to Affirming Diversity," *Harvard Business Review*, March-April, pp.107-117.

Thomas, Jr., R. R. (1991) *Beyond Race and Gender*, AMACOM.

第10章

パナソニックグループの
ダイバーシティ・マネジメント

1 はじめに

　パナソニックグループの経営の基本の考え方である「衆知を集めた全員経営」は，まさに多様な人が入り交じり個性を発揮して1つの方向に向かうダイバーシティ・マネジメントそのものと言える。異文化経営という視点で考えると，世界に広がるパナソニックグループの経営は，馬越が定義する「ひとつの均質な属性（国籍，文化的背景，言語）ではなく，他民族，多国籍，多言語，多文化の人々が構成する企業を経営しビジネスを行うことであり，また，この異なる価値観，慣れ親しんだものとは違う価値観があることを認め，自分の価値観と相矛盾すると思われる価値観を認知し，尊重し，自分の価値観と異なる価値観を創造的に融合して，新たな価値観を生み出し，相乗効果を生み出すシステム」（馬越）と共通している。本章では，いわゆるダイバーシティ・マネジメントという新しい経営手法がパナソニックグループに取り入れられ，定着する背景には，このタームが経営学の世界のテクニカルタームとして普及する以前から，その素地が存在し，むしろ，異なった文化・習慣・慣習を受け入れ，尊重して経営してきた経営者の魂，経営思想があったからと考えるのである。その原点は，時代を超えて通用する経営理念の存在なのである。

2　はじめに経営理念ありき

　パナソニック株式会社（2008年10月1日付けで松下電器産業を社名変更，以降パナソニックで表現）は，1917年（大正7年）の創業であるが，事業拡大が進んだ11年目の1929年（昭和4年）になって，会社の経営理念と社員の心得を策定し，綱領・信条として，広く全従業員に知らしめたのである。

　　　　鋼　　領
産業人たるの本分に徹し，
社会生活の改善と向上を図り，
世界文化の進展に寄与せんことを期す
　　　　信　　条
向上発展は　各員の和親協力を得るにあらざれば得難し
各員至誠を旨とし　一致団結　社務に服すること

　この綱領は，松下電器（歴史を語るため敢えて旧社名を使う）の事業の目的と，その存在の真の理由を示したものであり，あらゆる経営活動の目標として会社の進路を決定する考え方である。経営基本方針で，いわゆる，社是，社訓，経営理念に相当するものである。綱領は，松下電器における経営活動の根本指針であり，具体的な業務（各職能分野，たとえば製造，技術，営業，人事，経理，資材購買など）遂行上の方針も，等しくこの綱領という経営基本方針を根幹として生まれ，綱領の精神をもとにして打ち立てられているのである。従業員は，いつの場合においても，経営基本方針をもとにして，すべての行動を行わなければならないことはもとより，それぞれの職能において，これらの経営基本方針をよく理解し，日常業務を遂行するうえの指針とすることが大切なのである。

　松下電器の創業者松下幸之助は，創業11年目にして，はじめて，この三行の経営理念を確立し公にしたのである。企業は「社会の公器」であるという

思想も，事業の拡大につれて行きついた松下幸之助なりの経営哲学なのである。事業機会を社会からの預かりものと解釈し，従業員も「それぞれのご家庭からお預かりしている」と考えたのである。預かった社員が働くことによって，オーナー企業にありがちな専制的な個人企業を目指すのではなく「社会生活の改善と向上」「世界文化の進展に寄与」という文言を掲げたのである。世界を視野に入れた経営理念は，製品を通じての世界貢献だけでなく，当然，世界に発展していく事業場に働くであろう従業員を視野に入れていたのである。昭和10年代になると，中国大陸（奉天，満州，天津，上海，北京など），朝鮮半島（京城，平壌など），台湾への進出，国内においては，新規事業分野への拡大，専門技術の強化を目的に乾電池，冷凍機，空調，電球などの専門地場産業とのM&Aを積極的に行っていったのである。

　昭和11年3月に業務提携先の朝日乾電池から松下電器の社員として迎えられた高橋荒太郎（大番頭と評され，松下幸之助の右腕として経営に貢献した副社長で後に会長，顧問に就任）は，松下幸之助の強い要請を受け25歳で途中入社を決意するが，そのきっかけとなった思いは「企業にはその目的を明示する基本理念があることを知った」ということで，自伝の中で次のように語っている。

　「松下電器にお世話になって，まず感銘を受けたことが2つあった。1つは，松下電器には松下幸之助相談役の経営理念が明確に示され，それに基づいた経営の基本方針が確立しているということ，もう一つは，人を大切に育てているということである」。[1]

　これは1つの例であるが，経営理念を確立した松下電器は，世界のどこへ行っても，この3行の経営理念を掲げて事業を始めたのである。当然，異文化との遭遇があり，異なる社会習慣・宗教との出会いもあったが，この精神はそれぞれの出先において賛同を得，正しい経営理念として受け入れられ，今日においても，パナソニックの経営基本方針はこの3行だけなのである。

　地球の人口は概ね男と女がバランスよく構成されていると言えよう。社会生活を営む者は男と女で構成されている。世界文化の構成員も同様と言えよ

う。家庭における家事を考えると，古い時代は，男は外へ猟に出かけ，女は家庭にあって子育てというように分業が習慣となっていた。やがて，農業の発達により土地に定着する村落共同体が形成されると職住一体の傾向が強くなった。そして，17世紀に英国で始まったとされる産業革命によって，家庭本位の労働形態が，工場に出かけていくことにより職住が分離し，男と女の労働形態は，考えようによっては狩猟を主とした石器時代と同じように，稼ぎに行く男と，家を守り，子育てに専念する女という分業の時代に逆戻りするのである。さらに時代は変化し，近代化が進行すると雇用形態にも多様化の波が押し寄せることになるのである。わが国において，働く現場における男女のあり方が大きく変化したのは，1985（昭和60）年に制定され，翌1986年4月1日に施行された男女雇用機会均等法で，この時，「募集・採用，配置・昇進について女性を男性と均等に取り扱う努力義務」「教育訓練，福利厚生，定年・退職及び解雇について，女性であることを理由とした差別禁止」が義務づけられてからである。企業に働く男女を平等に処遇する政府の政策が法律として施行されると，企業においても雇用政策に変化が起こっていくのである。

　松下電器は，創業11年目に確立した経営基本方針の精神をベースに，変化する時代に適用すべく運用を図ってきた。たとえば，昭和44年7月に業界に先駆けて導入を始めた「仕事別賃金制度」は，仕事によって賃金を決める近代的な制度であり，そこに男女による賃金差別の思想は存在していなかった。組織運営上，ポストに就けるときに男性優先という日本社会の文化を引き継いできたことは事実だが，男女雇用機会均等法の制定を機に，賃金制度を変えなければならないことはなかった。それは，根本にユニバーサルという，「いつでも，どこでも，誰にでも」という普遍的な思想があったから可能になったのである。その後の労使の取り組みの中から，特に女性の戦力化・活性化に対する取り組みを紹介する。

3 女性の戦力化・活性化に向けての取り組み

　労使関係を説明する言葉として「対立と調和」と「車の両輪」は有名である。労働者の権利を主張することによって労使は対立関係となり，協議，団体交渉，時には争議に突入するが，やがて妥協点を見出して調和に落ち着くものである。また，労使の目指す経営の方向は，議論があっても，目標に向かって力強く前進するためには同じ車輪の幅であることが好ましいという対等の関係を象徴する表現である。

　松下電器は，日本に労働組合が存在する以前から，従業員の福祉の増進と親睦の機関として「歩一会」が組織されていた。1920（大正9）年3月の設立で「全員が歩みを一にし，また一歩一歩踏みしめて着実に進んで行こう」という目的の社員会であった。第2次世界大戦の敗戦により，日本はGHQ（連合国最高司令部）の支配下となり，最高司令官マッカーサー元帥からの5大改革指令（婦人解放，労働運動の助成，教育の自由化・民主化，秘密的弾圧機構の禁止，経済機構の民主化）が出るに及んで，民主化のための改革が始まり，労働組合結成の動きが公然化し，活気づいたのである。

　1946年1月30日，大阪中之島中央公会堂において松下電器労働組合の結成大会が開催された。この時に，組合側としては予期せぬことが起こったのである。社長である松下幸之助が祝辞を述べにやってきたのである。一瞬戸惑った議場であったが議長の機転で社長を招き入れることにしたのである。

松下電器労働組合結成大会における松下幸之助社長の祝辞[2]

　（前略）…終戦と同時に，私は新生日本の建設を考え，わが社にも新しい経営が生まれなければならないと考えたのであります。だから私は，労働組合が誕生しておらなかったときから，民主主義の線に沿って経営していく方針をもってやってきたのである。

　幸い，今日ここに松下電器労働組合が結成されたことは，その意味において慶賀にたえないのであります。このことによって，わが社の経営

> に拍車がかけられると信ずるのであります。これを期して，全員一致して，真理に立脚した経営をおこなって参りたいと思います。今皆さんの会社に対する要求，要望，理想をきいていて，まことに力強く感じたのであります。正しく新しい経営と，皆さんの考える組合とは，必ずや一致すると信ずるのであります。
>
> 　私は，もっと純正なる考えにおいて新しい経営をおこなう考えであります。もし私の力が及ばないときは，皆さんの協力を得て，新日本の建設に邁進したいと思います。
>
> 　本日の結成大会にあたって，心からお祝いを申し上げる次第であります。

　議場には社長の入場に批判的だった組合員もいたが，割れるような拍手が起こった。来賓で参加していた社会党の加藤勘十議員からは「組合結成に社長が挨拶に来るとは珍しい。またそれを受けた組合も数少ない」と感嘆の声が上がったのである。

　結成大会に創業者の祝辞を受け入れた松下電器と労働組合は，その後の日本の労働界に先駆的な役割を果たすことになるのである。以下は，労使の歴史の中で女性の戦力化・活性化に対する取り組みについて，労働組合の資料の中から紹介することにする。労使関係においては，その時々の政府の労働政策を見据えながら，テーマごとに労使メンバーで構成される専門委員会が設けられ，議論の結果は答申書として経営側に提出される。経営側は人事規程，就業規則などを改訂するヒントとして活用し，労働組合とは労働協約を締結することになるのである。

3-1　女性の戦力化・活性化に関する答申書[3]

　　　　　　　　　　　　　（人事制度研究委員会，1990年3月22日）

◆人事制度研究委員会では1987年10月以降，女子従業員の戦力化・活性化に関して女性活性化部会を設置し，その具体的方策について検討を重ねてまいりました。その結果，以下の通り意見の一致を見ましたので答申

いたします。

(1) **情勢認識**

　従来，わが国における女性の役割は「家庭を守り，次代を担う健全な子供たちの育成を図ることである」ということが一般的な考え方であった。その結果，女性の就業期間も，学校を卒業してから結婚して家庭に入るまでの比較的短い間，というのが一般的である。企業の労務管理諸施策もそのことを前提にして構築されてきた。その中で女性に対する業務の考え方も，短期間の就業ということを前提に，補助的なものが中心にならざるを得なかったのである。しかし，今日，状況は大きく変化しつつある。

　第1に，女性の意識の多様化である。女性の高学歴化の進展，生活水準向上のための世帯としての収入先の多様化，また，家庭電化製品の普及による家事労働からの解放，さらには出産数の減少ということも相まって，社会進出意欲を持つ女性の比率が高まっている。その結果，いまや雇用者の中に占める女性の比率は約37％に達し，また，有夫の女性はこのうち50％を超えるに至っている。そして，女性の意識は大きく分類すると，

　①生涯を通じ職業を持ち続けることを希望する人
　②一旦家庭に入り育児を終えた段階で再び就業を希望する人
　③家庭に入ることを希望する人

となるが，①を希望する人が増加しつつあると同時に，今後も増加していくことが確実視される状況となっている。わが社においても，全従業員の中に占める女性の割合こそ約2割で大きな変化はないものの，その中における10年以上の勤務者の割合は，徐々に増加してきている。

　第2に，人口構造の変化である。わが国の人口構造は大きく変化しつつある。すなわち，今後65歳以上の高年齢者が急速に増加し，反面，若年層の増加が見込めないということである。既に人不足が，一部で深刻な様相を呈し始めていることは周知のとおりである。わが国として高年齢者および女性の活用はもはや避けることのできない課題となりつつあり，行政も1986年には「男女雇用機会均等法」「60歳定年制法」を制定し，そのための環境整備に努

めている。

第3に、業務内容の変化である。高度情報化社会の到来や技術革新の進展に伴い、個々人の業務内容の高度化が進んでいる。その結果、短期の教育のみで対応し得る業務は減少しつつあり、より長期的な視点からの人材育成が必要な業務が増加してきている。企業にとって人材育成は、極めて重要な先行投資であり、常にその積極的な推進および効率化を図っていかなくてはならない。その面でも短期雇用を前提とした施策展開では限界が生じてきており、時代のニーズにマッチした対応が求められている。

以上が女性の戦力化・活性化を検討するに当たっての当委員会の情勢認識である。

(2) 検討の視点

前述の情勢認識に基づき、当委員会は次の2つの視点から検討を加えてきた。

①女性の一層の戦力化を図るにはどのような施策が有効か、

②女性の意識の多様化に対応し、それぞれの意識に合わせて活き活きと働き続ける環境を構築するためにはどのような施策が有効か、

という視点である。そして、その中から具体的な検討項目として浮かび上がってきたのが、女性活性化部会議事録（1989年9月30日付）で提起した

①能力開発のための諸施策

・職務知識および技能の開発・向上のための施策の検討

・チャレンジ心の喚起およびそれに応え得る施策の検討

②母性保護諸制度のあり方

・現行母性保護諸制度をベースとしつつ、妊産婦の個人ごとのニーズに対応し得る施策の検討

・新たな雇用形態も含め、再就職制度の充実や育児休職制度の在り方等、出産後一定期間を経て、職場復帰し得る施策の検討

ということであった。

以下、その具体策について詳述する。

◆女子従業員の戦力化・活性化に関する具体策
(1) 能力開発のための諸施策
「能力開発」で留意しなければならないのは，わが社においてはすべての人事諸制度は全従業員の問題として平等な姿で構築されており，単に女子従業員のみの問題に留まらず全従業員の問題として捉えるべき，ということである。したがってこれから提起する諸施策は女子従業員のみならず，全従業員が対象となるものである。

（中略）以上の考えに立って，当委員会では能力開発の面では次の施策を講じることが必要であると考える。

> 1．全員を対象とする職能別・階層別研修体系を構築する
> 2．意欲ある女子従業員への対応として当面の間
> ・同一仕事グループ3年経過時点での本人意向を確認
> ・上司への育成計画の作成を義務づけ
> 具体的にはチャレンジプランの充実の中で実現を図る
> 3．女性の働き得る環境の整備という観点から
> ・指揮命令者の範囲を原則としてH1（班長）以上とし，そのうち担任は部下がいるかどうかの実態に応じて判断する
> ・指揮命令者・専門業務従事者の時間外労働の協定水準については，現在の協定水準を尊重しつつも，必要性に応じ男子の協定水準を目途にその拡大を図る
> ・フレックス・タイム制勤務に従事す女子従業員の時間外労働の規制枠については必要性に応じ，協定水準の拡大を含めた施行を可能とする

(2) 母性保護諸制度のあり方
女性が職業生活を継続する上で，出産・育児は大きな障害となっている。それは，
①託児所・保育所等の社会的な施設が不十分であり，本人の就業時間中の

育児を担当してくれる人（以下，保育代行者という）を確保することが困難なこと
　②乳幼児を持ちつつ就業を継続することは，保育代行者を確保したとしても夜間授乳等は本人が行わなければならず，一部の女性にとって極めて精神的・肉体的負担が大きな場合があること
等のためである。
　しかし，情勢認識のところで記述したように，人口構造の変化が進み，就業率を高める必要性が増大していることを考えれば，また，わが国全体として若年層の増加策を講じる必要性も生じてきており，女性の就業を継続しつつ安心して出産・育児を行い得る環境の整備，あるいは一旦家庭に入った労働力を再度活用し得る方策の構築は，企業にとって早晩大きな課題となってくることが想定される。

１．現行母性保護諸制度の柔軟な運用による個人の選択幅の拡大
・産前産後休暇16週間（多胎妊娠の場合は20週間）の各人のニーズに基づく個人による設定（但し産後６週間は就業禁止期間）
・育児時間の現行制度による取得と休日による取得との選択制の実現
（休日による取得の場合の諸取扱い）
(1)　26日間とする
(2)　対象者：育児休業制度を利用しない妊産婦とする
(3)　取得期間：産後休暇終了時点より乳児が満２歳に達するまで，もしくは次子の産前休暇に入るまでの間とする
(4)　賃金：有給とする
２．育児休業制度の新設
・育児休業制度の骨子は次の通りとする
(1)　出産日より１年間とする
(2)　給与：無休とする
(3)　対象者：女子社員とする

> 2．再就職制度の拡充
> ・対象者の範囲に「育児により退職した者」を加える
> ・1年間の待機期間を設け，特段の事情が無い限り，その期間内に雇用することとする
> ・原則として社員として雇用する

4　不易と流行，21世紀企業パナソニックが目指す方向

　21世紀を迎えたパナソニックは，たゆまぬイノベーションで成長を続け，地球規模での健全な事業活動で，すべてのステークホルダーから支持される企業「グローバルエクセレンス」となることを目指して新たな事業計画を推進している。2008年には創立90周年を迎え，売上高が連結で9兆689億円，全世界に約30万名の社員，国内外に556社を超えるグループ連結会社を持つ企業へと成長した。

　ナショナル，パナソニックなどのブランドを持っていたが，2008年10月1日をもって白物家電のブランドもナショナルからパナソニックに変更し，社名もパナソニック株式会社となり，社名とブランドを統一したのである。売上高を見ると，1997年に連結ベースで初めて海外売り上げが半分を超え，年々海外のウエイトが高まってきている。松下電器の強みと言われてきた事業部制（製品に対する開発・生産・販売を一貫して責任経営体制）を改めドメイン制の導入も行われた。事業部制は，米国のゼネラル・エレクトリック社の経営手法として後に世界の経営者が模範とすることになるが，松下電器は，それ以前の1933（昭和8）年に導入している。2000年6月に就任した6代目社長中村邦夫は，経営危機克服のため「破壊と創造」を標榜し，2003年4月に，半導体やデバイス，AVネットワーク関連，アプライアンスとサービスソリューションなど14の事業分野ごとのドメイン制に導入することになるのである。

　以下，「破壊と創造」の取り組みと，人事の考え方を説明し，今日，ダイ

バーシティ・マネジメントの事例と言われる取り組みを紹介することにする。

4-1 「破壊」と「創造」

　6代目社長に就任した中村は，就任早々「超・製造業」という理想を掲げ，経営中期計画「創生21計画」を策定した。社会構造の変化を踏まえ，過去の成功体験の呪縛から脱却し，軽くて・速いお客様本位の21世紀型のビジネスモデルに変えることを目指した「破壊」と「創造」を機軸とした取り組みである。この「破壊」とはすなわち構造改革のことであり，「社会の公器として豊かな生活の実現に貢献する」という経営方針のみが不変の聖域で，それ以外の変えるべきものはすべて変えるという断固たる覚悟での取り組みを開始したのである。まずは1933年（昭和8年）の導入以来続いていた事業部制の改革（廃止）である。経営危機克服のため「破壊と創造」を標榜し，事業ドメインを整理し，

　①事業の重複排除

　②開発リソースの集中

　③開・製・販一元化

という3つのねらいから抜本的な事業再編に取り組んだのである。これによりまずは高成長・高収益なグループを創造するための基盤を確立できた。また「創造」とは，すなわち成長戦略のことであり，成長事業の推進を図る取り組みで，これらの取り組みを通じ，「21世紀も社会に貢献し続けることのできる軽くて・速い松下」「世界中のお客様に『安心・安全・愛着』と『夢・感動』をお届けする松下」を実現していくことをねらいとしたのである。21世紀は技術が大進化を遂げる時代であり，パナソニック社の目指すビジョンは2つあり「ユビキタスネットワーク社会の実現」と「地球環境との共存」に貢献することである。地球環境との共存に向け，持続可能な成長を実現していくことは，21世紀における企業の使命と考えたのである。

4-2　パナソニックの人事の考え方

　「事業は人なり，物をつくる前に人をつくる」という創業者の言葉の通り，創業当時から人を大切にして，しっかり育成していくという伝統があり，そ

れが今日，ワークライフバランスを積極的に推進するベースの考え方となっている。

　パナソニックの人事の基本的な考え方を紹介することにする。企業には，お金やモノ，情報や時間，さらにはブランドや企業イメージ，社風等の，形には表れない「見えざる資産」に至るまで，様々な経営資源がある。パナソニックは，それらのすべての経営資源の中で，とりわけ「人」「人材」を大切にしてきた会社である。ピーター・ドラッカー（Drucker, P.）の言葉に「あらゆる経営資源の中で，成長可能なのは人材だけである」という言葉がある。パナソニックは，まさにその考えを実践してきた会社と言える。

　整理すると，「全員経営」「実力主義」「人間大事」という3つが，パナソニックの「人」に対する考え方の基軸であり，人が「事業」を作り，「創業」していくということを強く意識させることが人材の育成につながる。パナソニックは，経営理念を会社と個人の双方で共有し，仕事で繋がりながら，個人は「仕事を通じた自己実現」を，会社は「継続的な経営成果の最大化」に取り組むことにより，事業を通じて世界中の人々のお役に立ちたいという，経営基本方針の精神を現代においても活かしているのである。

4-3　多様性の推進

　中村社長は，就任当初から多様なお客様のご要望にお応えし，お客様価値を創造し続ける企業であるための経営施策として，女性の経営参画をもっと拡大し，「多様性にあふれ男女がともにかがやく松下」を実現しようという強い思いを持っていたのである。パナソニックの事業は幅広く，国籍，性別，年齢を問わず，多様・多才な人材が自らの創造性や専門能力を発揮する場は数多くある。そして，これまでも，特に女性の活躍する場や機会の拡大を進めてきた。

　2001年4月に「女性かがやき本部」を発足し，取り組みを加速してきた。発足にあたり，当時の中村社長は「この取り組みが，真のグローバル企業への第一歩であるということを，経営責任者の方々には十分に認識いただき，率先垂範して取り組んでいただきますようお願いいたします。そして，社員

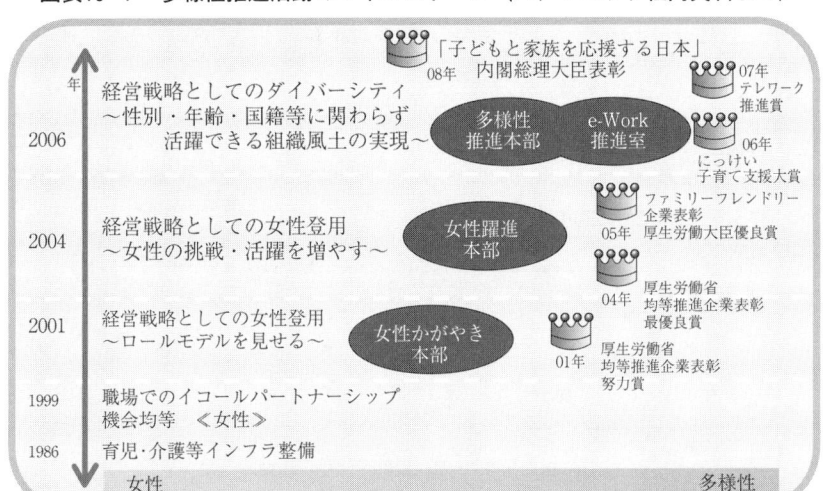

図表10-1　多様性推進活動のマイルストーン（パナソニック社内資料より）

年		
2006	経営戦略としてのダイバーシティ〜性別・年齢・国籍等に関わらず活躍できる組織風土の実現〜	多様性推進本部　e-Work推進室／「子どもと家族を応援する日本」08年 内閣総理大臣表彰／07年テレワーク推進賞／06年にっけい子育て支援大賞
2004	経営戦略としての女性登用〜女性の挑戦・活躍を増やす〜	女性躍進本部／ファミリーフレンドリー企業表彰 05年 厚生労働大臣優良賞／04年 厚生労働省均等推進企業表彰最優良賞
2001	経営戦略としての女性登用〜ロールモデルを見せる〜	女性かがやき本部／01年 厚生労働省均等推進企業表彰努力賞
1999	職場でのイコールパートナーシップ　機会均等　≪女性≫	
1986	育児・介護等インフラ整備	

女性　　　　　　　　　　　　　　　　　　多様性

　の皆さんの大いなるチャレンジに，期待しております」と挨拶した。社会から信頼される社員・ブランドを育て守るためには，お客様のさまざまなニーズに，グローバルかつスピーディーに対応していくことが必要なのである。そのためには，多様な人材が自由闊達に活躍できるお客様本位のフラットな組織でなければならない。そういった思いから，これまで多様性あるパナソニックの実現に向けて「女性かがやき本部」「女性躍進本部」を中心に全社的な取り組みを進めてきた。2006年からは，経営戦略としてのダイバーシティ，性別，年齢，国籍にかかわらず，活躍できる組織風土の実現をめざして，多様性推進本部を新たに設置し，活動を進化させている。

4-4　両立支援の取り組み

　パナソニックには，仕事と家庭の両立を支援する制度として，ワーク＆ライフサポートプログラムがある。休業・勤務制度に関するもの，情報・コミュニケーションに関するもの，育児・介護支援に関するもので，これらの両立支援制度（ワーク＆ライフサポートプログラム）はもちろん男性も取得することができ，徐々に育児休暇等をとる男性社員も出てきた。1987年に両

立支援制度を整備した時から，育児休業制度や育児勤務といったものがあったが，これらはどうしても「出勤するか，休むか」しか，選択の余地がなかった。このワーク＆ライフサポートプログラムでは，もっと柔軟な勤務を可能にしている。これにより，在宅勤務や，週2，3日出勤し残りを在宅で仕事をすること，コアタイム勤務や半日勤務など，仕事と環境に合わせて柔軟に働き続けることが可能になった。

情報・コミュニケーションという部分では，社内のイントラネットにコーナーを設け，行政や会社の両立支援情報を掲載している。ここにはチャッティングコーナーがあり，昇格・処遇・育児など様々なテーマについてイントラネット上で意見交換をしている。

育児・介護支援という部分では，ベビーシッター会社との法人契約といったこともしている。

また，制度を定着させるために，上司や管理職を巻き込んだ活動を展開している。さまざまなツールを駆使し，女性のキャリアアップや，女性部下育成に関するノウハウの共有を推進している。たとえば，管理職向けに，「女性社員育成ガイドブック」や，「妊娠・育児中の部下育成ガイドブック」を配布し，イコールパートナーシップ研修を全国で展開した。また，イントラネット上に，ワーキングペアレンツのナレッジ・マネジメントのコーナーを設け，子育てと仕事の両立について，先輩の知恵を後輩に伝えるという取り組みも行った。

4-5 e-Work（テレワーク）の展開

e-Workとは，情報通信技術を駆使した，従来のオフィスワークにとらわれない，ユビキタスでフレキシブルな働きかたであり，在宅勤務や，モバイル勤務，スポットオフィスでの勤務等が含まれる。

e-Workによって通勤時間や客先とオフィスとの間の移動時間を最小化したり，集中して業務を行うことで生産性を高めることが可能で，またそのようにして生み出された時間を，仕事とプライベートにうまく振り分けることで，ワークライフバランスが実現できる。

第10章　パナソニックグループのダイバーシティ・マネジメント　217

　パナソニックが全社を挙げて e-Work を推進する理由としては，社会的背景に目を向けているからである。1つはお客様の価値が今まで以上に多様化している。2点目には，少子高齢化とそれに伴う労働力不足が懸念されている。さらに3つ目には，ワークライフバランスや柔軟な働き方に対する関心が高まっている。4つ目には，IT 技術の著しい進歩により安価で高速の通信インフラが整い，いつでもどこでも仕事ができる環境整備が進んでいるからである。

　このような背景のもとで，パナソニックとしては，日本人・男性中心の単一的な社員構成，「仕事すること＝会社にいること」という価値観や，部門を越えた情報共有が少ないといった課題に対応するため，組織風土，制度，仕組みの面から総合的に取り組み，生産性を高めながら，多様な人材が活躍できるように，働き方を改革していくことが不可欠であると考えている。

　e-Work 推進のねらいは，IT を駆使したユビキタスで柔軟な働き方である e-Work を活用することで，グローバルエクセレンスへの飛躍，つまりはグローバル競争に勝ち残っていくための，会社，社員，社会の Win を実現す

図表10-2　e-Work とは

e-Work とは

情報・通信技術を駆使した，
ユビキタスでフレキシブルな働きかた

自宅で
・仕事と生活の両立
・通勤時間の削減
・業務への集中

モバイルで
・俊敏なお客様対応
・顧客訪問時間・件数増
・移動時間／コストの削減

スポットオフィスで
・シームレスな業務
・待機時間の有効活用
・移動時間／コストの削減

フリーアドレス
オフィスで
・柔軟で機動的な組織
・コラボレーション促進
・オフィススペース削減
・ペーパーレス化

出所：パナソニック社内資料より。

ることである。

4-6 高齢者雇用について

　少子高齢化社会を迎え，次のような考えで，高齢者の雇用についても真剣に取り組んでいる。

　(1)少子・高齢化の中で「60歳以上の就業確保」は時代の要請であり，厚生年金支給開始年齢の引上げの観点からも社会的責務を果たす。(2)「60歳以上の就業確保」は，60歳定年の延長上につくるものではなく，60歳定年という区切りをつけたうえで従業員の適性と能力を考慮し，職との適合を図り，労働市場を創出しようとするものである。(3)従業員の約6割が定年後の継続雇用を希望しており，その要請に応える。

　具体的には「社会との調和」「経営との調和」「従業員との調和」を視点とし，(1)60歳定年を基軸として「業界・市場水準賃金」での再雇用を行う，(2)健康で働く意欲を持った「自立した個人」の専門性，経験，技能を経営に活かす，(3)60歳以上のマンパワーを活用して経営成果を生み出す職と人のマッチングを行う，(4)会社は一定の仕事の提示・紹介をし，従業員は自らも職を探す努力をする中で自主的就業判断を行う，(5)意識の切り替えを目的とした研修を実施する，ということである。

　以上，パナソニックのダイバーシティ・マネジメントの取り組みについて紹介してきたが，このように地道な活動が認められて第1回「子どもと家族を応援する日本」功労者表彰において　内閣総理大臣賞を受賞することができた。今後も　性別・年齢・国籍にかかわらずすべての従業員が，その人の持つ個性や能力を最大限に発揮し，調和して最高のパフォーマンスを実現し，真にグローバルエクセレンスと言われる会社になれるよう努力を続けているのである。多様性推進本部ビジョンを紹介して本章を終えることにする。

　　パナソニックは真のグローバル企業として異なる価値観を認め合う，多様性あふれる風土の構築を目指します。その中で，自立した個人が自由闊達に個性・創造性を発揮し会社も個人も成長しつづけることによ

って≪グローバルエクセレンス≫を実現します

注
1）高橋（2008），23頁。
2）松下電器労働組合松下電器労働組合結成五十周年記念運動史（1997）より抜粋。
3）本節は，同上書より抜粋。

参考文献
石山四郎・小柳道男（1974）『≪求≫松下幸之助回顧録』ダイヤモンド社。
小宮和之（2004）『松下幸之助が惚れた男』ダイヤモンド社。
松下電器『社員読本一・経営基本方針』松下電器社内配布。
松下電器労働組合結成五十周年記念運動史（1997）『たゆみなき創造Ⅳ』松下電器労働組合。
松下電器産業創業五十周年記念行事準備委員会（1968）『松下電器五十年の略史』松下電器。
高橋荒太郎（2008）『語り継ぐ松下経営』PHP研究所。

第11章

世界各地域の化粧品文化と資生堂のグローバル・ビジネス

1　はじめに

　多くの業界と同じく化粧品業界もグローバル化が進んでおり，大手化粧品メーカーは全世界を対象にビジネスを進めている。今後は発展途上国の市場がかなりの速度で伸びると予想されることから，他業界と同様に新興国への進出が重要となってきている。

　化粧品の商品としての特徴は，自動車や電気製品のように機能が価値の大半を占める商品とは異なり，各地域の人たちの生活や嗜好性に依存している部分がかなりある。化粧に影響している要因としては，歴史や風土，気候，宗教など多岐にわたる。気候については，乾燥や紫外線量などにより肌の状態が変わることから求められる化粧品にも違いが現れる。宗教的にはイスラム教徒の国では豚由来の原料は使用できないなどの制約が出てくる。食事や入浴などの生活習慣も化粧品に大きな影響を及ぼす。また各国によって化粧品に対する法規が異なっており，国別の対応になる場合も多い。

　そこで，化粧品のグローバル化にあたっては，他の商品以上に各地域の特徴やその顧客特性を把握することが重要となる。本章では，まず化粧品の歴史を簡単に触れ，世界の化粧品市場と資生堂のグローバル・ビジネスについて説明する。筆者は研究開発が担当であることから，資生堂の研究開発についても述べさせていただく。次に化粧品における地域特性に言及するが，そ

れらによってグローバルの観点から化粧品特有の状況を理解していただければと思う。

2　化粧の歴史

　化粧は文明とともに生まれたと言われている。その目的は，最初は祭儀や魔除けであり，階級の象徴であったと思われる。その後装飾的な要素が大きくなり，病気予防や清潔のために用いられるようになってきた。そして美しく見せることから個性の発揮へと変遷していったものと思われる。化粧の中心はヨーロッパであったことから，ヨーロッパでの化粧の歴史を述べ，中国と日本にも簡単に触れてみたい。

2-1　ヨーロッパ

　化粧の歴史は古く，4，5万年前の有名なクロマニョン人の狩猟壁画には赤土や赤原料による体へのペインティングが見られるが，そのような意味では人類の始まりとともに化粧らしきものも始まった。紀元前3000年の古代エジプト時代の化粧瓶やパレット，手鏡などが発見されており，その頃には化粧は上流階級では一般的になっていたと思われる。主にアイメークとヘアメークが施され，アイメークは強烈な太陽光線や虫から目を守ることの意味もあった。有名なクレオパトラのアイメークは，眉とまつ毛は黒く，上まぶたは暗緑色，下まぶたはナイルグリーンであり，それは歴史に大きな影響を与えたと言われている。

　古代ギリシャやローマでは，色白が美しさの基準になり，鉛白や白亜が使用された。また，入浴が盛んで，ローマ皇帝ネロの皇后であるパッパエアは，夜はひき割り粉（麦）と香料の特性パックを施し，朝はロバ乳風呂に入り，その後，顔は白く，唇や頬はヒバマタ色素で赤くし，まつ毛や眉，まぶたはアンチモンで黒く演出したと言われている。そのために100人の奴隷がいたそうである。

　中世のキリスト教文化では化粧は一旦すたれたが，16世紀になって香水が流行り出した。官能の刺激に加えて，ペストなどの伝染病の予防にも役立つ

と思われていたようである。ルネッサンスによりイタリアを中心に化粧が流行し，ベニスやジェノバは香料や化粧品原料の集積地として栄えた。イタリア女性の美の基準は，完璧な肉体，褐色の髪，色白な顔であった。

18世紀になると，香水がさらに進化し，オーデコロンはナポレオンが流行させ，ジョセフィーン皇后は麝香狂いと言われたそうである。

19世紀から20世紀にかけては，女性の社会的進出にともない化粧も一般的になり，そこでは健康美として小麦色の肌が好まれてきた。その後，マスメディアの発達により，化粧の大衆化，グローバル化が起こって現在に至っている。

2-2 中国

紀元前6世紀の「詩経」に「蛾眉」の記載が見られ，これは美人を意味している。漢代に化粧法が発達し白粉などが用いられたが，「愁眉」などの言葉が残っているように，眉は美しさの大きな要因だったようだ。これらの化粧は伝統芸能の「京劇」に見られるが，そこでは眉や目が誇張されており，中国では今も眉や目のメーキャップを重要視する傾向がある。

文化大革命により，化粧をする女性が減少し，この時代に青春期を過ごした女性は未だにほとんど化粧をしない。近代になって若い女性の間で化粧が一般的になり，経済の発達と女性の社会的進出から中国は大きな市場となってきた。

2-3 日本

縄文前期に赤色漆塗りの櫛が発見されており，化粧もその頃から行われていたようである。大陸文化の輸入により化粧は盛んになり，持統天皇に白粉を謙譲したところ，大いにお喜びなったという記載が見られる。「源氏物語」には宮廷での化粧の記述が多く出てくるが，「薫の君」や「匂宮」などのように「香り」が大きなキーワードになっている。江戸時代では，紅花の口紅やお歯黒，眉そりなどが日本独特の化粧方法となっていた。

3 世界の化粧品市場

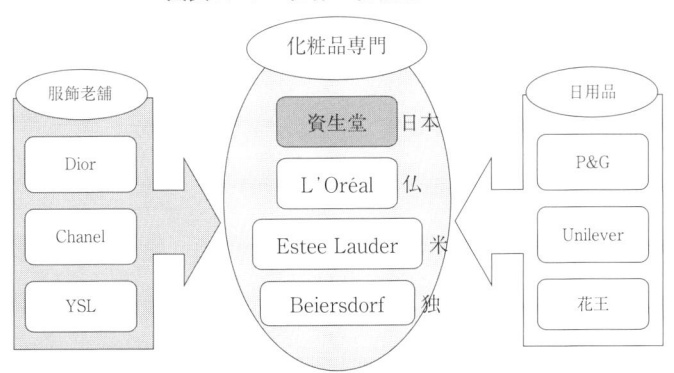

3-1 世界の化粧品メーカー

　世界の化粧品メーカーは，その由来から大きく3つに分類される（図表11-1）。1つ目は，日本の資生堂，フランスのロレアル，アメリカのエスティローダなどのように化粧品を主なビジネスとしている化粧品専門メーカーである。2つ目は，ディオール，シャネル，イブサンローランなどのようなファッションメーカーであり，香水から化粧品に進出したグローバルブランドのメーカーである。3つ目は，P&G，ユニリーバ，日本の花王のように日用品から進出したメーカーである。そのほかに，ロート製薬などのような製薬メーカー，味の素やヤクルトのような食品メーカー，富士フイルムなどのような化学メーカーなど異業種からの参入メーカーも増えてきている。各々のメーカーは自社のイメージや技術的な特徴を活かしながら化粧品ビジネスを行っており，グローバルでの競争が激化している。

3-2 プレステージ市場とマスステージ市場

　化粧品市場は大きくは，プレステージ（プレミアム）市場とマスステージ市場に分けられる。プレステージ市場は，おおよそ2,000円以上の高価格帯であり，デパートや化粧品専門店などが売り場となる。販売形態はカウンセ

図表11-1　世界の化粧品メーカー

服飾老舗	化粧品専門	日用品
Dior	資生堂　日本	P&G
Chanel	L'Oréal　仏	Unilever
YSL	Estee Lauder　米	花王
	Beiersdorf　独	

リング販売で、各社の美容部員がお客さまの要望を請けて適切な商品を推奨して販売している。グローバル・ブランドの化粧品は主にこの市場となる。マスステージ市場は低価格帯であり、スーパー、ドラッグストア、コンビニなどで売られており、セルフ販売と呼ばれて自分で選んで購入する化粧品である。その割合は、3割がプレステージ市場、7割がマスステージ市場となっている。

世界市場で1位はアメリアで、2位は日本となっている。最近は中国、ブラジル、ロシア、インドのいわゆるBRICsの伸びが大きくなってきている。プレステージは日本とフランスで強く、マスステージはアメリカや新興国での割合が多いという特徴がある。

3-3 化粧品の法規制

化粧品は各国の法規制、ヨーロッパではEU化粧品指令、アメリカではFDA、日本では薬事法、中国では中国衛生規範、ASEANではASEAN化粧品指令を遵守する必要がある。使用できる原料や化粧品の効能表現、安全性基準は各国の法規により異なってくる。

効能表現では、ヨーロッパは製品ごとの技術情報ファイルが必須で有用性データがあれば企業責任で効能表現が可能になるが、日本では効能表現は薬事法により厳密に規制されている。安全性については、ヨーロッパでは原料は疑わしきは使用せずの考えであるが、アメリカではここまでなら大丈夫というリスク管理を行っており、日本は海外での規制の影響が大きい。

このような法規制も各国のハーモナイゼーションの方向にあるが、他の規制と同様にEUが主導的な役割を演じており、ASEANはEUの規制を取り入れており、中国もその傾向が強い。日本もEU規制への対応が重要になってきている。

4 資生堂のグローバル・ビジネス

4-1 資生堂について

資生堂は1872年に東京銀座で日本初の西洋薬局として創業した。1888年に

日本初の練り歯磨き，1897年には化粧水を発売して化粧品業界に進出した。1923年にチェーンストア制度を採用し販売網を整備して発展してきた。

「資生堂」の社名は，「易経 坤掛の巻」の「至哉坤元 万物資生」（大地の得はなんと素晴らしいものであろうか，すべてのものはここから生まれる）の「資生」に由来している。会社概要は，資本金600億円，従業員約26,000人，2009年3月期の連結ベースで，売上6,900億円，営業利益500億円，経常利益520億円，純利益190億円である。世界的には，ロレアル，P&G，ユニリーバ，エスティローダに次いで5位となっている。

資生堂のコアバリューを次の3つと定めて化粧品ビジネスを進めている。
- 「リッチ」：モノやサービスの質の高さを細部にわたって徹底してこだわり実現していくこと
- 「ヒューマンサイエンス」：研究開発分野において，肌表面を美しくすることだけでなく，ヒトの心にいかに働きかけるかまで探求していくこと
- 「おもてなし」：ヒトやモノを介した触れ合いを通じ，心まで豊かに導いていくこと

4-2　グローバル・ビジネスの状況

資生堂は世界68カ国（2008年現在）に進出しており，海外売上比は約36％となっており，今後はこの割合を50％に上げることを目標としている。地域別売上は，アジアが41％，アメリカが24％，ヨーロッパが35％となっており，最近はアジア，特に中国の伸びが大きくなっている。資生堂は古くから中国との関係が深く，1981年に参入し，高品質のブランドイメージが確立できたことが大きい。

資生堂のグローバル・ビジネスの特徴は，
- 東洋の伝統と西洋の先進技術の融合
- 品質第一主義で研究開発に力を入れている
- 優れた皮膚科学研究によりスキンケアが強い
- 各地域のお客さまの肌をよく研究している

などが挙げられる。

現在，資生堂では，「アジアン・ジャイアント」から「グローバル・プレイヤー」へという方針の基にグローバル化を推進している。

4-3 資生堂の商品戦略

資生堂の商品は全世界共通のグローバル商品と各地域のローカル商品に分けられる。グローバル・ブランドとして最高級ブランドの「クレ・ド・ポー」とその他いくつかのブランドを保有して世界的に販売している。最近は日本で発売した商品をアジアを中心に販売国を拡大させている。フランス発のグローバルの香水ブランド（ISSEY MIYAKEE, GAULTER, narciso rodriguez）は資生堂という名を一切出しておらず，全世界で販売し500億円の売上げを上げている。中国では主に中国専用のオリジナルブランドで展開しており，「オプレ」はデパートで，「ウララ」は各地域の専門店で販売しており，大きな売上を上げている。

5 資生堂の研究開発

5-1 化粧品の研究開発の概要

資生堂は研究開発に力を入れており，全世界では約1000人の研究員が化粧品開発を行っている。化粧品は単一の技術から成り立つのではなく，様々な技術領域の融合によって開発される。そこには技術だけでなく，人間工学や心理学といった人文科学も含まれてくる。そこで，われわれの研究開発ビジョンは，「Creative Integration」（創造性の統合）としており，

　①さまざまな技術領域，研究領域の統合

　②国内と海外の統合

　③研究開発にかかわる人々の知識，活力の統合

を念頭に研究開発を推進している。

化粧品は商品そのもの（ハード）だけに価値があるのではなく，その周辺の情報（ソフト）も重要となる。その周辺とは，商品の有用性や安全性などの情報，美容法や使い方，その物語性などである。われわれは化粧品の開発においては，ハードとソフトが一体となった開発を目指している（図表11-2）。

第11章　世界各地域の化粧品文化と資生堂のグローバル・ビジネス　227

図表11-2　ソフト／ハードを一体化して開発

```
化粧品　＝　　ハード　　＋　　ソフト
　　　　　（中味処方／外装）（美容法、成分情報）
```

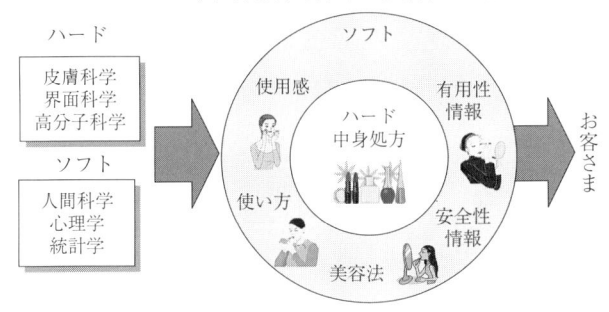

ハード
- 皮膚科学
- 界面科学
- 高分子科学

ソフト
- 人間科学
- 心理学
- 統計学

ソフト：使用感、有用性情報、使い方、安全性情報、美容法
ハード：中身処方

→ お客さま

化粧品の価値を決める要素

　化粧品に求められる主な機能は3つあり，機能性，感性，安全性である（図表11-3）。「機能性」は，肌を美しくする，シミを直す，シワを予防する，紫外線を防ぐ，などの様々な化粧品に求められる機能である。「感性」は，心地よい感触，色調，香りなどの心の満足を得られるものであり，「安全性」は誰が使用してもまったく問題ないことを保証することであり，化粧品の最も重要な要素である。この3つの機能を融合させた商品を目指して研究開発を行っている。

図表11-3　化粧品に必要な3つの機能

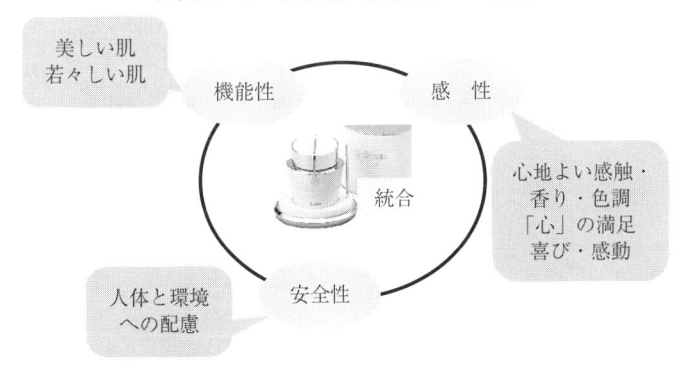

- 機能性：美しい肌，若々しい肌
- 感性：心地よい感触・香り・色調，「心」の満足，喜び・感動
- 安全性：人体と環境への配慮
- 統合

5-2 製品づくりの日本と海外の違い

　化粧品はマーケティング部門から商品企画案が研究開発部門に提示されて，それに則って開発が進んでいく。この過程で海外と日本の違いが現れる。大雑把に言えば，日本ではマーケティング部門と研究開発部門の共同作業で開発が進められるが，海外ではマーケターが上位にあり，研究開発部門はそれにしたがって商品をつくることになる。日本では機能や品質が重視されることから研究開発部門の力が強いが，海外では細かい品質より商品全体の世界観といったコンセプトが重視されることからマーケターが主導的な役割を演じている。日本はチーム型モノづくりで，海外では個性を活かしたモノづくりになり，それゆえ日本では万人向けの丸いモノづくりになりがちであるが，海外では特徴あるとがったモノづくりに繋がる。

5-3 グローバル研究開発の状況

　資生堂グループの研究開発拠点はリサーチセンターとして，日本を中心に規模の大小はあるが，中国（北京），ヨーロッパ（パリ），アメリカ（ニュー

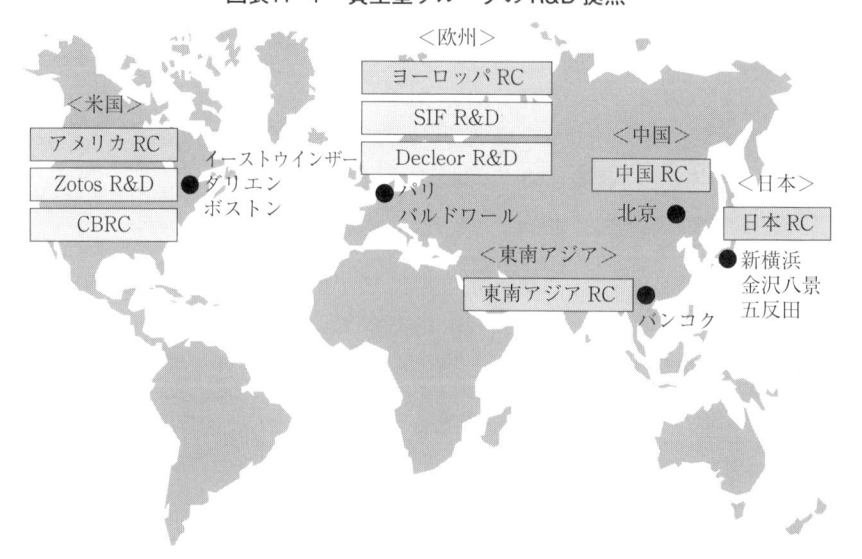

図表11-4　資生堂グループのR&D拠点

＜米国＞
アメリカRC
Zotos R&D
CBRC
イーストウィンザー
ダリエン
ボストン

＜欧州＞
ヨーロッパRC
SIF R&D
Decleor R&D
パリ
バルドワール

＜中国＞
中国RC
北京

＜東南アジア＞
東南アジアRC
バンコク

＜日本＞
日本RC
新横浜
金沢八景
五反田

ジャージー），東南アジア（バンコク）に置かれている。その他に，資生堂がM&Aした海外メーカーの研究開発拠点がアメリカとフランスにある。（図表11-4）。各々のリサーチセンターでは，グローバル活動とローカル活動の両面の役割を持っている。ローカル活動は，その地域のお客さまのための商品開発や現地事業の学術支援などを行っており，現地事業への貢献を目的にしている。グローバル活動は，その地域特有の技術の導入や情報収集，解析を行ってグローバル的な活用を図っている。

最も充実しているのは中国リサーチセンターであり，2004年の設立後，現地完結の商品開発を目指して開発にかかわる機能を日本から移管しており，資生堂の中国事業の発展に大いに寄与していると考えている（図表11-5）。アメリカのボストンにハーバード大学，MGH（マサチューセッツ総合病院）と協同で設立したCBRC（Cutaneous Biology Research Center）という皮膚科学の基礎研究機関を保有している。ここでは，資生堂からのファンドを活用して皮膚の基礎研究を行っており，資生堂から研究員を派遣している。ここでの成果の優先実施権を資生堂が持っており，その基礎研究を発展させていくつかの高品質な化粧品を開発してきた。

図表11-5　CRC（中国リサーチセンター）

中国　北京
設立　2002年4月15日
新施設移転　2005年11月28日

＜ミッション＞
中国事業の支援
・中国向け製品処方の開発
・現地お客さま研究
・技術広報，特許，薬事など

グローバル事業の支援
・中医学研究からのグローバルシーズ開発

6 化粧品における地域特性

先に述べたように化粧品は各々の地域の歴史，風土，気候や生活習慣に影響されることから，地域ごとの化粧品に対する特徴がある。

6-1 ヨーロッパ

化粧品のステータスは高く，グローバル・ブランドのプレステージ化粧品の多くがヨーロッパに存在する。

その特徴はフレグランスが圧倒的に強いことにある。ヨーロッパでは香りが生まれた時から生活に密着しており，香りに対する知識が豊富である。自分の体臭に合った自分の香りを持っており，自己主張の手段でもあり，TPOによる使い分けも巧みである。1950年代のシャネルNo.5が今でもベストセラーのように古いフレグランスの存在意義も高い。日焼けに対する感覚も日本と異なり，ブロンズ肌は健康美であり，日本のような美白という概念は余りない。しかしながら，最近は紫外線の害も広まりつつあり，サンケア商品も売上を増加させている。

フランスでは化粧品は重要な産業であり，パリ郊外にはアメリカのシリコンバレーを思わせるコスメティックバレーがあり，そこには化粧品メーカーの研究所や大学の研究機関が集まっており情報交換が頻繁に行われている。ドイツは安心・安全志向が強く，植物原料などを主に用いた自然派化粧品が流行っている。イタリアはフランスのブランドが浸透しており，サンケア商品も重要となってきている。資生堂の売上はドイツとイタリアで好調であるが，これはスキンケアの重要性を訴えて資生堂の高品質のスキンケア商品を提供したことによると考えている。最近は，ロシアの市場も拡大しており，日本商品の品質のイメージは高く，今後期待される市場となっている。

6-2 アメリカ

アメリカは世界一の化粧品市場であるが，マスステージの割合が高い。多民族国家であることから，アジアン人市場，黒人市場，ヒスパニック市場などのように民族による市場も存在する。先進技術の関心が高く，リスクの高

い大胆な有効成分の配合も時としては行われる。美容皮膚施術も盛んであり，ボツリヌス毒素を注入して筋肉の緊張を緩和させ眉間のしわを取り除く治療もよく行われている。化粧品企業としては，研究開発や生産設備を持たずにそれらはアウトソーシングに頼ったマーケティングだけの会社も多い。またデザイナー個人のセンスで成り立っているデザイナーズブランドや専門医者が関与したドクターズブランドも盛んであり，日本でも話題になっている。

6-3 中国

　化粧品人口は2010年には1億人，その5年後には2.1億人，さらに2020年には3.7億人になると予想されており，近々日本の市場を追い越すことは間違いない。ここでは，大手のグローバル・メーカーの競争が激化しており，中国の地元メーカーはグローバル・メーカーにほとんどが買収されてしまった。デパートビジネスが中心であるが，化粧品の専門店も増加しており，特に地方にも広がってきている。

　市場構成は日本に似ており，スキンケア市場が大きい。中国も他民族国家であるが，最多の漢族の肌は日本人の肌に近い。ただ紫外線対策が十分でなかったことから，肌はやや黄ぐすみの傾向にある。四川省では紫外線量が少ないので美人が多いと言われている。一般に食事の影響か肌の皮脂量は多い。40代以降は実際より年をとって見えるが，これは若い時に化粧のケアをしなかった影響だと考えられる。

　スキンケアの使用感は濃さ，しっとり感，こくが好まれる（日本では，みずみずしさ，さっぱり感が好まれる）。メーキャップでは特にアイ製品が重要であり，「目の力」というように目周りを重視する傾向が強い。香りは日本人が好む柑橘系の香りは嫌われている。

6-4 東南アジア

　タイでは大手グローバル・メーカーが強いが，日本への親近感もあり資生堂も健闘している。美白願望が強く，外で働いて色が黒くなることは地位が低い証左であると捉えられ，色白はプレステージの象徴だと思われている。日本人は色白であるとうらやましがられる。

インドもタイと同様に美白は上流の証と見られ，美白化粧品の要望が高い。ここはイギリスの植民地であったこともありユニリーバが圧倒的に強い市場である。

6-5　アフリカ

国によって大きく異なるが，一般的にアフリカ人はドライスキンでワセリンや保湿クリームの需要が大きい。またヘアケアの感心が高くロングヘアーに憧れている。ヘアサロンに通うことも多く，そこが社交場にもなっている。小屋のような雑貨店には，肌用ローションなどのスキンケア商品やヘアケア商品なども置いてあり，今後の市場が期待される。

6-6　日本

市場は成熟化しているが，高齢者市場が伸びる可能性がある。購買行動は，一人十色と言われているように，一人の人がデパートで高級品を買うかと思えば，コンビニで低価格品も購入するというように多様である。フレグランス市場は極めて小さく伸びも余りない。生活習慣や体臭のなさ，強い香りへの嫌悪感などによると思われる。消費者の目は厳しく，品質へのこだわりは世界一である。海外では商品に問題があれば取り替えれば簡単に済んでしまう。海外メーカーは品質に厳しい日本で受け入れてもらうことがアジアを制する前提だと考えているようである。

日本人の自慢は髪と肌にあり，お手入れ意識が高く，年をとっても美しい肌を保っている人が海外に比べて多い。メーキャップはナチュラルメークが主であり，肌の欠点をなくす「守り」のメークが主体である。海外ではアイラインなど大胆で「攻め」のメークが主流である。使用感は「さっぱり」や「みじみずしさ」を重んじており，使用感の表現も多様である。一般に日本人の肌は敏感であり，知覚過敏は日本人に圧倒的に多い。

日本の化粧品メーカーの強みは技術力が高いことから，使用性がよく，容器も使いやすく，高品質な商品づくりにある。東洋人の髪や肌は美しいというイメージもよい印象を与えている。おもてなし文化に基づくキメ細やかなサービスなども海外では日本メーカーの評判の高さに結びついている。

7　おわりに

　化粧品と他の商品を比較すると，グローバルという観点で類似点も多いが，異なる面もいくつかあることがお分かりいただけたかと思う。グローバル的に要求される機能など共通点も多いが，各地域の特徴もまた重要な要素となる。グローバル化に向けては，研究開発に力を入れて基本となる品質を高めつつ，現地のお客さまに根ざした商品づくりを目指していかなければならない。

第12章

異文化経営における企業文化力の重要性
―― 萩原工業の事例 ――

1 はじめに

　萩原工業は現在海外に3つの子会社を所有し事業経営を行っている。インドネシアに1社，中国で2社である。1985年9月のプラザ合意以降，円レートが大幅に切り上がり他国通貨が相対的に下落を始め，近隣諸国から安価な製品の日本市場への流入が本格化し競合状況が激化してきた。

　否応なしの国際競争時代への対応として，海外での事業は1995年にインドネシアで手掛けて早くも16年が経とうとしている。海外における異文化圏での事業の難しさに直面し，筆者も当社のスタッフたちも苦労の連続であるが，その中で私なりこの身を持って経験し習得した海外での事業経営の要点を，インドネシア子会社を事例にして紹介したいと思う。

　本章で明らかにしたいことは，海外における事業経営で複雑で困難な出来事を未然に防いだり発生した時の迅速な問題解決へ，それぞれの企業独自な企業文化が如何に大事かということである。この独自な企業文化が強ければ強いほど，日々に発生する煩雑な出来事を未然に防ぎ，また発生しても処理対応が早いことも経験している。企業文化とは海外においても，社長から全社員が企業経営における価値観の共有を図ることにより，行動規範が統一され効率的な経営も遂行できるものである。

　これからの海外事業における問題解決にあたり，企業文化をドライビン

グ・フォースとする考え方から「企業文化力」と呼びたい。この企業文化力は世のため，人のために役立ち，そして善な行動をもたらすものでなくてはならない。そこに企業とその社員は存在意義を世の中から与えられ，幸せな生活を営むことができるのである。私のお話ししたい企業文化力を強くするためには，如何に中核技術経営に注力することが肝要かを，先ずは当社47年の歴史の中での派生と成長の過程を追って実例的に説明したい。

2　萩原工業の歴史と概要

2-1　萩原工業の誕生と創業の経緯
(1)　倉敷地域における成り立ち

　萩原工業は岡山県倉敷市水島に昭和37年（1962年）に産声を上げた。

　われわれの誉れである倉敷市には倉敷紡績の二代目社長である大原孫三郎が昭和5年に設立した大原美術館があり，周辺には江戸時代の古い町並木を残し美観地区として観光スポットであることは承知のとおりである。

　現在の岡山県地域は古代には黍（きび）の国と言われ，それを由来に吉備の国となり，江戸時代には備前，備中，備後の地域に分かれていた。古い書物に応神天皇（306年）の時に，漢の霊帝の曾孫の阿知使主（あちのおみ）漢人が吉備の国に渡来して文化が開かれてきたとある。天平時代（729～749年）国府の設置で国分寺や国分尼寺の建立もなされている。古代から中国，朝鮮の文明の到来の1つのルートに，大陸や半島から日本海を渡り島根県の出雲に上がり，そして現在のJR伯備線のある高梁川を遡って吉備平野に至り瀬戸内まで到達した。これらの文明は養蚕から絹織物，綿花栽培の綿織物，農耕のための鋳造鍛造，酒造，そして土木・建築技術の普及と発展をもたらしている。

　時の流れを進めるが，江戸時代の延享年間の1744年から1747年頃には幕府直轄の天領である倉敷は代官所としての統治機能も進み，特に綿織物の綿花の栽培が本格的に奨励された。これは瀬戸内沿岸が遠浅の地形から干拓がし易く，振興干拓地の砂質と瀬戸内沿岸の湿度と温度が綿花の栽培に適してお

り，夏は綿花の栽培，冬は麦の栽培がなされていたようである。この頃から一地域を一主要産業で発展させ，産業集積（クラスター）としての素地が生まれたと言っていいのではないか。

倉敷は倉敷川から児島湾を経て瀬戸内海へと繋がっており，このうえない穏やかな寄港地・内陸港のである。この海上物流の立地条件を生かし米，塩，菜種油，肥料用の干し鰯，そして綿花製品等の物流交易機能が江戸時代を通じて発達したのである。江戸時代後期の寛政12（1790）年〜文政11（1828）年にはこれらの物流隆盛に伴い商業地としての機能が拡大していき，一方では代官所と既得権益問屋と振興商人勢力との対立が起こってくる。豪商は余剰金で金融業を営み土地の取得から次第に大地主へとなっていく。

結果的には振興商人勢力（新禄派）が勝利・台頭し，特権問屋制度廃止，年貢租税割当の改正，村役人の選挙制導入などを図りながら明治の時代へと移行している。

(2) **倉敷紡績の誕生**

明治の初めには，備中地域での綿花栽培量は近畿以西で3番目の産出量を誇り，短く光沢が弱く赤みの特徴がある「備中の紅綿」と言われた。明治19（1886）年頃に地域の発展を思う若き実業家が頭角を現してきた。綿花を使い繰り綿問屋の息子で東京にて遊学してきた大橋沢三郎（26歳），士族の下に生まれた雄弁な小松原慶太郎（24歳），そして商才に長じた醸造業の木村利太郎（26歳）の3人である。

彼らは自分たちの地域発展のために，主要産業である綿花栽培に伴う綿紡績の加工を，これまでの家内工業的な作業からイギリスの綿紡績機械を輸入し綿紡績産業の近代的紡績会社の設立を目論んだのである。当時，倉敷村の新興勢力富豪の大橋家，大原家に資金等の協力を仰ぎ，大原家の当主大原幸四郎が資本金の大半を出資して，倉敷紡績が設立され初代頭取（社長）に就任したのである。大原孝四郎は明治24（1906）年には現中国銀行の前身である倉敷銀行の頭取にも就任しており，その資金力と人望の高さが偲ばれるものである。

(3) 倉敷紡績から周辺産業派生への事例

　明治22（1904）年に近代的紡績機械による倉敷紡績が誕生して，高品質で安価な綿糸が生産されるようになった。それに伴いその綿糸を使っての綿織物産業が発展してくる。地域内ではその綿織物生地を使っての染色業や縫製業が誕生し，またそれらの関連機械業やそれらの修理業も発展してきた。綿織物の分厚い生地は江戸時代から樽廻船などの帆船布として使われていたが，明治になり一般民生需要の繊維製品が普及しながら軍需でのテント生地や軍服の大量生産が始まる。これらが学生服やワーキングウエアー，そして現代のデニム・ジーパン生地，そしてジーパンの産地と発展していくのである。

(4) 繊維周辺産業派生から萩原工業誕生へ

　紅綿としての綿花産地に倉敷紡績が誕生し，各種繊維綿製品が開発されるのに伴い周辺の繊維産業が派生してきた。1つには，筆者の祖父が創業したイ草産業である。この地域は冬と夏の寒暖の差がイ草の栽培にも適しており，古くからイ草の栽培がなされていた。イ草を横に綿糸を縦に織り上げて畳みの敷物ができるのであるが，倉敷紡績ができた影響で織機の近代化や周辺機器の開発でイ草を職布する工程も大幅な近代化を遂げたのである。

　イ草産業以外にも備中平野を流れる一級河川の高梁川河口の川辺には，茎が太い草のよしや葦（あし）が大量に自生しており，その野草を使って日よけの簾（すだれ）産業が同じく派生してきた。また，麦を収穫したあとの穂を使い麦わら帽子や麦わら敷物産業も派生している。余談になるが，愛知県や静岡県の中京・遠州地域も古くから綿花の栽培が盛んであり，明治に入り豊田佐吉が綿織物織機の近代化に成功し，その特許をイギリスの織機会社に許諾し，その資金で持って刈谷に自動車工場を作った。それが今のトヨタ自動車にまで発展する。

　織機は硬い木材と継ぎ手の精密金属部品が必要であり，それはバイオリンやピアノの舶来楽器製造にも適する基礎技術がすでに育成され，ヤマハ楽器が誕生し，オートバイの製造まで発展していくのも1つの産業からその中核技術を応用発展させ周辺産業が発展していく好例である。

話を私の祖父に戻すが，イ草畳表業を営み始めた祖父は機転の利いた人で，当時業界で日本国内の販売が一般的な中に，当時すでにアメリカ向けの花むしろの製造販売に注力し，その存在感を示していった。当時は日本国であった台湾や満州国への販売にも注力したようである。

第2次世界大戦後の昭和21年（1946年）に事業を継承した実父の二代目萩原賦一は共産圏を除く世界各国への輸出に努め，また各種花ござの生産効率化とデザイン化に努め付加価値化を促進した。昭和20年代，30年代と事業を再興し事業規模も着実に拡大している折に昭和30年初頭より岡山県倉敷市水島は，川崎製鉄，三菱石油，三菱化成，旭化成等が事業進出し，石油化学コンビナート化された。

事業欲の強かった実父は，地元で国産化され始めたポリエチレンやポリプロピレン等合成樹脂原料を使って独自な花ござのタテ糸の生産に着手した。花ござのタテ糸はそれまでの天然素材の綿糸から石油化学合成樹脂原料に置き換え始めてきたが，倉敷紡績があるお陰で繊維クラスターに関連する基本技術が脈々と繋がっていることを強調しておきたい。

(5) 萩原工業誕生からの主なエポック

1962年　イ草花ござ用タテ糸を綿糸からポリエチレン・モノフィラメント（合成樹脂原料）で生産開始し，石油化学産業の一端へ事業進出

1964年　合成樹脂原料で扁平な「フラットヤーン」の開発・生産開始

1965年　フラットヤーン生産設備の輸出開始し産業機械事業も始める

1974年　ブルーシートの世界初一貫生産体制を先がける

1995年　インドネシア子会社（合成樹脂事業）の設立

1996年　ロール紙用スリッター機械の開発上市

2000年　大阪証券取引所市場第2部へ株式上場

2001年　東京証券取引所市場第2部へ株式上場

2002年　中国青島子会社（機械事業）の設立

2004年　ISO9001・2000認証取得　TPM優秀賞第1類受賞

2005年　中国上海子会社設立

2007年　機械新工場増設

(6)　萩原工業の主要技術と製品群

◇中核技術　切る／伸ばす／巻く

◇所持汎用技術

　　樹脂溶融／製糸／製織／防水加工／印刷／製袋／機械設計・組立

◇フラットヤーン製品群

　　ブルーシート／お花見シート／建築ネット／カーペット心地／テニス用人工芝ファイバー／ハンディーモップ・ファイバー

◇産業機械群

　　レシートロール紙スリッター機／フィルムスリッター／各種中低速ワインダー／プラスチック再生機

(7)　連結会社紹介

　下記の図表12-1が萩原工業の関連会社である。図表12-2は関係子会社の概要，図表12-3は連結経営データである。

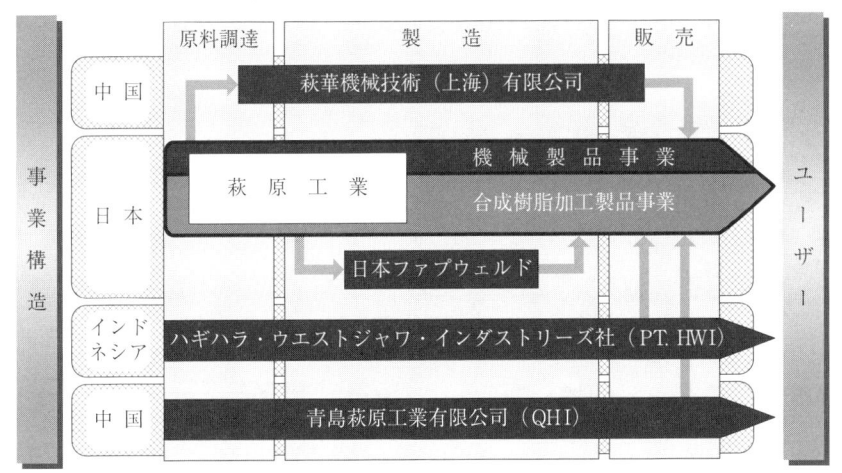

図表12-1　萩原工業関連会社群構成図

図表12-2　萩原工業関係子会社の概要

萩原工業	関連子会社				
	日本ファブウェルド	PT・HWI	青島萩原工業	萩華機械技術（上海）	萩原アシスト
設立 1962年11月	1967年7月	1995年3月	2002年12月	2005年1月	2005年12月
資本金 10億800万円	9,000万円	1,000万US$	7億円	1億35百万円	1,000億円
代表者 萩原邦章	西谷眞琴	笹木真尚	三木武	中澤健雄	萩原邦章
事業内容 フラットヤーン関連製品および産業機械の製造・販売	ラミクロスのシート加工	ペーパークロス袋、コンテナーバッグ等の製造・販売	フラットヤーン関連製品の製造・販売	自動機器製品の設計	人材の派遣
直近売上 21,734百万円	455百万円	2,788百万円	897百万円	415百万円	55百万円
経常利益 1,804百万円	△44百万円	87百万円	12百万円	20百万円	7百万円
社員数 407名	37名	479名	166名	33名	21名
所在地 岡山県倉敷市水島	岡山県笠岡市	インドネシア／ジャカルタ	中国／山東省青島	中国／上海	岡山県倉敷市

※2008年10月31日現在

図表12-3　萩原工業連結経営データ

（単位：百万円）

	05／10	06／10	07／10	08／10
売上高	21,122	22,585	23,467	23,701
経常利益	1,146	1,410	1,604	1,882
当期純利益	608	587	840	1,048
自己資本	6,809	7,475	8,196	8,926
総資産	19,541	20,228	20,109	20,148
有利子負債（手形割引高含）	7,194	6,060	5,557	5,259
総資産当期純利益率（ROA）	3.2%	3.0%	4.2%	5.2%
自己資本当期純利益（ROE）	9.5%	8.2%	10.7%	12.3%
売上高対総資本回転率（回）	1.08	1.12	1.17	1.18
自己資本比率	34.8%	37.0%	40.8%	44.3%
フリーキャッシュフロー	674	391	681	323
一株当たり当期純利益（円）	108.68	99.02	140.14	174.96
一株当たり純資産（円）	1,173.19	1,247.28	1,367.22	1,488.94

(8) 萩原工業の企業文化

　企業文化力を述べるに企業理念と社是はその真髄であろう。企業理念は私が事業を継承して幹部と策定したものだが，社是は創業者が策定したものである。当初，我社の社是は重々しく窮屈に思い，いつかは変更しようと思っていたが，年数が経てば経つほどに現在の会社経営に無くてなならない概念であり，創業者の高き志に畏敬の念を持って臨むばかりである。

①企業理念

　萩原工業はフラットヤーン技術を大事にしながら，常に変革し続け，世のため人のために役立つ会社であろう。

②社是

・萩原工業は業界をリードする
・萩原工業は信用に生命をかける
・萩原工業は恩義を忘れない
・萩原工業の社員は創意を尚び，自己の責任を果たすことに悦びをもつ

③経営思想図

　人と製品，そしてマネジメントが常に変革している企業，それが萩原工業だ。

　企業理念と社是を徹底し企業文化力を高めるために，この経営思想図を用いている。

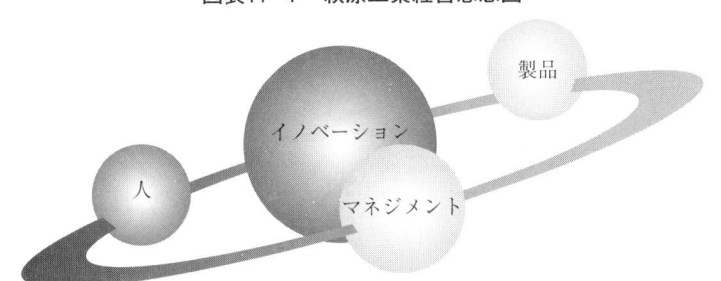

図表11-4　萩原工業経営思想図

3 海外事業をなぜ行うのか

3-1 海外事業展開へ狙いと意義

(1) 製品が持つライフサイクルの宿命

　創業期から成長期に会社の成長を牽引してきたブルーシート，カーペット基布，コンテナーバッグ，そしてフラットヤーン機械が海外メーカーとの競合が激化し，売上，利益ともに衰退の状況となり，新たな手法でのコストダウンや高機能化を余儀なくされてきた。コストダウンの主要戦略は人件費ウェートの高い製品群の一部海外生産化であった。また，高機能化を目指す戦略の下では粘着テープクロス，セメント補強ファイバーのパルチップ，そして関連機械ではフラットパネル等光学系フィルム裁断機械のスリッター等を開発上市し，第2次成長曲線（図表12-5）を創り出している。

(2) 海外機械メーカーの技術の追随と到達（フラットヤーン製造装置の総合コスト性能競争力）

　フラットヤーン製造装置においても1985年のプラザ合意以降，韓国，台湾，そして中国の追い上げが激しく，販売力低下そして低収益化へと悪化の一途（図表12-6）を辿る。

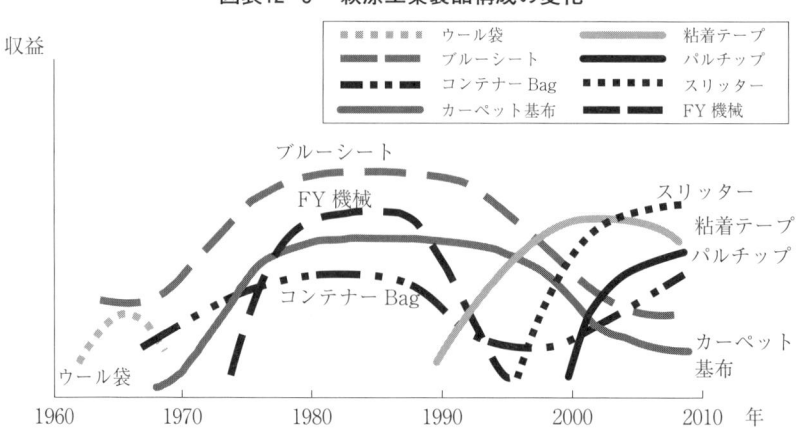

図表12-5　萩原工業製品構成の変化

第12章　異文化経営における企業文化力の重要性　243

図表12-6　各国収益の低下

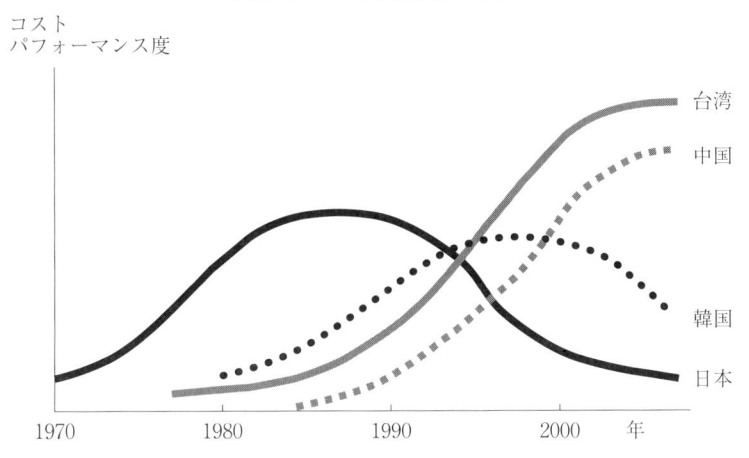

（コストパフォーマンス度のグラフ：台湾、中国、韓国、日本の推移、1970年〜2000年代）

1985年プラザ合意以降1995年までの急激な円高期間を経て，海外からの競合輸入フラットヤーン製品は着実に増大し，1998年には日本国内需要に占める海外輸入品が50％を超える状況（図表12-7）となった。

図表12-7　円高とフラットヤーン競合輸入品流入との関係

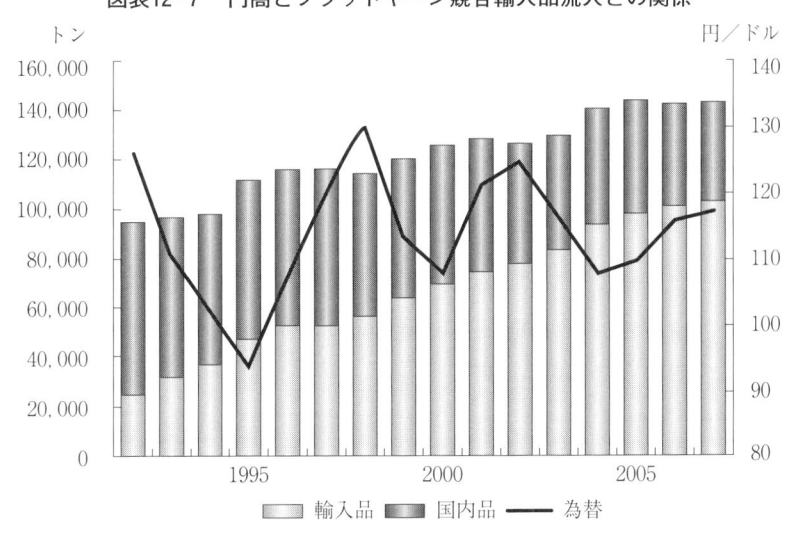

（1991年〜2007年頃の輸入品・国内品（トン）と為替（円／ドル）の推移グラフ）

4　インドネシア子会社での経験

4-1　P. T. HAGIHARA WESTJAVA INDUSTRIES 設立の目的

　1985年9月ニューヨークのプラザホテルで交わされた先進国金融会議での合意以降に日本円の大幅な為替切り上げが進んだ。当時210円／US＄だったのが，3年後の1988年には125円／US＄にまで切り上がり，輸出アイテムの手取り収益は大変厳しいものとなった。一方で韓国や台湾，そしてタイやベトナムといったアセアン諸国は，彼らの母国通貨の為替安から輸出品目の収益性が改善され，日本への汎用製品の輸出が大幅に伸びてきた。

　日本企業は当時収益の維持改善にコストダウン努力を余儀なくされたのであるが，急減期で大幅な円高為替変動はその企業努力の枠を超えるものであった。この苦境を打破する1つの方策は，海外への生産移転と海外市場の開拓であった。これらを進めるには，国際的マネジメント力を持った人材の育成と国際経営への組織的経営力の構築が必要になった。

4-2　国際競争激化への対応策と経緯

　海外へ直接投資をするのは，前以って同業者と業務提携をし，その国でのかかわりを増やし，将来予測されるリスクを自分自身で感じ取ることが肝要と思う。今日までには計り知れない苦労と困難があったが，その都度毎に社員が一丸となって乗り越えてきた。その主な出来事を振り返ってみる。

1990年　海外生産のための進出国選定の検討開始
　　　　　市場の有無／人件費のレベル調査／土地購入費用／電気・水料金／原材料調達の可否／税制等各種優遇策の有無／法整備状況／治安状況／政権の安定状態／基礎生活面の確認

1991年　インドネシア同業社との業務提携でOEM製品の輸入販売開始
　　　　　生産技術指導／品質確保指導

1995年　P. T. HAGIHARA WESTJAVA INDUSTRIES 設立・創業
　　　　　資本金　400万ドル
　　　　　生産品目　カーペット用一次基布

ポリエステル原料用コンテナーバック

   社員数　200人
   設立前に新卒インドネシア人22名を6カ月間日本本社で研修
   この22名が現地企業を牽引する重要な人材となった。
1996年　順調な生産・販売拡大
1997年　10月ルピア大暴落
     2,500／US＄→16,000Rp／US＄
   Rp決算のため資産価値下落で大幅な累積欠損発生
1998年　3月　決算にRp基準からUS＄基準へ変更
   力仕事で帳票類のやり直し
   資本金4百万US＄→6百万US＄→10百万US＄へ矢継ぎ早の資本金増資を行う
   5月　スハルト政権崩壊
   ジャカルタ市内殺掠暴動発生
   日本人学校への避難，子女婦人の日本帰国
   欧米人はチャーター機で脱出，日本国の対応は民間の独自対応任せ
1999年　3月　第4期（99／3月期）で黒字化達成
   第7期（02／3月期）まで苦労多くも黒字経営で事業拡大続く
2003年　4月　イラク戦争勃発
   原油22＄／バレルから2008年7月に147＄／バレルまで高騰続く
   第8期（03／3月期）から第11期（06／3月期）まで原材料暴騰，人件費等諸物価高騰により4期連続赤字経営を余儀なくされる
   低付加価値製品事業縮小戦略に伴う人員削減で大幅リストラを断行
2006年　第12期（07／3月期）より再び黒字化経営
   黒字化への施策事項
   ◇生産面
    ・不採算製品の販売停止と生産中止
    ・人員削減と勤務交代制度変更……労働組合との軋轢発生

- 一部待遇改善，経営情報開示と共有化
- 不要設備の廃棄と再配置，ロス削減作戦
- 新原価計算システム SAP-R3 導入で製造原価の正確性を図る

◇販売面
- 高収益製品と戦略開発型製品の販売強化
- 採算是正へ粘り強く捨て身の製品値上げ活動
- 販売品目の削減・統合と在庫圧縮

◇管理面
- 海外安価原料の多様な調達
- US＄債務圧縮で金利削減
- 売掛金回収の日数短縮努力で債権・債務の大幅圧縮
- 福利厚生プログラムの企画と実施

4-3 インドネシア子会社の業績推移と苦境打破への施策

　予測できないマネジメントへのリスクに対して各種対策を打ってきた。振り返ってみれば決して奇策などなかった。製造メーカーとしての当り前の背策を着実に行ったのみである。一方で大事なことは現地インドネシア人社員を巻き込み，その政策活動を進捗させて自分たちも問題解決に役立ったという達成感を待たせることが大事である。

◇品質向上と統一化へ TPM 手法を活用し，生産管理システム強化
◇SAP-R3 導入で子会社群へも損益管理意識の向上を図る
◇適品適所へ生産品目見直し
◇サプライチェーン・マネジメントの強化にて各種コスト対総資産計数値を改善する

5　海外子会社での異文化経営

5-1　インドネシアにおける各種特性

　まずは進出国毎の主要な特性を冷静に事実として認知することから始まる。そのことは，特長であって自分たちの都合のみで判断すると間違ったマネジ

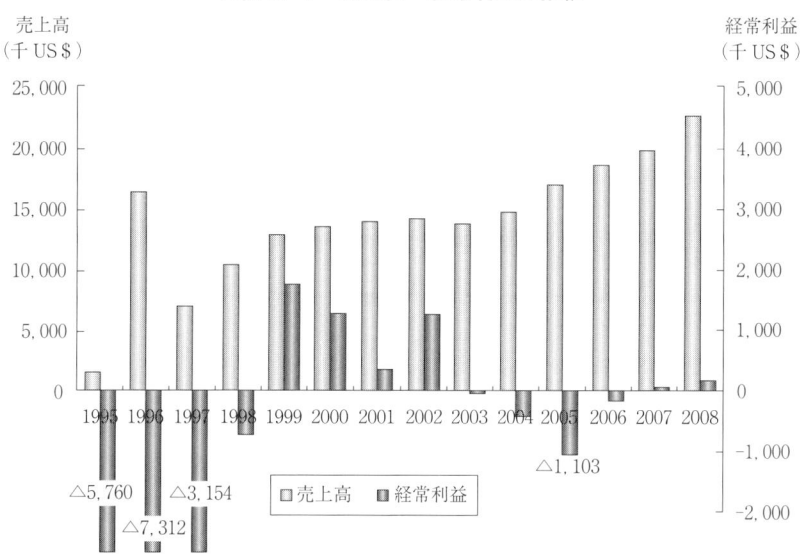

図表12-8　売上高・経常利益の推移

メントになってしまう。まずは冷静に受け留めることである。

人種：温厚　おとなしい　仲間意識高い　熱狂的　高プライド　人前での叱責は厳禁

宗教：1日数回の礼拝（作業休止）
　　　1年に1カ月の断食あり　　イスラム武闘派テロ発生

生活：競争は不要　富あるものが相互扶養

政治：租税徴収制度未整備モラル劣悪　贈収賄の恒常的状態
　　　外資系企業への圧政

5-2　ダイバーシティ・マネジメントの要点

　海外での多様で複雑な事業経営を行う場合に取り纏めれば，①差異の尊重，②業務のマニュアル化，③やり甲斐働き甲斐の醸成，そして④企業文化力の練磨の4項目になると思う。

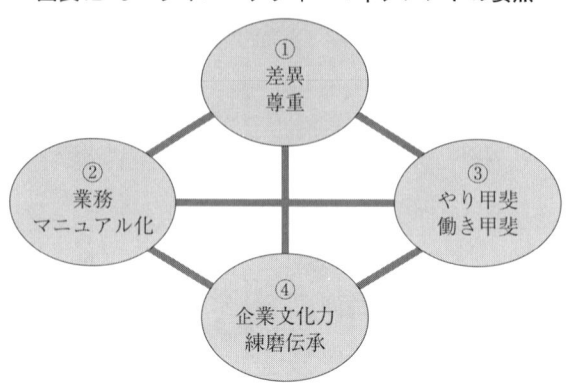

図表12-9　ダイバーシティ・マネジメントの要点

① 差異尊重
② 業務マニュアル化
③ やり甲斐 働き甲斐
④ 企業文化力 練磨伝承

①差異の尊重
・宗教信仰への理解を持つ
・生活スタイルやレベルの格差を理解すること
・一人ひとりの自尊心の尊重が大事である
・思考や行動様式の差異を認識し尊重することから海外事業は始まる
＜実　例＞
　文化やものの考え方が異なるために日本の常識が通じない（総務部長には現地の優秀な人材を登用することが肝要である）
・宗教問題への対応対処で工場内へモスクルームの設置の助言を受ける
・給与格差の判断を仰ぐ
・現地の流儀や考え方の尊重を教わる
・不満分子のストライキへの対応や，日本人には分からない面子解消には
　インドネシア人同士の話し合いが早い
②業務のマニュアル化
・生産システムの徹底したマニュアル化
　原材料の選定と画一化
　生産設備と生産方法の画一化

ISOを使ったトータル品質の維持向上
・財務・経理システムの本社との一元化
　　損益計算システムの統一化（SAP-R3基盤活用）
　　財務・資金の一元的管理
＜実　例＞
　　なかなか品質管理が出来ない状態が続いた
　　　・ISOの取得をツールとして画一化教育の徹底を行った
　　　・日本人のやり方や押し付けでない業務の進め方の開発と統一を行った
③やり甲斐・働き甲斐の醸成
・提案制度と報酬
・権限の拡大と委譲
・評価と報酬の公平な運用
・マネジャーや，取締役への登用
＜実　例＞
やり甲斐・働き甲斐は報酬だけでも無理だ
・社員旅行（独立記念日8月17日）の恒例実施
　　家族同行がポイント
　　子供たち家族への土産も大事
　　バス30台で日帰旅行
・長期休暇明けでの日本人スタッフの握手での出迎え挨拶行事
　　純粋に嬉しい　帰属意識・愛社心の醸成
④企業文化力の練磨
・企業文化とは
　　日々の小さな改善や善な行動の積み重ねである
　　明るく元気な「サラマット・パギ」（おはよう）から会社の文化醸成活動が始まる
・ポジティブ・シンキング
　　失敗を恐れず直ぐにやろう

出来ないことの理由は要らない
・帰属意識と愛社心の醸成
　　個人の幸せと会社の発展はリンクする
　　会社の資産共有と所有感が大事「皆のものだ」
　　福利厚生の企画と日常対話の重要性
・経営理念と社是の粘り強い周知徹底・努力
　＜実　例＞
　挨拶運動　表彰制度　恥ずかしい性格で，大きな声で挨拶できない
　挨拶の定着　明るい雰囲気作り

6　おわりに

◇海外事業における異文化経営の要点
　・日常のインフォーマルな対話が大事
　・人間尊重と難問発生時に，丁寧で誠実な対応に努める
　・性善説と性悪説のジレンマは，海外事業において当り前と覚悟することが肝要である
　・多様性の中で困難な局面に遭遇した時は，原理・原則への振り返り，原点復帰で冷静な判断が重要
　・真理・正道への探求「なにが本当の道なのか」
　・寛容性への訓練「事業とは辛抱が肝心だ」

　如何に企業文化が善で強いかで，新規事業や海外進出においても，その成果が違ってくるように思う。どうしてその企業が今日まで存在するのか，その競争優位をつくっている根源は何なのか，そのことが不明確では決して善で強い企業文化は生まれない。

　企業文化力の弱い企業が海外事業を行っても苦労が多いと思う。複雑で多様な課題が待ち受ける海外事業を行うには，社長の高き志や目標を社員が共有し，どんな苦難にも立ち向かう強い勇気と挑戦的なマインドの企業文化力こそが成功の鍵であると信じる。

第13章

日本発のグローバル人材開発の方法論への道程
——グローバルヒューマンネットワーク社[1]の事例から——

1　はじめに

　1990年代前半にバブルが弾け，いわゆる国際人材開発の重要性が一定レベルで認識されていたにもかかわらず，実効性のある多国籍ベースの人材開発施策の立案・実施に成功した企業は日本企業の中では稀であった。その中で98年のアジア経済危機に直面し，「日本人主体」の経営ではグローバル経済の激流の中で生き残ってゆくことが困難であることを多くの日本企業は痛感したはずである。2000年以降，昨2008年のリーマンショックに至る過程で，どれだけの日本企業がグローバル戦略を真に支えうる人材戦略をどれほどの実効性をもって実現できたのであろうか。

　本章では，上述のような問題意識の下，2000年以降，本社のグローバル人材開発施策（以下，GHRD 施策）およびアジア大洋州の視点からのリージョナル人材開発施策（以下，RHRD 施策）の双方の立場で施策立案と現場での実施に腐心してきたものとして，2010年以降の日本企業，ひいてはアジア企業のグローバル化（進化）の可能性について，筆者が経験上最も重要性の高いと確信する7つの領域について試論を展開したい。

　異文化経営学会が創立5周年を迎え，2020年までの今後10年間の研究対象について，今後種々議論が行われる中で，GHRD 実務家としての筆者の「経験則」（帰納的アプローチ）が何らかのお役に立てば幸甚である。なお，

1990年代中旬から2006年までに実施したGHRD諸施策の具体的説明とその実効性の分析については『異文化経営研究』(第3号)にある程度詳しく述べてあるので，ご関心のある読者方々におかれてはご参照願いたい。[2]

なお，本章で述べる内容は，所属会社での実体験に基づいて蓄積した知見であるが，未来への展望については，筆者の個人的なGHRD思想に基づいている部分が多く，所属会社の経営ビジョンを全面的に反映したものではないこと，さらに，文責はすべて筆者個人に帰するものであることを念のため明記させていただきたい。

2 日本（アジア）発GHRD施策の創発は可能か？

2-1 昨今の日本社会の状況

この課題は，あまりにも大きく複雑なので，まず，昨今の日本企業における外国人（＝以下，非日本人）の雇用の実態を再確認するところから出発したい。本社の陣容の変化，すなわち「本社人材の多国籍化」およびそれを必然化するビジネス戦略の変化如何が今後の成否のカギとなるからである。

最近の法務省入国管理局発表のデータによると，日本国に在住する非日本人は約200万人ということであるが，このうちいわゆる高度人材（大学卒と同等レベル）以上の知識とスキル・ノウハウを有する非日本人はどの程度いるのであろうか。定義にもよると思うが，入管のデータ上では，約5万人と言われている。わずか2.5％である。細かい数字には議論があると思うが，大数でいえば，1億人以上の約2％のうちの2.5％であるから，総人口の0.004％に過ぎない。

本章では，その個々人の「スキル」と「ノウハウ」，そしてそれぞれの「キャリア・マネジメント」まで立ち入って論じるつもりはないが，個々人の動機に敢えて想いを寄せて考えてみると，日本および日本企業は「非日本人」の「高級人材」にとって「働きやすい」社会および組織であろうか。

比較のために，外国人を積極的に——しかし人材層別に木目細かく——受け入れ，人口を増やしているシンガポールの例を見てみよう。同国の人口はすで

に500万人に近くなっており、そのうち外国人（＝非シンガポール人）はなんと全人口の25％に相当する。日本が２％のところ、人口比ではシンガポールが25％と10倍以上である。手元に正確な数字がないが、高度人材の比較で言えば、10％以上であることは間違いない。ちなみに、シンガポールの永住者（PR）は50万人以上で、すなわち10％以上が移民である。英語系移民国と英語が苦手な日本を比べてどうするという意見もあろうが、日本の数字の現状はそれを勘案したとしても極端であると言わざるを得ない。日本社会の住み心地と日本企業の働き心地は裏腹ではないだろうか。

2-2 個人的原体験からの教訓

　筆者が最初の駐在から1996年に帰任し、国際人材開発は日本人の視点からのみでなく、むしろ非日本人の問題意識を基点として施策を検討するため、また英語をベースとする情報共有（knowledge sharing）、さらには知識の創発を目指したナレッジ・マネジメント（knowledge management　以下、KM）を体現すべく東京本社の国際人材部局で新規に採用した初の米国人の経験が参考になる。彼女は、JETプログラム（Japan Exchange Program）を卒業した、口語表現においては完璧な英日バイリンガル人材であり、墨田区の異文化コーディネーターを経て米国に帰国していたところを呼び寄せ、当方のチームで活用した。コーポレートでは、中国系以外では唯一といってよいほど稀有な非日本人であったから、彼女の苦労は大変なものであった。異文化マネジメントが専門であったから、良くも悪くも日本人の特性をよく理解してさまざまな局面に大分我慢してくれたが、我慢に耐えかねた事例も少数であるがあった。この経緯は、「吹き飛ばせコミュニケーション・リスク(4)　ジャパン・パッシングを防ぐ知恵（下）」[3]に詳述したが、煎じ詰めるところ、通常のケースでは異文化障壁ゆえに「一人では耐え切れず辞めてしまう」ということである。

2-3 教訓からの新たな実践—多国籍採用と「本社」インサイダー化

　６年間も独りで耐えつつ多大なる貢献—特に筆者にとっての教訓—を残し

てくれたその米国人は惜しくも結婚のために母国に帰任してしまったが、この間の試行錯誤を通じて蓄積された多くの教訓が、現在実施中の施策の基盤となっている。2003年から、複数の国際人材をグローバルHRDで活用することとし、英国人、カナダ人、シンガポール人、インド人、台湾人、中国人等と専門分野別に順次採用し、多国籍スタッフ間のKMを助長しながら、徐々に「本社インサイダー化」していった。この結果、最初の非日本人が一人で5年かかったインサイダー化を工夫を重ねれば約3年でできるという確認がほぼなされた。けだし、非日本人間のバイリンガルKMによる情報共有の促進によるものであると推察される。もちろん、コーポレートが主導して本社の経営情報を英語化したことも大きい。要は、本社では日本語の重要情報が怒涛の如く、横溢しているわけであるが、英日バイリンガルの非日本人が増えることで、当該組織への定着が促進されるという点を「体感」したということである。もっとも、個々人の日本語能力においては、たとえば日本語検定1級と同2級の合格者の間には大分の格差があり、ことに「経営戦略」レベルの内容になると社内通知および会議等における理解度もかなりの差があることは否めない。しかしながら、上述のバイリンガル化を進めつつ日本語に強い非日本人スタッフの能力を活用し、他のより日本語能力伸長の必要のあるスタッフに刺激を与えることで、日本語能力もそれぞれ伸長し、同時に英語でのKMも進んだように思われる。1本の矢は折れやすいが、3本の矢は折れにくいということであろう。日本語の読み書きのための研修を当初2～3年は忍耐強く継続する必要があることは言うまでもない。

2-4　社内シナジーの創生と業際KMの実現

また、当方の組織が非日本人の活躍によって活性化したことで、他のコーポレート組織で一定の条件を満たす場合には、非日本人の新規雇用が促進されたという点を補足しておきたい。すなわち、それらは、安全保障貿易担当部局、広報の社内報担当部局（バイリンガル社内報作成）、そしてCSR担当部局である。

これら部局の特徴は、安全保障貿易上のリスク・マネジメント、コーポ

レート・ブランドの維持と改善、そして社会貢献の視点からの株主価値の保全・維持・改善という英語における社（内）外への積極的コミュニケーションがその機能遂行上不可避である点である。

これらの部局においては、われわれが説得せずとも当該組織の本来の機能強化のため、非日本人を確保・活用することが当然であった。したがって、彼らが当該部局で中心的な役割を果たしていったことは何ら不思議ではない。さらに、異なるコーポレート部局ではあるが、通常の営業部局の場合と比べ、経営情報等の共有が必須であることから、複数の非日本人間のおそらく英語による情報共有が飛躍的にネットワーク化されたことは想像に難くない。

この経験により、本社でバイリンガルの非日本人を増やすことで、バイリンガル・ネットワークが形成され、彼らが英語系の海外オフィスのスタッフへの本社（高度）情報のハブになることが確認された。従来から当方の唱える「バイリンガル・コンピタンス」の確立には、このような本社で活躍する

図表13-1　バイリンガル・コンピタンス

バイリンガル化プロジェクト：バイリンガル・コンピテンシー概念図

中期経営計画(INNOVATION 2007・INNOVATION 2009)をはじめとする経営情報のバイリンガル化の進化が進化し、社内誌「Ryowa」も完全バイリンガル化に実現。今後の課題は営業グループ・本部・ユニットの戦略の英語化。

3. 和文情報でも必要なものは全て英文でも同時に揃う状態で、全体の情報量を更に拡大していく。

2. 情報量と質の全体が拡大しながら英文情報も拡充し…

目標

和文情報　英文情報

現状

和文情報　英文情報

日本語→英語で、のみならず英語→日本語（＆多言語間）でも"情報"が流れる状態。
・経営戦略情報(中経)、社長スピーチ、役員人事、一般通知、異動速報、社内規定、Knowledge Management.etc.

1. 英文情報が少ない現状から…

和文情報　英文情報

場所で必要な英文情報を全社ベースで拡充していく

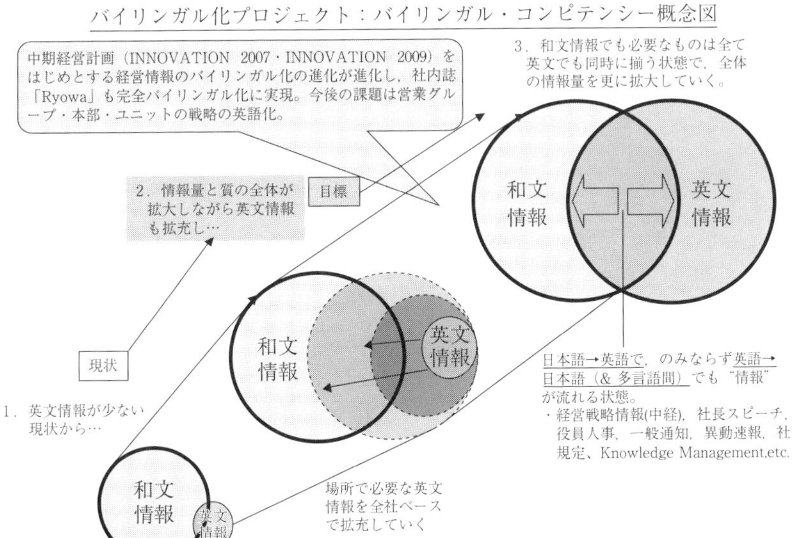

バイリンガル非日本人が不可欠である。

2-5　大企業における非日本人採用の現状

上述のとおり，当社の状況は，率直にいってまだまだ本社での採用は進んでいない。これから2〜3年間に，海外オフィスから100名以上の出向者もしくは業務研修生が来るので，本社社員の意識も徐々に変化すると思われるが，これは漸進的なものであり，やはり，本社での非日本人雇用を増やさなければ組織全体の変化は促進されにくいと考える。

さて，他の大企業の状況はどうであろうか。これについては，「わが国企業における外国人材活用の現状と課題」[4]）をご参照願いたい。この論考の図2（23頁）によれば，アンケートに答えた企業91社のうち，なんと3分の1以上の32社で「非日本人」の本社採用は1桁（9名以下）である。200名以上採用している企業も数社あるが，いずれもメーカーであり，技術系が大多数と思われる。経営人材，管理職候補の採用数は極めて限定されているのが現状である。長年言われて久しいが，このジャパン・パッシングは企業側の責任であるか，それとも採用候補者側の責任であるのか。この問題について，これまでの体験から想うところを述べたい。

3　ジャパン・パッシングの桎梏とバイリンガル・コンピタンス―どちらがより重要か

3-1　成長の桎梏としてのジャパン・パッシング

1990年代後半から顕著に海外各国で見られたいわゆるジャパン・パッシング―すなわち優秀な，特に英語系の当該国社員が日系企業への採用応募を忌避すること，もしくは一旦入社しても我慢しきれず退職してしまうこと―は，アジア危機以降サバイバル・レベルを彷徨していた日本企業の多くにとって，その後長らく成長の桎梏となった。この状況の分析は，「日本企業の中国におけるホワイトカラー人材戦略」（日本経団連）に詳しいので，ご参照願いたい。[5]）

3-2 リスク・マネジメント能力の重要性

いまでこそ，グローバルな成長の取り込みが大きなリスクを背負い込む恐れがあることを痛感しているが，2000年以降昨年のリーマンショックまでは，BRICsをはじめとする新興国・地域の成長を取り込むには，いわゆる優秀なナショナル・スタッフ（＝当該国スタッフ：以下NS）の積極的登用と活用が不可欠とされた。当社も例外でなく，新規ビジネスの創出に焦点を当てたグローバル・リーダーシップ・プログラムの企画実施，中国での地域プロフェッショナル制度をはじめとする国別優秀人材の地域内活用と career development プログラム，グローバル型HRシステムの国別導入等を鋭意取り進めてきた。いずれも本社戦略への貢献，地場発ビジネスの発信と実現，新規ビジネスの発案およびFS実施等のごとき右肩上がりを前提とした「前向き」の施策が主流であった。

3-3 非日本人戦略人材創出の新たな要請

これからは，しかし，様々なリスク・マネジメントを踏まえつつも，慎重かつ大胆な事業計画を本社もしくは地域本社と協働して策定しうるような，戦略的マネジメント能力を備えた非日本人プロ人材が必須になると考える。そのため，いまだ過渡期であるが，「戦略オフィサー（strategic officer）」という新たな人材概念を創って，中長期的な観点から高度人材を内製する試みを開始したところである。

◇戦略オフィサーの2大機能
(1)海外オフィスの視点から戦略・戦術を提言できる
(2)海外オフィスの所属員のHRDを推進しうる

3-4 ジャパン・パッシングの本質

ジャパン・パッシングは次のようにまとめられる。アジアを中心とした職務評価面談等を通じた筆者の一次的体験を基に抽出した項目である。いまでは当たり前に理解されているが，当時は新鮮な概念であった。これは，1,000名以上のNSとの面談の所産である。

図表13-2　ジャパン・パッシングの主な原因

```
┌─────────────────────────────────────────────┐
│           海外オフィスに共通の問題              │
│         海外スタッフから聴取した結果から         │
└─────────────────────────────────────────────┘
```

- 透明性の不足（昇格昇進，評価，等）

- コミュニケーションの不足（現地社員・派遣社員間，派遣社員の語学力（英語／現地語）等）

- (英語)情報の不足（経営方針／会社方針，マネジメントの将来ビジョン等）

- キャリアパスの不足（glass ceiling（出世・昇進の行き止まり），将来のキャリア／機会に関するディスカッションが無い等）

- 評価スキルの不足（強み／弱みのフィードバックが無い，評価項目が明確でない等）

4　海外オフィスのHRD推進―HRシステムのグローバル化

4-1　海外オフィスHRD手法の進化（内製と社員の巻き込み）

　筆者がGHN社として90年代後半の初期ステージでかかわった国の中で思い出深いのが，中国である。中国オフィスのHRシステムの改訂は，それまで本社と同様の資格制度に慣れ親しんでいたところに，職務評価1本槍の制度を導入しようとしたのであるから，反響というか反発も大きかった。本社でもまだ資格制度のみでマネージしていた時点のことである。NSは無論のこと，本社からの駐在員にもまったく新しい概念を人事主導で導入したのであるから，当初の反動は大きかった。しかも，拙速でもいいという本社の意向を受け，職務記述書の作成，職務評価から始まって最終的な新グレード制度導入，給与改訂まで3カ月強という「突貫工事」であった。

　このケースの反省もあり，その後の各国のHRシステム導入に当たっては，HR委員会のような組織を創り，情報共有の手間と時間をなるべくとって，

第13章　日本発のグローバル人材開発の方法論への道程　259

当該オフィスの現状にもよるが，約6カ月から1年の期間をかけ，意識醸成に重点を置くようにした。NSの参加も歓迎し，意見も取り入れつつ，制度が自分達のものであることを実感させるよう腐心した。インド三菱のケースでは，99年に打ち合わせを始め，地ならしを徐々にし，最初の大規模な給与改訂が実施されたのが2001年のことである。地慣らしに実に2年を費やしたことになる。

その後，10カ国以上のHRシステムの新規導入もしくは既存システムの改善を実施したが，この間の教訓は実に大きい。一言でいえば，キャリア・マネジメント，パフォーマンス・マネジメントとトレーニング＆デイベロップメントの3者鼎立が成功の鍵である。

図表13-3　グローバル人材を観る視点―三種の神器

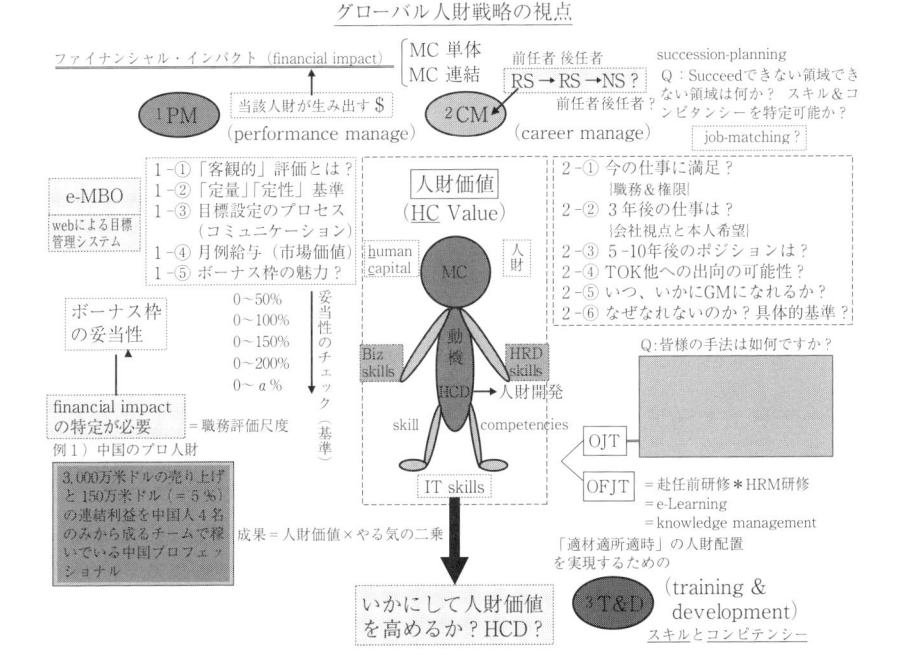

グローバル人財戦略の視点

ファイナンシャル・インパクト（financial impact）

MC 単体
MC 連結

前任者 後任者
RS→RS→NS？
前任者後任者？

succession-planning
Q：Succeedできない領域できない領域は何か？ スキル＆コンピタンシーを特定可能か？

①PM　当該人財が生み出す＄
(performance manage)

②CM
(career manage)

job-matching？

e-MBO
webによる目標管理システム

1-①「客観的」評価とは？
1-②「定量」「定性」基準
1-③ 目標設定のプロセス（コミュニケーション）
1-④ 月例給与（市場価値）
1-⑤ ボーナス枠の魅力？

人財価値
(HC Value)

human capital
MC
動機
Biz skills　HRD skills
HCD　人財開発
skill　competencies
IT skills

人財

2-① 今の仕事に満足？
　　職務＆権限］
2-② 3年後の仕事は？
　　［会社視点と本人希望］
2-③ 5-10年後のポジションは？
2-④ TOK他への出向の可能性？
2-⑤ いつ，いかにGMになれるか？
2-⑥ なぜなれないのか？具体的基準？

ボーナス枠の妥当性

0～50%
0～100%
0～150%
0～200%
0～a%

妥当性のチェック（基準）

Q：皆様の手法は如何ですか？

financial impactの特定が必要
例1）中国のプロ人財
3,000万米ドルの売り上げと150万米ドル（＝5％）の連結利益を中国人4名のみから成るチームで稼いでいる中国プロフェッショナル

＝職務評価尺度

成果＝人財価値×やる気の二乗

OJT
OFJT
＝赴任前研修＊HRM研修
＝e-Learning
＝knowledge management
「適材適所適時」の人財配置を実現するための

いかにして人財価値を高めるか？HCD？

③T&D
(training & development)
スキルとコンピテンシー

4-2　営業の「戦略パートナー」への道程

　このように，国別のHRシステムの設計と導入，その後のフォローアップを通じてGHRノウハウは徐々に蓄積されていったが，その過程で各種ビジネスの実体を知れば知るほど，給与ベースを上げてretentionができるようになったのはいいが，本当に営業部局—当該海外オフィスおよび本社BUに貢献できているのであろうか，という疑念が次第に大きくなっていった。一方で，折角グローバル・ベースに合わせて給与を上げたスタッフがその数年後，挨拶をして辞めてゆくケースが散見され，海外オフィスで働くほうの視点からの検討が必要であるとも痛感したのである。それから，退職ケースで，出来るだけ個別にexit interviewを励行し，知見を蓄積していった。直属の上司には言わないことも，HRシステムの導入プロセスを通じて親しくなっているスタッフであるから，本音で話してくれる。退職後も付き合いが続いているケースも多い。数十件の例だけであるが，これはと思った人材が転職先のグローバル企業で活躍していないケースは少ない。もっとも結果的にはretain出来なかったわけで，それこそ「後の祭り」であるが。しかし，負け惜しみではなく，彼らが出戻りたいポジションを確保することが今後の目標である。長年勤めて会社文化を理解しているので，インサイダー化の手間が省ける。この実現は難しいことであるが，戻るときの条件設定を営業部局と協働して工夫することにより既に数件は実現している。

　人事部局は営業部局の戦略パートナーでなければならないという，今では当然の規範を体得したのも，かようなretention managementの試行錯誤に拠るところが大きい。

4-3　HR専門家のネットワークの萌芽と成長

　海外オフィスのHRシステム改善のプロセスを進化させる上で，各国のいわゆるナショナル人事マネジャーのネットワーク化を実現したことが大きな意義を持ったことを特筆しておきたい。全社ベースのバイリンガル化とも関連するが，専門分野におけるバイリンガルKMに注力したということである。98年に香港に赴任した直後，まずアジア近隣のHRマネジャーを招聘し，

初の人事担当者会議を実施した。米国およびカナダの HR マネジャーも呼び，アジア中心であるが地域間（cross regional）の情報交換を企図したわけである。

ノウハウがほとんどなかったので，今思えば大した内容でもない 3 日間のセミナーであったが，最終日が終わったときには思わず涙が出た。

その後，徐々に国と地域を拡大し，2005 年までには 30 名程度の単体ベースの海外オフィスの HR マネジャーがネットワークされるようになり，うれしいことに本社の人事ノウハウに大きな貢献をなしうる NS 人材が育ったことは望外の副産物であった。このネットワークの中で，たとえばシンガポールの HR マネジャーがインドの HR マネジャーと KM-DB 上もしくは e-mail 等で情報交換および意見交換しているレベルに辿り着いたことを確認するまで，約 3 年間かかった。これにより，英語による KM が組織変革を齎すことを確認できたことは収穫であった。今後は，事業投資先の HR マネジャーのネットワークの拡充が重要になる。

今後は，バイリンガル KM が当然のように要請される安全保障貿易分野，広報分野，CSR 分野，IR 分野のみならず，他の分野（例：財務経理）での英語 KM が促進される必要がある。いずれにしても，グローバル化が「日本発」でない多くの専門分野においては，否応なく英語での KM を余儀なくされるわけで，時間の問題であるが，時間を買ってまで実現するかどうかというトップダウンの課題であろう。

5 ビジネス・ポートフォリオ戦略を支える HRD 施策への気づき

5-1 ビジネス種別から視た人材ポートフォリオ（適材・適所）

1,000 名以上の職務評価を通じて一定の知見を得たと上述した。HR システムの導入の過程でいわゆるジャパン・パッシングの元凶に辿り着いたわけであるが，ビジネス部局の戦略パートナーとしての観点から，最大の発見は次の図表である。

図表13-4　ビジネス種別に応じたHRDポートフォリオ

グローバル人事ビジョンを考える：ビジネス種別と人材ポートフォリオ再考

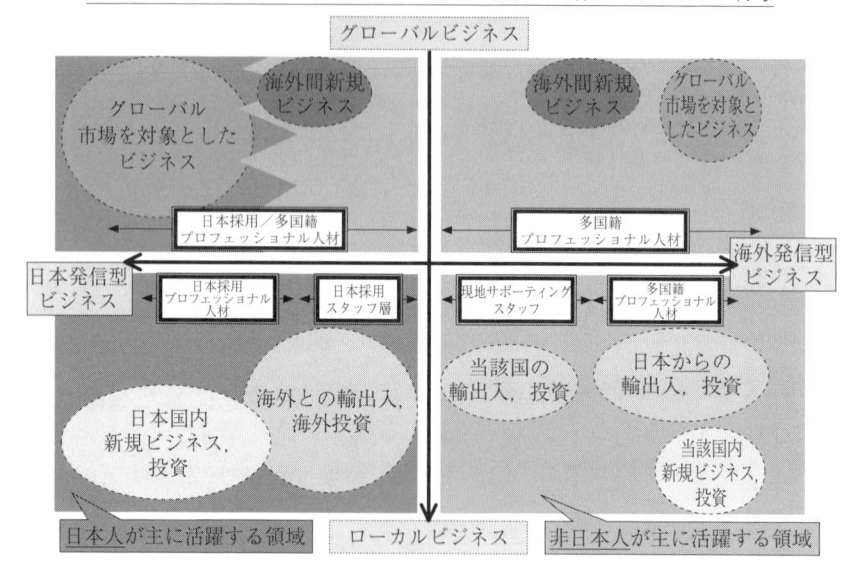

（図：縦軸＝グローバルビジネス⇔ローカルビジネス、横軸＝日本発信型ビジネス⇔海外発信型ビジネス。左上＝グローバル市場を対象としたビジネス／海外間新規ビジネス、右上＝海外間新規ビジネス／グローバル市場を対象としたビジネス、左下＝日本国内新規ビジネス，投資／海外との輸出入，海外投資、右下＝当該国の輸出入，投資／日本からの輸出入，投資／当該国内新規ビジネス，投資。人材区分：日本採用／多国籍プロフェッショナル人材、多国籍プロフェッショナル人材、日本採用プロフェッショナル人材、日本採用スタッフ層、現地サポーティングスタッフ、多国籍プロフェッショナル人材。左下＝日本人が主に活躍する領域、右下＝非日本人が主に活躍する領域）

5-2 「適材・適所・適時」を妨げる意識と現実―短視眼的HRDの限界

　要は，昔中国オフィス等で，北京大学，復旦大学等の最高学府を出た人材に事務作業や単純な作業を押し付け，仕事（job）のグレードアップを意識的かつ定期的に行わなかったつけが，入社数年後の大量退職に繋がったという組織的体験が基になっている。適材・適所・適時をビジネスの難易度に応じて考えるべきという教訓である。これは，上記の職務記述書に取引の種別を明記させる欄を増設したところ，単なる本社主導の輸出入ビジネスだけでなく，本社からの駐在員の指導により業務をいわば「右手（right-hand person）」として自在にこなす部類のナショナル・スタッフに加えて，本社に外国ビジネスの種を提言し，自ら本社のアカウントとノウハウを駆使して現地発のビジネスをドライブするスタッフが散見されるようになった。このよう

なスタッフが増えれば，win-win が可能ではないか。現実は，しかし，それほど甘いものではなかったが，少数ではあるが未来の希望となる人材を徐々に発掘し，個別 retention につなげていった。要は人材の発展段階に応じ，意識的に任せる仕事の内容を高度化させてゆくという工夫が大事であることを学んだわけである。しかし，これは独りの駐在員の時間的枠組の中では実現は困難である。数世代にわたる，現場と（地域本社）の継続的な努力が不可欠であり，この実施は並大抵ではない。

5-3 成長のための新たなリーダーシップ開発の試み

2000年から新たなビジョンで創設した GLP-Ⅱ（グローバル・リーダーシップ・プログラムフェーズ２）は，「意識改革」に留まることなく，各自の持ち場での現状変革を実現させるため「新規ビジネスの起案（envisioning of new biz）」と「変革マネジメント（change leadership）」の両面におけるスキルを獲得させる内容に徐々に進化させた。この道のりは，茨の途であったが，幸いにも一部の参加者が齎した現実（＝新規ビジネスの成就）によって梃入れされ，今日に至っている。まさに，「塞翁が馬」である。

しかしながら，彼らはすでに NS と呼ぶには人材価値が大きすぎる存在となっている。本社の正社員とは次元が異なるとはいえ，異次元であることを考慮すれば，個々のアウトプット―戦略情報，新規ビジネスの提言，本社戦略への実体的貢献等―において，本社スタッフに比肩，もしくは質量においてそれを上回ると判断される NS（＝言葉上では矛盾するが）がまだ僅か数％であると思われるが徐々に増えてきており，彼らを retain し，動機づけすることができれば，将来は明るいと考えざるを得ない。NS と呼び得ない人材をどう増やし，確保するか，これが次期中期経営計画の中核となるべきである。

6 グレード群（人材層）別アプローチ

5-2で述べた高付加価値スタッフの retention は，長らく解決不可能とされてきた。というより仕方のないことであると本社も現場も思っていた。し

かしながら、ここ10年間の試行錯誤の中で、ここまでに述べた施策を体系的に全社で効果的に実施することができれば、従来はretainできなかった高度人材も活用可能になる。さらに、たとえ一旦離脱してしまったとしても、適当なポジションさえ提示することができれば、復帰させることも可能であると考えるに至った。

このために必要な7つの要件を下掲する。いずれも実行は容易でないが、筆者が確信する経験則である。この機会に読者各位のご意見を頂ければ、幸甚至極である。

文字が細かいので敢えて日本語で纏めると以下のようになる。

1．海外オフィスと本社営業グループが協働して個々人のキャリア計画を策定
2．各グレードの役割期待を明確化

図表13-5　ハイポテンシャル人材を活用するための7つの成功要因

優秀スタッフを活用するための7つの成功要素

NCS制度およびIS制度からの教訓、更には現場の要望を踏まえ、優秀人材活用を各ハブで取り進めるにあたって以下のKey Success Factorが重要であることを各ハブ、グループ・部門と共有した。

- (1) タテ・ヨコが協働して個人別キャリア開発計画を策定（適材・適所・適時）
  ⇒BU・場所および本人のニーズを踏まえた、TOKもしくは最寄大場所での業務研修および短・中・長期の出向等
- (2) Grade/Position毎の期待役割の明確化
  ⇒役割期待を遂行する為に必要なコンピテンシーの明確化も行なう
- (3) 昇格に伴う職務・責任・権限の拡大
  ⇒昇格に伴い、Gradeの役割期待に応じて担当業務をレベルアップさせる
- (4) 各人材層における次の人材層への昇格要件に応じた研修等の人材開発プログラムの実施
  ⇒適材適練適時のTrainingを実施し、OJTと連動させることで、人材開発・育成効果を高める
- (5) タテ・ヨコの継続的な連携によるキャリア開発計画実行のフォローアップ
  ⇒場所長・部門長等のタテのメンタリング、およびヨコとの連携により、MCの経営哲学、本店の戦略・戦術への精通、信・知・力の体現、ひいては「MCのインサイダー化」を促進する
- (6) 選定基準のレベル合わせ
  ⇒少なくともRegional (HUB) ベースでは、優秀人材選定の「目線」を合わせる必要がある
- (7) 市場価値 (Market Value) の認識に基づく、給与水準の調整
  ⇒優秀NSは欧米系のグローバル企業に転職する可能性が高い（特に英語系NSの場合）

3．グレード昇格に当たり新ポジションにおける責任と権限を明確化
4．次のポジションの役割期待を踏まえた人材開発計画の策定（適練・適材・適時）
5．策定されたキャリア開発計画の実施に当たり海外オフィスと本社が継続的協働
6．グレード別に優秀スタッフの選定基準を共通化（地域間格差の縮小化）
7．当該人材の市場価値を適時に実現

7　多国籍ベースの「連結」キャリア・マネジメント

　1990年代後半から2000年にかけては本社社員の大方が単体ベースではなく，連結ベースのキャリア・マネジメントの下，単体の海外オフィスのみならず，事業投資先をも若いうちから経験すべきものとされた。2000年以降は，事業投資先の重要性が増し，本社社員をCEOおよびCFOに育てることが奨励された。これは実に時間がかかることであるし，本社社員は辞めないことを前提として中長期的HRDが可能であるからである。

　一方，欧米では会社組織への帰属心が比較的薄い，というより専門家としての自己HRDの意欲が現所属組織への帰属心を上回るため，専門キャリア形成の観点から適当なポジションがない場合には，容易に他社へ移籍するというケースが多い。これが常識であった。しかしながら，もし，本社社員のように，連結ベースのキャリアが当該国もしくは当該地域で形成されうるとしたらどうであろうか。

　もちろん，これは本社本部・BUもしくは地域統括拠点でのビジネス戦略上の位置づけが条件となる。しかしながら，当該国での事業投資マネジメントをなしうる当該国人材を意識的・中長期的に育成する，もしくは社外人材を新規に採用し，バイリンガル化を通じて短期に「インサイダー化」することが可能な組織的能力を獲得すれば，グローバル連結ベースのキャリア・マネジメントも夢ではない。

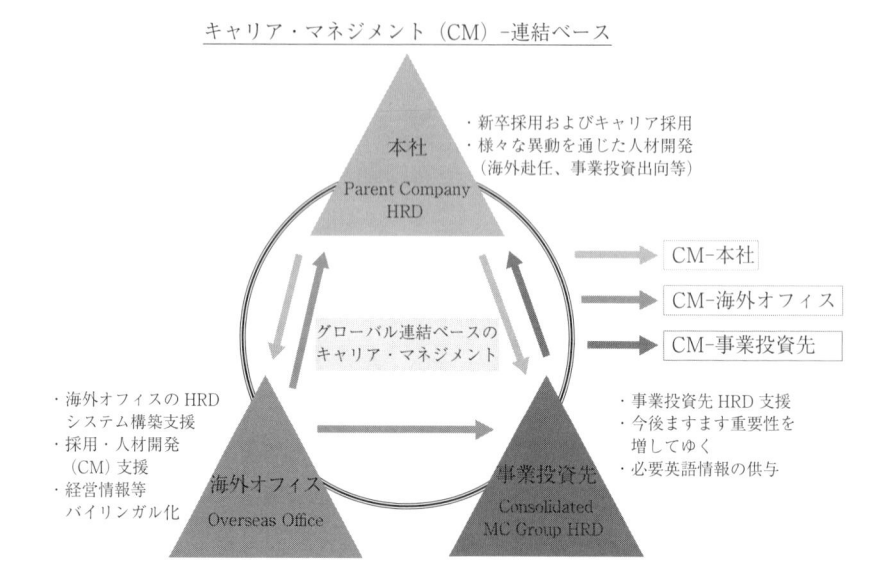

図表13-6　連結グローバル・ベースのキャリア・マネジメント

キャリア・マネジメント（CM）-連結ベース

本社
Parent Company HRD
・新卒採用およびキャリア採用
・様々な異動を通じた人材開発
（海外赴任、事業投資出向等）

グローバル連結ベースの
キャリア・マネジメント

CM-本社
CM-海外オフィス
CM-事業投資先

海外オフィス
Overseas Office
・海外オフィスのHRDシステム構築支援
・採用・人材開発（CM）支援
・経営情報等バイリンガル化

事業投資先
Consolidated MC Group HRD
・事業投資先HRD支援
・今後ますます重要性を増してゆく
・必要英語情報の供与

　実際，最近，海外オフィスから当該国で新規設立した事業投資先へ出向するNSが十名単位ではあるが増えていることはこの証左である。今後の課題は，事業投資をマネージできる非日本人プロ社員の積極的育成であり，また，事業投資先のプロパー社員のHRDである。

8　グローバル採用戦略の重要性

8-1　本社人材のグローバル化

　本章の最後に，中長期的観点からの「本社人材の多国籍化」について述べたい。4で述べたように，全社的な変化はむしろ稀であり，BU単位のビジネス戦略の変容に応じて必要な人材スペックに変化が起こり，よって人材戦略が変わってゆくことが経験則である。

8-2　グローバル化の必要条件と十分条件

　真の連結グローバル・ベースのHRDを実現し，実効性を高めるには，上

述の6項目のすべてに腐心する必要があるが，海外オフィスおよび事業投資先の HRD だけでは不十分である。

8-3 日本（アジア）発のグローバル化の必須要件

2-3で述べたように，多国籍のプロ人材が日英バイリンガルで KM をすることが「日本語を捨てない」日本発のグローバル企業の「進化」の必要条件である。日本語を捨てず，日本的な価値を信奉しつつ，グローバル化を果たすためには，全社的なバイリンガル KM のみでは不十分である。むしろ専門分野における，社内 jargon をも含めたバイリンガル化を鋭意推進することが必須である。そのためには，新規採用された英語堪能で日本語も読めるプロ人材が各部局に定着し，彼らがネットワークを拡充しながら，全世界に英語で本社の各種情報，特にテクニカルな知識を発信していく必要がある。そして，これはまさに営業各部局のビジネス戦略の変化に応じて非日本人プロ人材が増加してきた歴史からすれば，変わるべき BU はすべからく変化してゆくことは確実である。

8-4 今後の重要課題

今後の課題は，2-4で具体的に述べたように，非営業部局で，営業部局と異なり外界（＝グローバル社会）に直接晒されていない組織単位において一層の意識変化と行動の変化を起こすことである。これができれば，10年後の「グローバル化（進化）」は約束されたと同然である。志を同じくする諸姉兄と共に，今後数年新たな次元での試行錯誤を重ねながら，着実に歩んでいきたい。

注

1) グローバル・ヒューマン・ネットワーク社：三菱商事㈱の100％子会社として地域 HRD の推進のため1996年に香港に設立。主な事業は，GHRD のコンサルティング，非日本人スタッフの派遣，グローバル・リージョナル研修の企画立案・実施等。同社は当初の設立目的を果たし，2009年度をもって解組することとなった。
2) 『異文化経営研究』異文化経営学会，第3号，2006年11月。

3)「ジャパン・パッシングを防ぐ知恵（下）」『日刊工業新聞』2008年10月7日。
4)「わが国企業における外国人材活用の現状と課題」『経済Trend』2008年12月号。
5)「日本企業の中国におけるホワイトカラー人材戦略」日本経団連・国際労働委員会，2006年5月。

第14章
イスラームにおける関係重視型経営

1 はじめに

　グローバル経営が進展する中,異文化圏の経営との新たな融合が生むダイナミズムに注目が集まっている。その融合とは単なる折衷ではなく,「文化としての経営」の本質的転換を不可欠とする。

　「文化としての経営」という表現は,川田順三編『文化としての経済』から拝借したものであるが[1],文化（culture）が元来,「土を耕し,作物を育てる」ことを含意したことに照らせば,まさに経営は「経済という土壌を管理・運営し,社会を豊かにし,人を育てる」意味において文化そのものと言える。

　企業文化という表現に表れるように,経営と文化の関係は,これまで経営主体である企業環境の中で語られるか,もしくは従業員の属する国民文化の単位でとらえられてきた。ただしそこには近代文明から繰り出される文化という大前提があった。東西関係の崩壊による国家システムの再編過程において,近代文明がさらなる発展を遂げる一方,異なる文化・文明に基づく国家システム,経済・経営システムの構築の主張が現れた。

　その1つがイスラームの文化的土壌に立つイスラーム的経営である。その特性は関係重視型に見出され,経営は信仰と強く結びつくことによって,ヒトの要素と他者を排除しない構造を備えている。そしてそのような経営が,

経済を社会から遊離させることなく，人々の生活のための経済的営みを持続させている。

2 文化としての経営

　1990年代から急速に進んだグローバル化は，これまでの文化とは異なる新たな文化を創出した。それは国民文化や民族文化の特性を平準化するデジタル文化であり，それは情報技術（IT）の発達とともに瞬く間に世界に広がった。その特徴を端的に述べれば，一義的で交換可能，迅速と言えようか。それは儀礼や慣習，円環的なつながり，人間的な要素を徹底的にスリム化した。

　G. リッツァの『マクドナルド化する社会』は，効率性，計算可能性，予測可能性，制御によって顧客までをも経営の効率化に参加させる，ファスト・フードのシステムを明快に描き，それが飲食産業にとどまらず，社会においてシステム化していく過程を示した。[2] 担当者によってハンバーガーの味やポテトの揚がり具合が変わったりする問題を，職人的訓練によって制御できるようにするのではなく，機械や環境によって制御するところに，システムとしての革新があった。徹底した品質管理と効率化を目指し誕生したトヨタ・システムも同様である。デジタル化の流れの中で，経営文化は，熟成から促成に，そして訓練重視から制御重視に転換されたと言える。

　デジタル化された経営は，人間を制御し文化的差異を平準することにより，人間的な個別要素によって左右されないビジネス環境をつくり，これまでにはなかった利便さを企業，投資家，消費者に与えた。そしてすべての関係を交換可能とした。しかし他方，人間の内部にまで及ぶ徹底されたデジタル的分割と交換可能性は，ネガティヴな影響ももたらしており，それは組織経営や社会の深層にまで及んでいる。[3]

　しかし元来，デジタル的経営とアナログ的経営は，二者択一のものではなく，経営の傾向を示す表現であった。そしてそれぞれの文化的根源は，西洋的自己と東洋的自己とも深くかかわっていると考えられている。[4] ギリ

シャ・ヨーロッパ文明が育んだ相互独立的な自己と，東アジア文明が育んだ相互関係的な自己。だが独立性と関係性は二項対立の関係になく，相互補完的であり，独立的自己においても他者との協調的関係を前提に自己存立を行っている。いわば1個人の中での独立性と関係性の優先比率と焦点の当て方が異なっているにすぎず，他者の存在が自己の存在を写す鏡であることに変わりはない。

だが現在のグローバル化における独立性は唯我的傾向を強め，他者との協調を拒む傾向を強めている。徹底したデジタル的分割が，独立性と関係性のつながりをも断ち切ろうとしており，アナログ的傾向の強い社会においてのみではなく，デジタル傾向の強い社会においても，さまざまな社会的矛盾を生み出している。

しかし他方では，このデジタル的分割の暴走に抵抗する文明がある。それはイスラーム文明である。イスラーム文明圏の国々も近代文明のもたらす分裂や格差など深刻な問題に見舞われているが，他方，その基層には，社会的関係を容易に分断させない構造がある。そしてそれは「文化としての経営」にも反映されている。

3 イスラーム文明圏

現在，一般的にイスラーム圏と呼ばれる地域は，西アジア，北アフリカ，西アフリカ，東アフリカ，中央アジア，南アジア，東南アジアに広がり，主にOIC（イスラーム諸国機構）に加盟している国々（57カ国）によって構成されている。しかしイスラーム的な生活をしている人々，すなわちシャリーア（イスラーム法）にしたがって生活しているムスリム（イスラーム教徒）の分布は，このような国家単位だけでは捉えることはできない。OICのオブザーバーであるロシアには1,400万人，タイには820万人のムスリムがおり，いずれも全人口の1割を超えている。[5] OIC非加盟の中国には全人口の3％に当たる約4,000万人近くのムスリムが居住し，新疆ウィグルのように自治区を形成している場合もある。またアメリカ合衆国やヨーロッパ各地に広が

る移民社会，米国人の中でのイスラームへの改宗者の増加傾向まで勘案すると，イスラーム的な生活を求める人々の居住地域は世界的な広がりをみせている。

　アラビア半島からイスラームの教えが急速に広まった背景に，商取引があったことはしばしば指摘される。イスラームは，陸と海のシルク・ロードに沿って発展したが，イスラームの教義の合理性，民主性，対等性は，具体的な商取引となって現れ人々に強く訴えかけた。イスラームは「コーランか剣か」の選択を迫り，軍事的征服によって拡大したという通説は，近年，覆され，商圏の拡大にともなう一大イスラーム市場の形成が，イスラーム文明圏拡大の基礎にあった点が指摘されている。[6] それを可能にしたのは，各地域や民族の文化的差異を超えて受容される合理的な基準であり，それは後述するシャリーア（イスラーム法）に基づくシャリーア・スタンダードである。

　それが放つ合理性は，ヨーロッパ近代にも共通のものであった。というよりも，ヨーロッパ近代よりも早くギリシャの知的遺産に触れ，合理的，論理的思考を学び，それを中世ヨーロッパに引き継いだのがイスラーム文明圏であった。[7] ユダヤ教，キリスト教と姉妹宗教の関係にあるイスラームは，アッバース朝のバグダッドや，アンダルス・ウマイヤ朝のコルドバにおいて，ギリシャ哲学をはじめとするギリシャ文明の研究を進め，それらを用いて，医学，数学，天文学，化学等々の自然科学を発展させ，ヨーロッパにバトンタッチした文明的位置にある。しかしヨーロッパ近代文明の至上主義によって，このイスラーム文明圏の介在の史実は捨象され，それは「失われた歴史 (lost history)」として現在に至っている。[8]

　したがってイスラームにおいては，宗教と科学の対立はなく，むしろ科学と論理的思考は，神の創造した世界を理解するため，つまり神の存在を証明するための重要な手段であり，現在においてもそれに変わりはない。いかに他者とかかわり社会を形成するかという，社会科学の問題においても，自然科学と同様，明快な論理をもって説明されている。神によって個別に存在を与えられた人間一人ひとりと社会のかかわり方が，宗教と切り離されること

4　イスラームにおける関係性の重層構造

イスラームでは，独立性と関係性が相互関係性を築くという，関係性の重層構造がある。相互独立的で個別的に存在する個人は，シャリーア（イスラーム法）に基づく契約によってつながる一方，その契約の連鎖の基盤は存在の共有に深く根ざしており，自己存在の根源を問う限りにおいて解除できない。この相互関係性は，経営の領域においても様々な局面において現れている。

4-1　関係性の源

イスラームでは宇宙の全被造物は，唯一神アッラーによって創造されたと位置づけられ，人間の存在に限ってみても，人間はすべて存在の根源を同一の神に依拠していることから，存在レベルの等位性が神によって保証されている。さらに全知全能の神アッラーは，すべての存在に異なる属性を与え，1つとして同じものを創造しない。[9)]7世紀初頭のイスラームの教えに，あらゆる生物のDNA的差異が示され，人々が互いに異なることを神の創造の結果として捉えている。

イスラームによれば，差異的に創造された個は，男女の性差に始まり，財力，知力，体力，指導力などの能力や文化的特性，芸術的感性も十人十色であり，それらすべてが他者と共存，共在するための指針を示すことは，全知全能の創造主にのみ可能とされる。そして自己と異なる他者とどのように接し共に生きれば，自己と社会のいずれもの利益につながるかという難題に答えているのが，シャリーアである。

イスラーム法と訳されるシャリーアには，いかめしいイメージがつきまとうが，その原義が「水場に至る道」であることからも見てとれるように，それは喉の渇きを満たすためがごとき道標であり，禁欲を強いるものではない。またそれは人間個人が身体的，精神的渇望を満たす際に，共同体全体の中でバランス良く満たすための道標ともなっている。

シャリーアの法源は、神の啓示を記したクルアーン（コーラン）と神の教えを実践した預言者ムハンマドの言行（スンナ）である。シャリーアは、個人、社会にかかわるすべての生活領域を網羅しているので、ビジネスを行うに当たり、シャリーアの知識は必要不可欠である。シャリーアは、人々にかかわる行為すべてを次の5つの範疇に分け、積極的に公正な社会を築く道標としている。それは①義務としての行為、②奨励される行為、③非難も奨励もされない行為、④刑罰には処せられないが、回避されるべき行為、⑤禁止された行為である。①と②は社会的責任と強く結びついており、企業経営や投資にも影響している。

イスラームの信仰において、「神に対する絶対服従」が意味するところは、自由意志の抑圧された人間存在ではない。それは「神以外には服従しない」ことであり、現実の社会関係において「他者に支配されない、また他者を支配しない」関係を築き、そのためにイスラーム法を用いるのである。つまりイスラームにおいては、法のもとの平等が保障され、民主的な関係の確立が信仰の一部となっている。

上述したように、イスラームにおける人間の存在については、神に個別に存在を与えられているので、「個としての独立性」が保障され、この点では自己と他者との関係のとらえ方において、相互独立的な側面を有している。しかし他方、それらの個別的存在は、神から与えられた「存在の共有」の側面があり、この点では相互関係的な側面がある。[10]

4-2　関係重視型のイスラーム的経営

異文化経営の領域では、このように人間的要素の強い関係が、売買、投資、雇用などの、経営のあらゆる関係を規定する経営スタイルを、関係重視型と呼ぶ。関係重視型は、取引関係を人間が縦横に絡み合う社会の諸関係の一部を構成するものとみなすので、取引当事者間の人間的関係が重要な要素となる。なかでも当事者同士が直接的に醸成する信頼関係が重要であり、取引関係は2者間の人間的な信頼関係の現れともなる。

これと対照的なのが、取引重視型である。取引重視型は取引関係を、人間

関係を構成する種々の諸関係から切り出し，制御の対象とし，ビジネスの以外の要素を可能な限り排し効率を高める。そのためにビジネスの取引が，場と時間によってデジタル的に分割され，まずビジネスの合理性が重視される。取引者同士の相性や互いが築く信頼関係，持ちつ持たれつの協調関係などの人間的要素は，ビジネスの撹乱要因とみなされる。[11]

　ビジネスに人間的要素が作用するか否かによって，そのスタイルにも違いがでてくる。たとえば取引重視型において取引の当事者が関係する場は，ビジネスの場という一義的な意味に規定されるので，取引以外の話題をあげたりすることは冗長で非効率となる。ましてや明確なビジネス交渉の用件がないまま，「近くに来たので立ち寄った」というような行為は無駄であり，そもそも意味がない。しかし他方，関係重視型では，このような無駄のようなかかわりが互いの絆を強め，強い信頼関係の下にビジネスを進める前提となったりする。相手との距離が定まらないうちに，単刀直入にビジネスの話題に入ることは，時によっては無礼となる場合もある。

　ただし関係重視型の難点としては，文化によっては，取引の成立過程や組織関係が権威的になったり，排他的になったり，あるいは馴れ合いになったりする結果，取引そのものの公正さが阻害される場合が生じることである。イスラームの場合は，重視される関係が取引当事者の人間関係に限られているのではなく，企業と社会，私益と公益，営利部門と非営利部門をつなぐ諸関係のあり方にまで及び，そこにおいて保たれるべき公正さは，シャリーアという客観的基準によって示されている。そして取引当事者間の人間関係の信頼の構築過程においても，相手がシャリーアを遵守しているか否かは，信頼するかしないかの重要な判断材料となる。それも単にビジネスに関する法令だけではなく，生活全般の法令を守っているかということも含まれる。

5　イスラームのおけるパートナーシップの重要性

　上述したように，イスラームの存在論においては，個々の人間は神に存在を与えられたという意味において等位の価値を持ち平等な関係にあるが，他

方，それぞれが異なる資質を与えられていることも存在論から導かれる大前提である。したがってシャリーアはさまざまな点について，自己とは差異的な他者との関係を合理的に構築する方法を具体的に示している。そこで鍵となるのが，パートナーシップの関係である。資本家と事業家，男性と女性，ムスリムと異教徒，営利部門と非営利部門など，異質な相手との関係構築の方法をシャリーアが示している。

5-1 資本家と事業家のパートナーシップ[12]

　イスラームにおいて利子が禁じられていることは有名である。利子の禁じられたイスラームでは，資本所有者は，事業者に対して資本を貸付けるのではなく，共同事業者としてパートナーシップ契約を結ぶ。そのパートナーシップの基本形態としては，ムダーラバ契約とムシャーラカ契約に大別され，前者は資本家が経営に参加せず，後者は資本家が経営にも参加するという相違がある。

　このパートナーシップ契約は，PLS（profit-loss sharing：損益公正配分）を基本とし，利益の配分は事業開始前に両者の合意のもとに定めた比率に基づき配分し，損失が生じた場合も互いが負担する。この契約では損失のリスクを互いが負う。資本家が経営に参加しないムダーラバでは，資本家が資本の損失をすべて負い，事業者は労働の無償化によってその損失を負ったとみなされる。もちろんこれが成立するのは，事業者がまったく契約に違反していないことが前提であり，その判断は困難をきわめるが，ここで重要なのは，資本と労働のパートナーシップにおいては資本の労働に対する優位性が認められていないことである。ムシャーラカでは損失は，出資比率によって負担する。

　このような2つのパートナーシップは，いま注目されているイスラーム金融における基本的契約であるが，現在進行形であるイスラーム金融においてはその実績はあまり伸びていない。他方，イジャーラと呼ばれる一種のリース契約は，イスラーム金融の契約の中でも，住宅購入において高い実績を誇っている。イジャーラは，イスラーム投資会社と居住者の間の共同所有の

パートナーシップ契約であり、住宅価格の下落のリスクも双方が負うことが基本となっている。イギリスおけるイジャーラによる住宅購入には10年以上の実績があり、またサブプライム・ローン問題の発生したアメリカでは、昨年比2倍の勢いで伸びているという。[13]

したがってイスラーム的投資においては、一人勝ち、勝者総取りといった利益の一方的配分はなく、損失によるダメージをも配分することを公正な状態とみなしている。

5-2　異教徒とのパートナーシップ

イスラームは、異教徒を排斥し彼らに闘いを挑むと誤解される傾向があるが、その教えは、性質や文化、宗教が異なるから闘うべきなどとは決して命じていない。むしろそれとは反対に、すべての人間が唯一神によって差異的に創造されたことを認めず、個人の尊厳を踏みにじり、人間の作った基準にしたがって優劣を定め、劣ったとみなされる個人や集団を支配すること、すなわち全知全能の神による創造を否定することを、不信者の行為として糾弾するのである。

ムスリムの模範的社会モデルと位置づけられる初期イスラームの共同体において、預言者ムハンマドはシャリーアの精神に則って『マディーナ憲章』を制定している。そこにはマディーナのユダヤ教徒との共存が明記されており、イスラームに敵対的ではないユダヤ教徒の信教の自由が保障され、ウンマ（イスラーム共同体）の成員としての社会的、法的、経済的平等が謳われている。[14] そしてユダヤ教徒やキリスト教徒からは、ジズヤと呼ばれる異教徒住民税を徴収し、イスラーム国家防衛の義務である兵役は免除された。

現在も、伝統的な市場であるバザールにおいては、ユダヤ教徒やキリスト教徒が店を構えていることは珍しいことではない。歴史的には、キリスト教世界において迫害を受けたユダヤ教徒が避難し彼らを保護したのは、イスラーム圏である。第2次世界大戦後に一方的に独立を宣言したイスラエルも、パレスチナにナチス・ドイツから逃れたユダヤ教徒を保護したのが始まりであった。

それでは現代のビジネスにおけるアラブ・ボイコットは、いかに捉えられるのだろうか。アラブ・リーグが先導したイスラエル製品の不買運動やイスラエル企業との取引のある外国企業との取引禁止などのボイコット運動は、中東戦争においてイスラエルが占領を拡大する政策に対する抗議として盛んになった。湾岸戦争においてアラブ諸国が分裂するにしたがい、その勢いは弱まっていった。そして現在では、WTO加盟の条件としてアラブ・ボイコットをはずすことが、サウディ・アラビアに求められるなど、国家政策としてのボイコットは以前ほど活発ではない。しかし他方、イスラエルの非人道的政策への抗議の手段として、消費者によるイスラエル製品不買運動が、アラブの域を超えて呼びかけられている。これらは宗教的な起源を有する問題というよりも、大国の思惑も絡む政治的な問題であるのだが、イスラーム圏に関する事項は、すべてが宗教的起源にあるかの分析が行われる傾向に注意する必要がある。[15]

5-3 男女のパートナーシップ

イスラーム諸国には、高学歴を持ち男性と同等に活躍する女性は多い。たとえば、マレーシアの中央銀行総裁は女性であり[16]、パキスタンで暗殺されたブット首相も女性である。イランにおいてもハタミー政権の時には、女性が副大統領に任命された。[17] エジプトにおいても最近、女性初の国立大学の学長が誕生した。[18] ビジネス界でも *Middle East*（May, 2009）に掲載された「世界にもっとも影響力のある50人のアラブ人」の中に女性エグゼクティヴの名が挙げられ[19]、また中東・北アフリカのトップ100企業にランクインしているエジプトのal-Ezz社の資源購入部長は、鉄鋼買い付けという男性中心の世界市場の中で「鉄の女」と呼ばれ、ヨーロッパ、中央アジアを駆けめぐり活躍している。

このような例には事欠かない反面、イスラーム諸国の女性は差別されていると漠然と思い込まれているふしがある。そしてその差別の原因はイスラームにあるという先入観も強い。それをイメージさせる一因は、ヒジャーブであろう。ヒジャーブとは「隠す」ことを意味し、具体的には性的な魅力をア

ピールする身体的特徴を隠すことを指す。ただしそれは女性にのみ課せられたものではなく，男性も同様で，イスラーム圏の伝統的服装は，身体のラインが明確でない，長袖で裾の長いスタイルが一般的であり，男性もターバンや帽子をかぶっている。

このヒジャーブには，公共の空間においては男女としてではなく，一人の人間として互いを認識させる象徴作用がある。性差はもちろん，経済格差，年齢差などを消去し，それらがもたらす先入観を払拭した人間同士のパートナーシップを築くことが可能となる。[20]

近代化の過程において目に見えるかたちのヒジャーブは，女性の服装として残されてきたが，それはセクハラ防止機能を発揮し，女性を公共の場において性的対象とさせることなく移動の自由を保障し，女性の尊厳を守ってきた。[21] また家庭という場が，市場の外部，影的存在になった近代社会とは異なり，イスラーム社会では，有償の労働につかず，収入を得ない立場の女性が，差別されているとはみなされず，むしろ家政に従事する女性に対する尊敬の念は高い。[22]

ヒジャーブの伝統的慣習に関する改革については，イスラーム諸国の改革派から伝統の再解釈の一環として提起されている。また国家が法律でヒジャーブを定めているイランでは，信仰心からというよりも形式的に着用する場合も増え，かえってその真の意味が消えつつあるとも言われている。他方，政教分離を徹底するトルコやヨーロッパ諸国におけるムスリムの間では，積極的にヒジャーブを実践する女性も増加している。

その動きは単に女性らしさを隠すためのものではなく，シャリーアにしたがって生活することの意志の現れ，すなわちシャリーア・コードともなっており，それゆえに政教分離志向の国家による規制の対象となっている。彼女たちは，自らの意思によってスカーフをつけたり，長いコートを羽織ったりしているので，抑圧されているという意識はなく，むしろイスラーム的に解放されている意識が高い。彼女たちは，ヒジャーブによってジェンダーの垣根を越えて積極的に社会参加しているので，あえて女性実業家というように

「女性○○」と呼ばれることさえ拒絶している。[23]

またこのような女性のヒジャーブ志向は，大きな市場を登場させている。それはイスラーム・ファッション市場であり，そこでは機能的で美しいヒジャーブ・ドレスが提供されている。なかでも有名なのは，トルコのTekbirであり，敬虔なムスリムの社長が企画する女性向きイスラーム・ファッションの人気は高く，中東地域，東南アジア，そしてヨーロッパのムスリム市場において急成長を遂げている。

5-4　営利部門と非営利部門のパートナーシップ

イスラームにおいて営利性の追求は，その利益を非営利部門に配分することによって合法的となる。利益を得ること自体は，人間の能力を活かす道として決して否定されることはないが，その利益を再投資せずに退蔵したり，貧しい人々に配分せずに強欲を貫いたりする場合には，その利益は違法とみなされる。その違法行為を処罰するのは神であり，来世において地獄へと送られる。来世を信じることは，ムスリムの信仰の柱の1つであり，それは現世を来世への準備期間として相対化させる効果をもたらしている。[24]

利益を非営利部門に移行させる方法として，喜捨，寄進などがある。

(1)　喜捨

シャリーアでは，上述したように人間のすべての行為が5つの範疇に分類されているが，喜捨は①義務的行為，②推奨される行為に当たる。ザカートと呼ばれる喜捨は①に相当し，一定の収入を得た者は，その2.5%を喜捨することが義務となっている。これに対し，サダカと呼ばれる喜捨は②に相当し，収入の多寡にかかわらず自由意志に基づいてなされる喜捨である。

人間が利益を独占したいという主体的欲求を乗り越え，喜捨を受け取る相手を見下さず，支配関係を形成しない仕組みは，喜捨の徴収と分配に神が介在することによって成立する。ここではその詳細は論じないが，神は人々に対して，来世的利益の獲得のため現世的利益を先行投資することを奨励している。

喜捨は，一国内のみならず，イスラーム圏全体における富の偏在を解消す

る機能があり，極貧や不正，腐敗など，シャリーアが適正に機能しないゆえに生じたひずみを調整する機能もある。イスラームでは，不労所得に当たる利子は禁じられているが，グローバルな環境では，利子から得た利益を完全に排することは不可能に近い。しかしそのような利益であっても，その一部を喜捨すれば，その利益自体が「浄化」されたとみなされる。ザカートという言葉の原義に，「純化・浄化」という意味が含まれている。

　喜捨を個人的で一過性のものせずに，継続的にするために事業化する動きも見え始めている。それはザカート・ファンドや，ザカート企業会計基準の整備，各国別に展開するイスラーム的社会企業などである。

(2)　ザカート・ファンド

　OIC（イスラーム諸国会議機構）は，IZO（国際ザカート機構）を設立し，30億ドルのファンドを創設した。その基金の主な投資対象は，持続的発展を目指す地域開発プロジェクトであり，具体的事項として①中小企業の資金調達，②病院・教育機関・住宅開発に従事する社会的企業の支援，③農業と生活のインフラ整備，④安心と安全のためのセーフティネットの構築があげられている。

　また広く個人からザカートを徴収する方法として，ザカート・ファンドをe－ザカートによって募るケースも増えており，インターネット上では，湾岸諸国や東南アジアなどのイスラーム機関が設けたe－ザカートのウェッブ・サイトがある。グローバル展開するイスラーム金融市場におけるビジネス投資に熱い視線が投げかけられているが，他方では，その利益を社会的投資に向けるためのザカート・ファンドの運用も，規模を拡大しており，イスラーム金融において，営利部門と非営利部門をつなぐ重要なセクターであることを認識する必要がある。

(3)　ザカート企業会計

　ザカートは，その起源において対象を，貧者，孤児，旅人などと援助を必要としている人々に特定していたことから，現在，国家に徴収されるザカートは，一種の目的税の機能を果たし，特に社会福祉の分野に用いられる。法

人税徴収においてザカート控除などが適用される場合もある。

　サウディ・アラビアでは，自国の企業に対し，ザカートを課しており，企業会計項目にもザカートがある。またAAOIFI（イスラーム金融機関のための会計監査機構）は国際基準の作成に取り取りかかっている。さらにAAOIFIの基準が国内の状況に合わないとする，マレーシアは，独自のイスラーム会計基準の作成を試みている。

(4) イスラーム的社会企業

　社会的企業の概念は，イスラームにおいては特に目新しいことではなく，企業が利益と公益の両方に資するように経営を行うことは，イスラーム的経営の柱といっても過言ではない。そこでは富の公正な配分のルートとなる企業経営が求められている。

　医療，教育，福祉の領域に積極的に投資する上述のようなザカート・ファンドのほかに，ワクフと呼ばれる寄進によって営利的事業を非営利事業につなげていく場合がある。

　ワクフは，土地，モスク，病院，学校，バザールなどの寄進によってなされる。伝統的なバザールでは，モスクや病院，学校などが同じくワクフで建設され，バザール自体が営利部門と非営利部門のパートナーシップを成立させる空間となっていた。しかし新興住宅街など，新たに開発された地域では，モスクの地下に病院があったり，スーパーマーケットの2階部分がモスクであったりというように，なかなか興味深い光景が見られる。福祉施設，営業施設のいずれも，モスクによって束ねられており，ビジネスが信仰に深くかかわっていることを意識させる。その施設を利用する人々は，そこでの利益が喜捨となってモスクの維持費や貧困者への援助となるという，利便性とは別の利用動機も持つことができる。

　さらにエジプトの調査によれば，イスラーム的社会企業は，中間層のネットワークを強める効果があると指摘されている。[25] ワクフ施設である病院には，医療スタッフや医療機器のみならず，建設のためのエンジニア，資材などが寄付されるという。またイスラーム的社会企業の経営には，行政側の理

解も不可欠である。これらの実務に携わるのは，教育・訓練を受けた社会的中間層であり，イスラーム的社会企業でも貧困層を救済できないというネガティヴな見方もあるが，他方，厚い中間層が形成されることは格差社会の分裂をつなぎとめる効果があり，貧困層を引き上げる前段階として重要なステップとなる。

6 関係重視型経営の再評価の必要性

本章では，イスラーム的経営における関係重視型経営を支えるパートナーシップの一部を紹介した。しかし現在，イスラーム文明圏が抱える問題は，このようなビジネス・モデルが実現されていないことにある。湾岸諸国についてしばしば報道されるような外国人労働者への虐待や派遣切りなどは，イスラーム的とは言えない事態である。産油国が豊かになる一方で，他のイスラーム諸国では極度な貧困がはびこる問題も浮上しており，このような状況は，イスラーム圏全体で富を公正に分配することを指示しているシャリーアに反している。しかし他方では，本章で考察したように，イスラーム金融やザカート・ファンド，女性の登用など，別の観点からイスラーム的経営を行う試みもある。

その際に再構築されようとしているのが，人々のパートナーシップであり，経営においては関係重視型経営の再解釈と再興である。イスラームとは異なる文化圏に，イスラームの信仰とその根拠を援用することはできない。しかし，相互独立的な自己と相互関係的な自己の融和は，関係重視型社会でも取引重視型社会でも必要となっており，異文化の鏡に映し出された自文化の姿と共通ではないだろうか。

日本も多くの問題を抱えている。デジタル的傾向を強めている現在の経営は，安易な効率化のために人材の育成過程を短縮し，人間的要素を可能な限り削減している。人間の労働を代替可能に変換し，従業員は在庫調整と同じ発想によって雇用調整の対象となる。そこには従業員が家計を支えるだけの一定の収入を，企業が確保するといった視野はない。

またデジタル化された経営は，人の視線，興味を市場にのみ集中させ，人間的関係を徹底的に排除する。近年顕著となっている「巣ごもり消費者」は，テレビやPCの画面に釘付けになり，市場的関係以外の関係はもとより，人間と直接かかわる市場とも極力かかわりを持たないようになっている。商品の購入ばかりでなく，スポーツも旅行も，音楽鑑賞もすべて外出することなく，すなわち地域や人と交わることなく済ませるのが可能なのである。

このような現状は，ビジネスにもマイナスの影響を与え始めている。関係重視型経営の利点は，人間関係が社会的合理性を生み出していた点であり，企業経営が順調であれば，社会の状況も悪くないという相関関係があった点である。しかし現在では，いくら景気回復，企業業績の回復が声高に言われようとも，多くの人々がそれを実感することが困難となっている。したがって社会合理性，ひいては経営合理性を回復するために，日本においても相互関係的な自己の回復，関係重視型経営の再構築を模索することは，避けて通れない課題ではないだろうか。

注
1) 川田編（2001）。
2) Ritzer（1993），邦訳。
3) Baudrillard（1999），邦訳。
4) Nisbett（2003），邦訳。
5) http://www.factbook.net/muslim_pop.php
6) Turner（1997），邦訳。
7) 同上；Hunke（1960），邦訳。
8) Morgan（2007）。
9) 黒田（2004）。
10) 同上。
11) 関係重視型と取引重視型のそれぞれの文化的特性については，櫻井（2003）を参照。
12) 櫻井（2008）。
13) http://www.middle-east-online.com/english/business/?id=31937
14) 前掲，黒田（2004）。

15) 黒田編（2005）。
16) Zeti Akhtar Aziz.
17) Masoumeh Ebtekar.
18) アレキサンドリア大学学長，Hind Hanafy。
19) カタールの Amwal 社の会長である，Sheikha Hanadi bint Nasser 女史は，カタール経済の振興に貢献し，金融ビジネスにおける女性の模範（role model）とされ，カタール大学経済・経営学部の理事としても名を連ねている。"50 Top Arabs," *The Middle East*, May 2009.
20) 櫻井（2005）。
21) ただしアフガニスタンに多く見られる顔全体を隠すスタイルは，イスラーム法では禁じられている。顔は人格を現す部分だからである。女性の顔まで覆う習慣の背景には，山賊や植民地勢力の外国人が女性を拉致する危険から女性を保護する目的があったことが指摘されている。現在においても，戦禍の絶えないアフガニスタンにおいて，女性が顔を覆うことには保護の観点からも一理あると考えられる。
22) 前掲，櫻井（2005）。
23) "The Middle East Woman," *The Middle East*, December 2008.
24) 櫻井（2008）。
25) Clark（2004）。

参考文献

Baudrillard, J.（1999）*L'Echange Impossible*, Editions Galilee（塚原史訳『不可能な交換』紀伊國屋書店，2002年）.

Clark, J. A.（2004）*Islam, Charity, and Activism: Middle Class Networks and Social Welfare in Egypt, Jordan, and Yemen*, Indiana University Press.

Hunke, S.（1960）*Allahs Sonne Über Dem Abendland: Unser Arabishes Erbe*, Deutsche Verlags-Anstalt（高尾利数訳『アラビア文化の遺産』みすず書房）.

川田順三編（2001）『文化としての経済』山川出版社。

黒田壽郎（2004）『イスラームの構造：タウヒード，シャリーア，ウンマ』書肆心水。

黒田壽郎編（2005）『イラク戦争への百年：中東民主化の条件は何か』書肆心水。

Morgan, M. H.（2007）*Lost History: The Enduring Legacy of Muslim Scientists, Thinkers, and Artists*, National Geographic.

中村瑞穂編（2003）『経営学：企業と経営の理論』白桃書房。

Nisbett, R. E.（2003）*The Geography of Thought: How Asians and Westerners*

Think Differently...and Why, Free Press（村木由紀子訳『木を見る西洋人，森を見る東洋人：思考の違いはいかにして生まれるか』ダイヤモンド社，2004年）.

Ritzer, G.（1993）*The McDonaldization of Society*, Pine Forge Press（正岡寛司監訳『マクドナルド化する社会』早稲田大学出版部，1999年）.

櫻井秀子（2003）「経営の国際化と異文化経営：多元的経営の共存に向けて」中村瑞穂編『経営学：企業と経営の理論』白桃書房．

櫻井秀子（2005）「中東の女性労働」柴山恵美子・守屋貴司・藤井治枝編著『世界の女性労働：ジェンダー・バランス社会』ミネルヴァ書房．

櫻井秀子（2008）『イスラーム金融：贈与と交換，その共存のシステムを解く』新評論．

Sennett, R.（2006）*The Culture of The New Captalism*, Yale University Press（森田典正訳『不安な経済／漂流する個人：新しい資本主義の労働・消費文化』大月書店，2008年）.

柴山恵美子・守屋貴司・藤井治枝編著（2005）『世界の女性労働：ジェンダー・バランス社会』ミネルヴァ書房．

Turner, H. R.（1997）*Science in Medieval Islam: An Illustrated Introduction*, University of Texas Press（久保儀明訳『図説　科学で読むイスラム文化』青土社，2000年）.

第15章

コスモポリタンのビジネス
――異文化経営の国オランダに学ぶ――

1　はじめに

　オランダは経済も社会も日本より少し先を歩いており，日本の将来を考えるうえで，実に多くのことを示唆してくれる。筆者は2003年から4年間，帝人グループのヨーロッパ代表としてアムステルダムに駐在し，この間2005年から2年間は在蘭日本人商工会議所（JCC，会員数354社[1]）の会頭も務め，現地ならではの大変貴重な体験の機会に恵まれた。その一端を紹介し，異文化経営の研究者やビジネスマンの方々に，今後の日本を考える材料を提供したい。

2　「のどかな国」オランダの本当の素顔

　オランダと言えば，風車とチューリップの「平和なのどかな国」のイメージが思い浮かぶ。実際に住んでみたオランダはどうであったか。オランダは，九州ほどの面積で，人口は1千6百万人の小国に過ぎないのだが，ため息が出るほど豊かな国だ。最近のイギリスの *The Economist* 誌（May 2008）も，オランダを"The Dutch are among the richest people on earth."と表現している。

　なぜ，そんなに豊かなのか。世界貿易を席巻した「オランダの黄金の17世紀」以来，貿易国家として築いた富が，アムステルダムの運河沿いの豪邸に

象徴されるように，この国に分厚く蓄積されていることは想像に難くないが，それに加えてこれを支えているのは，現在のオランダの経済活動であることはいうまでもない。オランダ経済の強さをまず紹介したい。

2-1　したたかな経済力

オランダ経済の強さを代表的なランキングで見てみたい。

【GDP】2007年のオランダのGDPは，世界16位（日本は2位）であるが，個人が享受できる財・サービスの可能性を表す一人当たりのGDPではオランダは8位（日本は21位）である。一人当たりのGDPではオランダが日本を38％上回っている。[2]

【国際競争力】競争力ある企業活動を可能にする，優れたビジネス環境を国が提供しているかどうかを示す国の国際競争力では，オランダはスイスの国際経営開発研究所（IMD）の2007年調査では世界8位（日本は24位）[3]，世界経済フォーラム（WEF）の同じく2007年調査では世界10位（日本は8位）といずれも高位にランクされている。[4]

【潜在競争力】今後約10年間にどれだけ一人当たりGDPを増加させることができるかを予測した潜在競争力ランキング2009年版では，オランダは世界5位（日本は12位）である。[5]

【対外直接投資残高】資本主義の成熟度合いを示す対外直接投資残高では，2006年にオランダは世界6位（日本10位）の地位にある。小国にもかかわらず，GDP2位の日本を45％も上回る多額の投資を海外に行っている。[6]

【貿易額】2006年のオランダの輸出額は世界8位（日本4位），輸入額でも同じく8位（日本4位），GDPに対する輸出額の割合を示す輸出依存度は59％（日本は15％），輸入依存度は53％（日本は13％）である。[7] これらの数字はオランダが貿易立国あることを端的に物語っている。

【農業生産物の輸出】意外に知られていないが，オランダは農業生産物の3大輸出国（米国，フランス，オランダ）の1つである。[8]

【エネルギー資源】オランダは北海に天然ガス資源を豊富に有し，産出量は世界10位，天然ガスの純輸出国である。[9] 天然ガス収益は2009年度予算では

120億ユーロ計上されており，これは歳入の5.6％に相当する。[10]

以上のランキングは，オランダが経済強国であることを端的に示している。

2-2　コスモポリタン

オランダの強い経済を支えている要因の1つにコスモポリタン的国民性がある。オランダ人自身，自らをコスモポリタンと考えることが好きだ。[11]

(1)　語学の天才国民

コスモポリタンに不可欠なのはコミュニケーション能力だ。オランダに赴任してまず驚くのは，この国民の多言語能力だ。オランダ人の80％は英語を流暢に話し，50％はドイツ語を，25％はフランス語を流暢に話す。[12] 4，5カ国語を使いこなすオランダ人は珍しくない。

外国とのやりとりに言葉のハンディを感じないオランダ人にとって，国境はないも同然で，実に自在に世界を相手にしている。

(2)　異質を受入れる寛容さ

オランダ人は，Dutch Toleranceといって自らを寛容な国民と考えるのを好み[11]，外国人差別をしない。国籍や人種で人を差別しないのはコスモポリタンの要件だ。

女王は施政方針演説"Speech from the throne"で，毎年といってよいほどmutual respectとtoleranceを強調する。学校では，インター・カルチュアル教育が義務化され，異文化を知ることの大切さや意義を徹底して教えている。

歴史的に見て，オランダは差別され国を追われた人々を受け入れ，そのエネルギーを発展のバネにしてきた。EU6カ国を比較したアンケート調査では，移民などマイノリティに対して否定的態度が最も低いのがオランダであった。[13] 現に2009年時点でアムステルダム市長は，ユダヤ人，ロッテルダム市長はモロッコ人である。

日蘭関係史を振り返って見ても，江戸幕府に重用されたオランダ船「リーフデ号」航海士のウイリアム・アダムス（三浦按針）は英国人だったし，江戸時代末期に来日し大きな影響を与えたシーボルトはドイツ人であった。

人種，国籍を問わず有能な人材を活用し世界を相手に貿易で繁栄してきた実績に加え，宗教をめぐる悲惨な争いの歴史の教訓もオランダ人に寛容さを浸透させた要因と思われる。外国人がオランダを好きになるのは，またオランダ人が世界中で自在に活躍しているのは，このオランダ的寛容さと人種的偏見のなさのためでもあろう。

(3) 商売人の海洋国家

コスモポリタンは交易に秀でている。アムステルダムの「海洋博物館」を訪れ，オランダの航海，貿易の歴史に触れると，オランダ人が進取の気性に富んだ海洋と貿易の民（born to trader）であり，オランダが商売人の海洋国家（a seafaring nation of traders[14]）であることがよく実感できる。

オランダ人は，17世紀には，東インド会社，西インド会社を起こし，世界貿易を制してオランダの黄金の17世紀を築いた。進取の気性に富み「闘うことによって現れる」との格言[15]を持つborn to traderのオランダ人にとって，交通，通信手段の発達により，はるかに狭くなった世界はますますその本領が発揮しやすい舞台になっている。

(4) 国際秩序に積極的貢献

コスモポリタンは，国際秩序を重視する。国際秩序なくして，貿易立国のオランダの繁栄は望めない。女王の施政方針演説では毎年，政策の最優先事項として国際秩序への貢献を強調するのが恒例である。

早くも17世紀に，国際法の父と言われるオランダのグロティウスは「自由海論」などを残し近代国際法の基礎を築いた。国際秩序を重視するオランダは，様々な国際司法関係の機関をハーグに招致してきた。現在は国際司法裁判所，常設仲裁裁判所，国際刑事裁判所など12の国際司法関係機関がハーグに集まっており，ハーグは国際法の首都になっている。

オランダは戦後の主要な国際機関の創立にも積極的に貢献してきた。オランダは，国連，国際通貨基金（IMF），世界銀行（WB），ヨーロッパ共同体（EC：EUの前身），北大西洋条約機構（NATO），西欧同盟（WEU）の創立メンバーである。オランダは，国際機関に積極的に貢献することで，国是

(5) 貧困国支援では世界一

　世界の貧困の撲滅は，コスモポリタンの願いだ。世界の安定を希求するオランダは，毎年GDPの0.8％（日本は0.2％）を貧困国に支援している。2008年の調査では，OECD加盟22か国中，貧困国への貢献度指数でオランダがトップにランクされている。[16)] これはオランダが貧困国のニーズをよく汲み取り，相手国の状況に応じたきめ細かい対応をしていることが評価されているのである。

　筆者もオランダ人の意外な懐の深さを何度か実際に目の当たりにした。たとえば，2004年12月スマトラ沖合地震による大津波の際，被災地援助のためテレビ局が行った募金キャンペーンに対して，オランダ国民から募金が相次ぎ，募金総額は一晩で2億ユーロを超えたのである。

　ケチと揶揄されることのあるオランダだが，政府は強い政治的意思を持って，世界の貧困撲滅に取り組んでおり，また国民も災害や紛争などに見舞われた人々に対しては，同じ世界市民の同胞として普段は固い財布の紐を気前よく解いているのが現実の姿なのである。

3　企業を後押しする政府

　オランダ政府は，富を生む源泉である企業活動を積極的に盛りたてる政策を推進しており，国民もその重要性をよく理解している。オランダ政府の取組を，筆者がJCC会頭として体験した事例をもとに紹介したい。

3-1　法人税を大幅に減税

(1) 低迷していた経済

　筆者が赴任した2003年のオランダは，ポルダーモデルともてはやされた1990年代の好調な姿は見る影もなく，経済は，過保護で硬直的な労働慣行，魅力を失った税制などのため，20年振りのゼロ成長に陥り，ユーロ圏の中で最も低迷を続けていた。この状態を憂慮したJCCは，オランダ政府に対して，税制，過剰な労働者保護制度などの改革を強く訴え続けた。

(2) 外資に耳を傾ける政府

筆者は2005年から2006年まで，JCCの会頭をしていたので，在蘭の日系企業を代表してこの問題についてオランダ政府と折衝するまさに当事者であった。当時のブリンクフォルスト（Brinkhorst, L. J.）経済大臣やワイン（Wijn, J.）財務副大臣に何度も陳情の手紙を出し，財務省高官ともたびたび面談するなどして，法人税の引下げや過保護な労働行政などの改革を訴え続けた。この折衝を通じオランダ政府側の，日本の官庁とはまるで違うオープンな対話姿勢，敷居の低さに，つくづく感心させられたのである。いかにオランダ政府が外資を大事にしているかをこのプロセスを通じて十分感じ取ることができた。

(3) 9％の法人税減税

JCCの要望を反映し，法人税は2005年に34.5％から31.2％に，翌2006年には29.6％に，さらに2007年には25.5％にと3年間で合計9％引き下げられたのである。ちなみに日本の実行法人税率は40.7％であり，西欧先進諸国と比べて企業の負担が高く，日本に立地する企業の大きなハンディキャップになっている。

この法人税の引下げには，JCCだけでなく在蘭アメリカ商工会議所（Amcham）など他の経済団体もそれなりの役割を果たしたと思われるが，詳細は分からない。Amchamも，毎年作成するオランダ政府への政策提言書"Investors' Agenda of Priority Points"で減税を求めていた。[17)]

3-2 日系企業への特別な配慮

法人税が2007年の25.5％に決着する過程で，オランダ政府側は日系企業に特別な配慮をしてくれた。

オランダ政府は，一旦翌2007年からの法人税率を25％にすると公表したのだが，25％という税率はJCCにとっては大いに問題であった。25％以下の法人税率の国は，日本の税務当局よりタックスヘーブン（租税回避地）とみなされ，結果として少なからぬ在蘭日系企業に対して実質的に日本の法人税率40.7％が適用されてしまうのである。そのような事態は，JCCもオラ

ンダ政府も望むところではない。

　筆者を含めた JCC 幹部は，法人税率25％の報道を知り，日本のタックスヘーブン回避のため，なんとしても若干の税率を上乗せをしてもらう必要があったので，急遽，当時のワイン財務副大臣と面談した。日本企業のために一旦公表した内容を修正するのは，米国などの他の外資やオランダ企業がすでに25％の税率が実現すると期待していただけに，大変なエネルギーを要したに違いないが，オランダ政府側の柔軟な対応のお陰で，最終的には2007年の法人税率は25.5％と0.5％上乗せになり，日系企業にとってベストの決着になった。この法人税の減税後，オランダに進出する日系企業は着実に増えており，日蘭双方にとって Win-Win の結果になったのである。

3-3　「外資は国益」が国のコンセンサス

　民間部門の1割が外資に雇用されており，オランダにとって，「外資は国益」がまぎれもなくコンセンサスである。

(1)　外資の受入額で世界7位

　オランダに対する2006年の外資の投資残高は約5千億ドルでその額は世界7位（日本21位）である。[18] 国別では，米国からの投資残高が最も多く，次いでイギリス，ドイツと続き，日本は9位である。GDP に対する外資の投資残高は74％にも達する（日本はわずか2.2％）。[19] 一方でオランダは，すでに述べたように，2006年で対外投資は約7千億ドルと世界6位（日本10位）の残高を持っており，外資受入額と対外投資額は，ほぼバランスが取れている。残念ながら，日本は投資魅力が少ないため外資に敬遠されているのが実情である。

(2)　外資を配慮した税制

　オランダの税務当局は，税制が外資の意思決定プロセスに重要な役割を果たすことをよく認識しており，外資が進出しやすいように，税務面で特別な配慮をしている。代表的な2つの制度を紹介したい。

　1つ目はタックス・ルーリング制度である。税務当局は，外資の税務上の不安を払拭するため，事前に進出後のオペレーションに関する税額や税構造

について協議を行い、明確に見解を示す体制を整えている。このため外資は、進出後の税務面での曖昧さや税務当局の恣意的な判断を懸念する必要がなく、安心して意思決定ができる。またオランダの税務当局は、オープンで、敷居が低く、外資が近づきやすい。

2つ目は30%ルーリング制度で、これはオランダの外国人駐在員に対して、税引き前給与の30%を非課税にする特別優遇措置である。これは駐在員の所得税軽減（＝外資の負担軽減）により、外資がオランダに駐在員を派遣しやすくするための制度である。外資を呼び込み、国内経済を活性化するため、オランダは税務面でも工夫をし、近隣諸国より魅力ある対応をしているのである。

4　半歩先を行く経営

オランダ企業の経営を見て、見習いたいと思ったことが5点ある。

4-1　優れたコーポレート・ガバナンス

さすが「株式会社発祥の国」だと感心したのは、オランダの地に足が着いたコーポレート・ガバナンス（CG）である。

(1)　経営陣を監督するスーパーバイザリー・ボード（SVB）

株主をはじめとするステーク・ホルダーのための透明性ある経営を担保するCGの中心的役割を担っているのがスーパーバイザリー・ボード（SVB）である。SVBは経営者で構成されるマネジメント・ボード（MB）の上位に位置し、社会で卓越した業績を認められた社外のメンバーで構成されている。主要機能は、MBに対する「監督」「助言」および「特に重要な経営上の意思決定や戦略の承認」である。通常、SVBは下部機関として指名委員会、報酬委員会、監査委員会を持ち、経営の透明性向上に大きな役割を果たしている。

(2)　SVBメンバーの要件

SVBが上手く機能するには、メンバーに適任者を得ることが鍵になる。オランダの代表的化学会社DSM（ディーエスエム）は、SVBメンバーの要

件として12項目を示している。その主なものは①誠実さ，②他のメンバーに対して自由な立場で批判的に行動できること，③会社とそのステークホルダーに目配りできること，④社会の国際的トレンドへの感度，⑤社会的感度および人間社会のダイナミズムに対する感度，⑥社会で成功や卓越の実績が認められていることなどである。[20]

(3) SVBにボーダレスな英知を結集

SVBメンバーの実際の事例をオランダの代表的な化学会社アクゾー・ノーベル（AKZO NOBEL）のケースで見ることにしたい。

SVBのメンバー数は，2007年で8人である。メンバーはボーダレスで，半数の4人はオランダ人だが，残りの4人はイギリス人，米国人，ドイツ人，スウェーデン人である。いずれも社会で卓越した実績が認められた世界的大企業の経営経験者や大学教授，政治家である。4人のオランダ人のタイトルは，前ロイヤル・ダッチ石油社長，前ハイネッケンCEO，ユニリーバ会長，アムステルダム大学教授である。残りの4人の外国人のタイトルは前イギリス厚生大臣＊，前ロッキードマーチンCEO（米），前デグサCEO（独），前ABBファイナンスCEO＊（スウェーデン）である（注：＊は女性）。国境を超えて賢人を集めている様子がよくわかる。なお，アクゾーのSVBメンバーの平均年齢は62歳で，経営者側の平均年齢54歳を8歳上回る。SVBの開催頻度は，通常は年に8回程度だが，アクゾーの場合，大型の事業売却と事業買収があった2007年には15回だった。[21]

(4) 社会的ステータスの高いSVB

筆者自身も社員1,500人のオランダの子会社のSVBの議長をしたので，SVBの意義や実際の役割を手触りで実感することができた。筆者の子会社のSVBメンバーには，オランダ北部開発公社総裁や鉄鋼会社の社長など要職にある多忙な方々を迎えていたが，メンバーはSVBがCGに果たす役割を理解し，誇りを持ち，実に熱心に取組んでくれた。4年間のSVB議長の経験を通じ，オランダではSVBの社会的ステータスが極めて高いことが実感できた。このオランダのCGの実態を見ると，日本のCGはまだまだ道半

ばと言わざるを得ない。

4-2 大胆,迅速なポートフォリオの転換

　オランダの経営者は,好不況にかかわらず,ポートフォリオ（＝事業構造）の見直しをしている。筆者は,駐在期間中に同業の化学会社アクゾーとDSMが大胆なポートフォリオの転換をするのを身近に観察したが,これには彼我の経営力の差を見せつけられた思いがした。

(1) 世界一の塗料会社に変身したアクゾー

　前述のアクゾーは,2007年に劇的なポートフォリオの大転換を成し遂げた。同年3月,同社は,高収益な医薬事業オルガノンを110億ユーロで米国のシェリング・プラウに売却すると発表し,続いて同年8月には,この売却資金で,英国の塗料事業に特化していた名門化学会社ICI（Imperial Chemical Industry）を80億ポンドで買収することをICIと合意した。これにより,同社は,ポートフォリオの大転換を果たし,世界一の塗料会社に変身したのである。

(2) 景気循環に左右され難い会社になったDSM

　同じくオランダを代表する総合化学会社DSMは,2002年に売上の約30％を占めていた市況に左右されやすい石油化学事業をサウジアラビアのサービック社（SABIC）に売却するなどで32億ユーロの資金を確保,その資金で2003年にはスイスのロッシュから好不況に左右されないビタミン事業を買収した。これにより,DSMは株主に約束した景気に左右されにくい事業構造を実現し,当時のCEOエルバーディング氏は,この業績により2005年オランダの"CEO of the year"の栄誉に輝いた。

(3) 動きが遅い日本企業

　これら同業化学会社の大胆かつ迅速なポートフォリオの転換を間近に目撃して,事業構造転換の進まない日本の化学会社の現状に思いを馳せざるを得なかった。2008年8月の野村證券のリサーチは,日本の化学産業について「…世界の化学産業では再編が常に行われている。…わが国の化学産業だけが何もせずに生き残れるだろうか。我々はそう思わない」と分析しているの

である。

4-3 国境を越えたダイナミックな企業再編

想定を超えるボーダレスでダイナミックな再編劇がヨーロッパでは進行中である。2004年には、オランダのナショナルフラッグの航空会社KLMがフランスの航空会社Air Franceに吸収合併された。その後両社は合併効果を生かし業績を好転させており、この再編は成功と評価されている。

さらに驚いたのは、ABN AMRO銀行の買収劇である。ABN AMROと言えば、東インド会社に起源を持つ歴史と伝統ある銀行で、総資産世界16位、従業員11万人を擁するオランダ最大の銀行であった。2007年ABN AMROがRoyal Bank of Scotland（英）、Fortis（蘭、白）、Santander（西）の3金融機関連合に買収され3分割されたのである。国際競争に生き残るための合従連衡が、好不況にかかわらずヨーロッパでは進行している。このヨーロッパの動きは、日本企業の今後の戦略に大きな示唆を与えるものだ。

4-4 主要先進国に満遍なく投資

オランダの対外直接投資残高は、世界6位（約7千億ドル）で、その特徴は先進諸国に満遍なく投資し、投資先の先進各国で重要な投資国としての位置を占めていることである。

(1) 主要先進国との太い絆

主要先進国の対内投資残高中、オランダが占める順位とその比率は2005年末では以下のとおりである。

米国4位（10％）、英国2位（19％）、ドイツ1位（22％）、フランス2位（14％）。対日投資では驚くことに2位（11％）の位置にある。[22]

オランダは先進諸国に対して偏りなく投資を行い、投資先各国で重要な投資国になり、各国との間に太い経済的絆のネットワークを築きあげているのである。

(2) 米国に偏る日本の投資

これに対し同じ主要先進国の対内投資残高に占める日本の順位と比率は以下のとおりである。

米国 2 位（12％），英国 8 位（2％），ドイツ10位（3％），フランス 9 位（2％）。[23] オランダは 9 位（3％）に過ぎない。[24]

先進諸国に満遍なく行っているオランダと比較し，日本の先進国への投資は米国に偏っているのである。

4-5　高い労働生産性

オランダの労働生産性は高い。2005年度の労働生産性は72,406ドルで，OECD加盟30カ国中 9 位であり，OECD平均63,267ドル，20位の日本61,862ドルを上回っている。[25]

(1) サービス産業の生産性

サービス業がオランダ経済に占める比率は80％以上で，このサービス産業の生産性が高い。サービス産業の中心は，「金融サービス」「企業サービス」「情報通信サービス」である。特に金融サービスや情報通信サービスは国際的に強い競争力を有しており，銀行はその利益の半分以上を，保険業界は保険料の 4 分の 1 を国外から得ている。

またオランダの企業サービス（会計，法務，人事，マーケティング，コンサルティング等）の発達は，顧客企業のホワイトカラー部門を中心にした業務効率を改善させ，生産性の向上という果実をもたらしているのである。[26]

(2) 製造業の生産性

製造業の労働生産性もサービス業に劣らず高い。オランダの製造業の労働生産性は，82,360ドルでOECD加盟国中 8 位である。これは日本の89,695ドル（6 位）には及ばないが，英独仏など他のヨーロッパ主要国より高い。[27]

(3) 戦略的経営がもたらす高い生産性

オランダの生産性の高さは，経営者が常にポートフォリオを見直し，より競争力が強くより付加価値の高い事業構造にするような経営をしていることが最大の要因である。

日本人はオランダ人に勝るとも劣らず勤勉だが，オランダの生産性が日本より高いのは，経営の差によるところが大きい。オランダの経営者は，資本

を効率的に使ってより大きな価値を生み出すという，資本主義の原則に則った経営をしているに過ぎないのだが，その動きは戦略的でスピーディで，他より一歩先を行っているのである。

(4) 先進的農業

オランダ農業は，付加価値の高い園芸と牧畜に特化して大規模化している。園芸産業は，最先端のバイオ，環境，省エネ，物流技術を総合した工業的様相を持ち，切り花・鉢植え植物の輸出で世界1位，チューリップでは世界の88％を生産している。酪農製品，食肉，鶏卵，家禽も大量に輸出している。オランダ農業から日本が学ぶものは多い。

5　強い経済を支える優れたインフラ

この国の強い経済を理解する上で，「国の基幹的競争力」とされる優れた物流インフラは見逃せない。オランダは，内陸水路交通の発達したヨーロッパにおいて3つの大河，ライン川，マース川，スヘルデ川の河口にあり，またヨーロッパの主要市場まで半径500km範囲内というヨーロッパ大陸の中央に位置しているため，物流産業の立地には極めて恵まれている。オランダはこの地勢的優位性を最大限に生かすため，国を挙げて世界でも有数の物流インフラを構築し，ヨーロッパ最強の物流産業を築きあげている。

5-1　評価の高いスキポール空港

アムステルダム近郊にあるスキポール空港は，機能的で利用しやすいとの定評がある。発着回数はヨーロッパ3位，乗降客数はヨーロッパ4位，貨物取扱量はヨーロッパ3位で，空港ランキングで常に上位にある。[28] スキポール空港には，滑走路が6本（うち1本は小型機用）もある。

スキポール空港はオランダ国鉄の駅と直結しており，ブリュッセルを経由してパリに3時間で行く超特急列車タリスもこの空港駅から利用できる。アムステルダムのビジネスの中心地，ワールド・トレード・センター駅までは1駅で，所要時間はたったの7分足らずである。インフラ整備を常に推進しているオランダでは，現行の6本の滑走路に加え，更にもう1本の増設計画

5-2 ヨーロッパ最大の港湾ロッテルダム

　ロッテルダム港は，大河マース川とライン川の河口に位置し，東西40Kmにも渡るヨーロッパ最大の港湾であり，ヨーロッパの物流の玄関口である。2006年のコンテナ取扱量は，ヨーロッパでは最大であり，世界でも7位にランクされている。[29]

　世界中からの貨物が，同港で積み換えられ，陸路あるいは内陸水路（河川水路，運河）経由でヨーロッパ中に輸送されている。ヨーロッパでは河川，運河といった内陸水路網が重要な輸送ルートとして整備され幅広い地域をカバーしているため，ロッテルダムからヨーロッパ各地へ大型バージ船で大量の荷物を効率よく輸送できる。この内陸水路網を利用して，スイスや遠く黒海沿岸まで水上輸送が可能なのである。オランダの内陸航行船の数は世界最大で，EU域内水上輸送のおよそ40％をオランダの運送業者が担っている。[30]

　ロッテルダム港では，その優位性をさらに強化するため，2000ヘクタールの大規模拡張工事「マースフラクテ2プロジェクト」が進行中であり，これにより次世代の喫水の深い超大型スーパータンカーの入港が可能になる予定である。

5-3 全国に張り巡らされている無料高速道路網

　陸上輸送についても物流の効率性を重視した合理的なインフラが全土に構築されている。無料の高速道路網は全国に張り巡らされ，大型貨物トラックがヨーロッパ各国との間を引切り無しに往復している。日本に比ベトラックのサイズが大きく，その走行スピードも速く，効率の違いは一目瞭然である。オランダ企業は水上輸送と同様に陸上輸送にも強く，EU域内において陸上輸送の25％のシェアを持っている。[31]

5-4 見直されている鉄道輸送

　オランダの鉄道システムはヨーロッパの鉄道網と完全に統合されており，近隣諸国だけではなく，中欧，東欧，独立国家共同体（CIS）全域まで鉄道

輸送が可能である。2007年にはロッテルダムとドイツを結ぶベートゥウェ貨物専用線が新設されるなど鉄道貨物輸送のインフラも引き続き強化中である。

5-5 強みを更に強化するオランダ

オランダの優れた物流インフラは，海外の物流企業をオランダに集積させる要因になっているとともに，メーカー各社がヨーロッパのロジスティック拠点をオランダに設置する理由にもなっている。オランダの，空港，港湾，道路網，鉄道などの物流インフラは現状でもいずれも競争力ある抜きん出たものだが，オランダは，この優位性に安住することなく，長期的観点から将来を見据え，更にその強みを強化し，欧州の中で経済的地位をより強固なものにしようとしている。

6 ワークシェアリングで豊かな生活

オランダは，ワークシェアリングのモデルと言われることが多い。オランダのワークシェアリングと，その労働環境について紹介することにしたい。

6-1 ワークシェアリングの実態

70年代後半から80年代前半にかけてのオランダ病と言われる深刻な不況を克服するため，政労使が1982年に有名な「ワッセナー合意」にこぎつけた。労組は賃金抑制を受け入れ，経営側は雇用確保の努力を約束し，政府は減税と財政支出抑制を推進することがその合意の内容であった。この合意を契機に，政労使は一致協力して，女性の労働市場への参加とパートタイム労働の拡大に努めた。このワッセナー合意を経て，女性が働く環境が整備されたので，90年代のサービス産業の発展とあいまって，パートタイム方式での女性の職場進出が急速に進むことになった。2006年時点では女性の就労者に占める比率は45％で，その約75％をパートタイム労働者が占めている。[32]

女性がパートタイムで働くことが当たり前になった結果，オランダの家庭では夫がフルタイム，妻がパートタイムで家計を維持する形が一般的になっており，これは「1.5人稼ぎ手モデル」と言われる。この1.5人稼ぎ手モデルで，オランダの家庭は豊かな生活を維持しているのである。

「オランダのワークシェアリング」の実態は，以上述べたようなパートタイム労働の普及のことであり，決してすでにあるフルタイム労働を複数の労働者に分割するようなことではない。

6-2　パートタイム労働者は正社員

オランダのパートタイムは，日本のそれと大きく異なる。90年代にパートタイム労働が増えるに伴い，パートタイム労働者の権利を強化する先進的な諸制度が整備された。なおオランダでは，週35時間未満の労働時間の労働者がパートタイム労働者と定義されている。96年にはパートタイムとフルタイムの待遇の差別が解消され，労働時間当たりの待遇が均等になった。賃金，休暇，年金は労働時間当たり平等になり，失業保険，労災保険なども同様に適用されることになった。オランダでは，パートタイム労働者は，正社員としての権利が保障されているのである。

さらに2000年には，フルタイムからパートタイムへ，あるいはパートタイムからフルタイムに移行することが労働者の権利として認められた。OECDが17カ国を対象に行った調査では，2003年時点で，オランダのフルタイム賃金に対するパートタイム賃金の比率は92%で，ほとんど差がないと言えるが，日本は48%と格差が大きく，17カ国中最低である。[33]

6-3　手厚い社会保障

オランダの社会保障は手厚い。手厚すぎるオランダの社会保障制度は，現在では財政上の大きな負担として問題化しており，現政権のバルケネンデ（Balkenende, J. P.）内閣は，これの抜本的な改革に取り組んでいる。

行き過ぎた社会保障制度の代表的なものに，就労不能者への所得保障がある。2005年までは，心身の障害により長期間働けない場合には，就労不能者保険（WAO）で所得補償が行われていた。この制度を悪用するものが多く，700万人前後の就労者に対して受給者は100万人近くに上り，「かくも多くの人々が労働能力のない国があろうか」と大きな問題になった。2006年から就労不能保険（WAO）に替わり「就労能力に応じた雇用と所得に関する法律（WIA）」が施行され，労働能力に応じて就労が促されることになった。

徐々に受給者は減少しているが、2007年時点で750万人の就労者に対して受給者はまだ82万人いる。[34] 就労不能と判断された場合の給付は平均収入の75％で、年間45,017ユーロ（1ユーロ130円換算で585万円！）を上限として65歳まで支給される。[35]

失業手当は、2005年までは最長5年間支給されたが、2006年の改定により、3年に短縮された。失業後2カ月間の失業手当は従前賃金の75％で、3カ月目以降は70％になる。[36]

オランダの公的年金（AOW）は65歳から支給され、金額は最低賃金の70％である。公的年金に企業年金を合わせ、25歳から65歳まで勤務した場合には、最終給与の70％水準になるような設計が推奨されている。[37]

6-4　進出企業を悩ます労働問題

オランダのJCCは、毎年会員企業から、オランダ政府への要望事項を聴取しているが、会員企業の要望は労働問題に関するものが最も多い。日系企業が頭を悩ましている労働問題が3つある。

第1は病欠率が高いことである。筆者が駐在していた当時、オランダの全国平均の病欠率は約5％であった。帝人グループのオランダの子会社は工場を2つ持っていたが、5～7％の病欠率であり、日系企業の中には10％程度の病欠率の会社もあった。オランダでは、病気による欠勤は、年次有給休暇とは別に権利として認められている。この病欠の認定が甘く、医師が休む必要を認めさえすれば、従業員は簡単に休める。人の尊厳とプライバシーを重んじる国柄なので、企業は医師に病気について問い合わせることはできない。サッカーの試合当日に、病欠者が数万人増えたこともあったと言う。病欠率を見込んで従業員を雇う必要があるので、その分コストが高くつく。

第2は、解雇条件が厳しく、業績、勤務態度の悪い社員の解雇も難しいことである。そのうえ、解雇手続きが煩雑で、裁判所の判断を待たなければならない。

第3は、リストラなどやむを得ない解雇に際しての解雇補償金が近隣諸国に比較し、突出して高いことである。リストラの際の高い解雇補償金を知っ

て，リストラ対象外の職場の従業員が，リストラ対象に加えてほしいと要望するということが現実にあった。

6-5 問題は政労使で徹底的に話合う

オランダでは政労使の中央協議体制が確立し成果を上げている。国内外の社会経済政策に関して協議し政府に答申する諮問機関「社会経済評議会（SER）」があり，政労使が均等に11名ずつ代表を出している。1982年ハーグ近郊の高級住宅地ワッセナーで合意されたオランダ病克服のための処方箋「ワッセナー合意」はこの評議会の偉大な成果であった。

またオランダ経済がユーロ圏の中で最悪の状況にあった2003年には，オランダ経済の立て直しのため評議会は，向こう２年間の賃金凍結を合意した。その大胆な合意内容と評議会のリーダーシップに，強い印象を受けたものである。この評議会の存在感は大きく，その動向はしばしばマスコミで報道され，ここで合意された政府への答申案はほとんどが多少の修正はあっても法律になるという。

6-6 高い幸福度

オランダは，国民が満足感や幸福感を感じている割合が他の先進諸国に比較して高い。やや古いが2000年に行った幸福度の国際比較調査では幸せと感じるオランダ人の比率は95.1％（非常に幸せ45.8％，幸せ49.3％）で，アイスランド，アイルランド，カナダに次ぎ世界４位で，米英独仏等の主要西欧先進諸国より高かった。[38]

2005年に産業経済局長 H. J. グローネンディック氏も「ヨーロッパ全体を対象とした調査ではオランダ人の生活満足度が高かった」と述べている。[39] 幸福感には，様々な要素が影響を与えると思われるが，社会のセーフティネットが手厚く整備され生活の不安が少ないことが，幸福感の何よりの前提であろう。

退職時給与の70％水準がモデルとされる手厚い年金制度のおかげで，老後の経済的心配はない。子供が自立した後は，自分のライフスタイルを保ちつつ自律的な生活を続ける人が多い。18歳以上の子供が親と同居している割

合の国際比較調査（対象58カ国）では，オランダの同居率が一番低い。[40]

医療制度は整備されており，人口千人当たりの医師数は3.8人と，OECD諸国の中で3番目に多い（日本は2.1人で，27位）。[41] これを反映し平均寿命は79.3歳で，日本には及ばないものの長寿国である（調査対象177カ国中16位，日本は82.3歳で1位）。[42]

自殺率は，西欧先進国の中では低く日本の半分以下である（10万人中9.3人。日本は23.7人）。[43] 耐えがたい病になった場合には，安楽死も認められている。

所得格差も小さい。OECDが所得格差の大きさを示すジニ係数を26カ国について調査した結果では，オランダは0.251で，デンマーク，スウェーデンに次いでジニ係数が小さい。日本は0.314で16位である。[44]

7　おわりに

日本より半歩前を歩いているオランダの姿を種々紹介してきたが，オランダの発展は，異文化を取り込む能力と，変化を力の源泉に転じる能力によってもたらされているように見える。

7-1　異文化との出会がもたらすもの

オランダの発展を理解するうえで，「異文化との出会い」がこの国にもたらした影響を無視することはできない。歴史的にオランダは，差別され国を追われた人々，すなわち異文化を持つ流入者を受入れ，それをバネに発展してきた。

フランスで迫害されたユグノー派（新教徒）は，17世紀に技術と資本を携え流入し，オランダが大繊維工業を起こす礎を築いた。スペインの圧政を嫌いフランドル（ベルギー北部）から逃れてきた難民は，16～17世紀のライデン市を欧州随一の高級毛織物の産地にした。

スペイン，ポルトガルを追放されたユダヤ人は，16～17世紀に進んだ商業知識と資本を携えアムステルダムに流入し，一漁村に過ぎなかったアムステルダムをヨーロッパ第1の国際貿易港に成長させた。通商と金融に秀でたユ

ダヤ人は，オランダが「黄金の17世紀」を築くうえで，重要な役割を果たした。

　異文化が出会うはところには，新たなエネルギーが生まれ，革新を生む土壌が形成されると言われるが，オランダの歴史は，異文化との出会いの成果と意義を実証しているように見える。

　このような歴史を持つオランダ人は，外国人差別をせず，異文化に胸襟を開き，異文化との出会いをエネルギーにし，革新を続け，先進国の中でも半歩先を歩いているように見える。

7-2　変化を力の源泉に

　オランダ人は変化をチャンスと捉える。前述の異文化との出会いも変化をチャンスに転じている例と言えよう。オランダは国も企業もリーダーが勇気をふるって変化に挑戦し，変化を新たな価値を生む機会にすべく取り組んでいる。

　オフンダが変化への対応力を国の強みとし，誇りにしていることをベアトリックス女王のスピーチに見ることができる。ベアトリックス女王は，国会で玉座より「オランダの力は，変化する能力にある。今オランダ人の力が試されている（2005年）」「変化こそ力の源泉だ。変化と革新の能力が未来の成功に欠かせない（2007年）」とオランダ国民がその強みを再認識し，それを発揮するよう国民を鼓舞している。

　国民が敬愛してやまない女王が，変化への挑戦を国の強みとして誇り，変化を恐れず，変化をチャンスにするよう国民に呼び掛ける国柄であり，国民も進取の気性に富んでいるうえ，利に聡いから，国も企業も変化に前向きにスピーディに対応できるのであろう。その結果，先進国の中でも，半歩先を歩いているように見えるのであろう。

　変化が激しい時代，羅針盤のない時代と言われるが，オランダは，半歩先を歩み，日本が進む道を示唆しているようだ。

注
1) 欧州日本商工会議所連絡会議資料，2007年6月。
2) 国際比較統計「一人当たりのGDP（上位60）」㈶国際貿易投資研究所。
3) World Competitiveness Yearbook, *International Institute for Management Development.*
4) *The Global Competitiveness Report 2007-2008*, World Economic Forum.
5) 「世界50カ国・地域潜在力調査」(2008)，㈳日本経済研究センター。
6) 国際比較統計「世界各国の対外直接投資残高（上位60）」，㈶国際貿易投資研究所。
7) 「輸出額推移，輸入額推移」『世界統計白書2008年版』木本書店，および「貿易依存度」『世界の統計2009』総務省統計局。
8) オランダ大使館HP「農業」。
9) Natural Gas-Reserves, Production, Consumption (2005)，『国際比較統計集』(2007)㈶経済広報センター。
10) 礪波亜希「プリンシェスダッハ」，JCC「かわら版」2008年11／12月。
11) Rietbergen, P. S. (2006) *A Short History of the Netherlands*, Bekking & Blitz Uitgevers b. v., p.180.
12) オランダ経済省企業誘致局HP「労働事情」。
13) 長坂（2000），85頁。
14) *The Economist*, April, 2009, p.52.
15) モーリス・ブロール著・西村六郎訳（1994）『オランダ史』文庫クセジュ，139頁。
16) *Commitment to Development Index 2008*, Center for Global Development.
17) 在蘭アメリカ商工会議所HP。
18) 前掲，注6。
19) 在オランダ日本大使館作成「オランダ経済等の概要」オランダに対する直接投資より。
20) DSM HP。
21) Akzo Nobel HP。
22) 『対日直接投資の現状』平成20年1月，内閣府。
23) 同上。
24) 前掲，注6。
25) 「OECD加盟国の労働生産性比較」『労働生産性の国際比較・2007年版』㈶社会経済生産性本部。
26) オランダ大使館HP「経済」。

27)「製造業の名目労働生産性水準」『労働生産性の国際比較・2007年版』㈶社会経済生産性本部。
28) 世界の空港発着回数・乗降客数・貨物取扱量ランキング，Airport Council。
29)「世界の港湾のコンテナ取扱数ランキング（2006年）」『海事レポート』（平成19年版）。
30) 在日オランダ大使館HP「運輸と治水」。
31) 同上。
32) 在蘭アメリカ商工会議所HP「2008 Investors' Agenda of Priority Points」。
33) Taxing Wages 2004/2005 2005 Edition, OECD.
34) 受給者数はオランダ社会・雇用省HP，就労者数はオランダ統計局HPより。
35) 吉川文子「病欠から就労不能まで」JCC「かわら版」2007年11／12月。
36)「最近の海外労働事情オランダ」 2006年12月，労働政策研究・研修機構。
37) 吉川文子「オランダの年金制度」JCC「かわら版」2007年11／12月。
38)「幸福度の国際比較」『世界60カ国価値観データブック』（2000），電通総研・日本リサーチセンター編。
39) 参議院HP，国際関係，重要事項調査議員団（第2班）報告書。
40)「親と同居比率の国際比較」『世界60カ国価値観データブック』（2000年），前掲。
41) 医師数・看護師数の国際比較（OECD諸国2006年），OECD Health Data 2008。
42)「平均年齢とその世界ランキング」『人間開発報告書 2007／2008』UNPD。
43)「自殺率の国際比較」WHO（2009年段階で最も新しい各国のデータ）。
44)「所得格差の国際比較（OECD諸国）」OECD Factbook 2006。

参考文献

Braure, M.（1974）*Histoire des Pays-Bas*, Presses Universitaires de France（西村六郎訳『オランダ史』白水社，1994年）。
ジャネット・あかね・シャボット（1995）『自ら死を選ぶ権利』徳間書店。
倉部誠（1999）『物語 オランダ人』文藝春秋。
長坂寿久（2000）『オランダモデル』日本経済新聞社。
永積昭（2000）『オランダ東インド会社』講談社。
根本孝（2002）『ワークシェアリング』ビジネス社。
岡崎久彦（1999）『繁栄と衰退と』文藝春秋。
太田和敬・見原礼子（2006）『オランダ 寛容の国の改革と模索』子どもの未来社。
Resch, M.（2004）*Only in Holland, Only the Dutch*, Rozenberg Publishers.
Rietbergen, P. J.（2006）*A Short History of the Netherlands*, Bekking & Uitgevers

b. v.
リヒテルズ直子（2004）『オランダの教育』平凡社。
リヒテルズ直子（2008）『残業ゼロ授業料ゼロで豊かな国オランダ』光文社。
司馬遼太郎（1994）『オランダ紀行』朝日新聞社。
Studder, C.（2000）*Bridging the Ocean*, Dujat（WTC Tokyo, Miki Yoshida 訳『大洋を超えて』Dujat，2000年）.
田口一夫（2002）『ニシンが築いた国オランダ』成山堂書店。
在蘭日本人商工会議所機関誌（2004）『かわら版』 1 月～12月。

あとがき

　本書を最後までお読みいただいた読者の皆様に心より御礼を申し上げたい。本書が皆様のお役に立つことができたのなら，望外の幸せである。
　異文化経営学会は2010年3月で7周年を迎えることとなる。2003年3月に設立した当時，ここまで発展するとは正直言って予想していなかった。当時，私は立教大学で異文化経営論に関する授業を1コマ持っていたが，それが終わるに当たり，受講生の一人であった高橋俊一氏（現在，立教大学助教）と勉強会を続けてはどうか，という話になり，有志に声をかけたところ，林倬史（立教大学）教授と谷口洋志（中央大学）教授が賛同された。以上の4人を発起人として2月に初めての会合を持ち，その1カ月後に30数名の方々とともに，設立総会を開いた。まったく先の見えない航海に船出する思いであったが，「様々な文化的背景を持つ人々が協働するビジネスと社会の実現」という松明の燈火は煌々と燃えさかっていた。その光明のもとに多くの方々が集い，協力の手を差し伸べてくださって今日に至ったのである。この間，異文化経営研究会は，2005年に異文化経営学会と名称を改め，その後，経営関連学会協議会のメンバーとなり，日本学術会議の協力学術研究団体の認定も受けることができた。会員数も現在では300名弱に増加している。当学会の学会誌である「異文化経営研究」も第6号まで発刊することができた。年3回行う研究会も極めて活発である。はじめの数年は，招待講演者による報告と質疑を中心としていたが，第18回研究会からは，公募により発表者を募ることとなり，会員の方々の経験や研究の成果を共有し議論する実践の場が活性化することになった。このような発展を遂げることができたのも，会員の方々をはじめ，多くの方々のご支援の賜物である。
　そこで，本書の終わりにあたり，お世話になった方々に御礼を申し上げた

い。まずは共に発起人となってくださり，現在も役員を務めてくださる林倬史教授，谷口洋志教授，高橋俊一助教に感謝申し上げる。また役員として支えてくださっている浅川和宏（慶應義塾大学大学院）教授，臼井哲也（日本大学）専任講師，大石芳裕（明治大学）教授，太田正孝（早稲田大学）教授，大平浩二（明治学院大学）教授，小野豊和（東海大学）教授，桑名義晴（桜美林大学）教授，小林征雄（日本在外企業協会）専務理事，桜井秀子（中央大学）教授，横舘久宣（エイチ・ワイ・コミュニケーションズ）代表，間島輝利（日本在外企業協会）広報部長，矢野冬生（日本在外企業協会）常務理事，劉炳燮氏（桜美林大学大学院），安本佑氏，さらに役員を退任された宮原正雄氏，渡辺和雄氏，石原靖也氏に，心より御礼を申し上げたい。また，顧問である江夏健一（早稲田大学）名誉教授，John Stopford（ロンドン・ビジネス・スクール）名誉教授，Fons Trompenaars（THT）マネージングダイレクター，橘・フクシマ・咲江（日本コーン・フェリー・インターナショナル）代表取締役会長にも衷心より御礼を申し上げたい。

　本学会はすでに21回の研究会を積み重ねてきたが，実に様々の研究者と実務家の方々にご報告をいただいた。学界からは（以下，所属と役職は報告当時），高巌（麗澤大学）教授，林吉郎（青山学院大学大学院）教授，佐久間賢（中央大学）教授，永井裕久（筑波大学大学院）教授，白木三秀（早稲田大学）教授，花田光世（慶應義塾大学）教授，安室憲一（兵庫県立大学）教授，有村貞則（山口大学）教授，シュルンツェ・ロルフ（立命館大学）教授，井川紀道氏（日本大学大学院）教授，納富信留（慶應義塾大学）教授などが，各分野の専門家として最新の研究の発表をされた。また実業界からは（以下，所属と役職は報告当時），根津利三郎（富士通総研経済研究所）常務理事，奥井俊史（ハーレーダビッドソンジャパン）代表取締役，常盤文克（花王）前会長，塙義一（日産自動車）名誉会長，船川淳志（グローバルインパクト）代表パートナー，桂木明夫（リーマン・ブラザース証券会社）在日代表，駒崎弘樹（NPO法人フローレンス）代表理事，奥山紘史（日本電気）顧問，東久保和雄（資生堂）執行役員，大槻紀夫（帝人グループ）顧問など，グ

ローバル・ビジネスの最前線でリーダーシップを発揮された著名な方々が実践に裏打ちされた迫力のあるお話を聞かせて下さった。このようにそれぞれの研究会では必ず，研究者と実務家の双方からご報告をいただいたため，理論と実践の両面から，また様々な角度から，異文化経営を論じ，理解を深めることができた。さらに，実務の傍ら，研究に勤しむ方々や若手の研究者も報告を行ない，厳しいコメントや質疑を経験したが，このことはさらなる飛躍のきっかけとなったに違いない。その他，コメンテーターとして鋭い指摘をしてくださった方々にも感謝している。紙幅の関係上，全員のお名前を記すことはできないが，すべての報告者とコメンテーターの方々に厚く御礼を申し上げる次第である。

　最後になるが，当学会の趣旨に賛同され，ご支援くださる会員の皆様に，心より感謝申し上げたい。また，本書をお読みになり，当学会にご興味を持たれた方は，ホームページ http://www.ibunkakeiei.com をご参照の上，ご連絡いただきたい。

　　異なる価値観の人々が共に平和に暮らす世界の実現を祈りつつ

　　　　　　　　　　　　　　異文化経営学会 会長　馬越 恵美子

索　引

あ行

アーキテクチャ……………………165
アクゾー・ノーベル………………296
浅川和宏………………………………15
アドラー（Adler, N. J.）…………12, 32
RHRD施策…………………………251
EMS（受託生産）…………………158
イスラーム…………………………269
イスラーム的経営……………269, 274
イスラーム的社会企業……………282
イトーヨーカ堂………………175, 186
異文化インターフェイス管理………12
異文化経営………… i, ii, 26, 158, 202, 287
異文化経営学会………………iii, 3, 4, 310
異文化コンテクスト・マネジメント……58
異文化シナジー………………12, 21, 31
異文化マネジメント…………………46
異文化マネジャー……………………40
異分野融合型組織能力………………76
e-Work………………………………216
AGLCモデル………………………129
エスノセントリズム………………163
エスノセントリック…………………27
オランダ……………………………287

か行

外国人社長…………………………139
花王……………………………………83

環境適合型コンピテンシー………123
関係重視型経営………………269, 283
企業文化力……………………234, 241
境界のマネジメント…………………78
グローバル…………………………164
グローバル企業………………………21
グローバル・コミュニケーション……28
グローバル人材開発………………251
グローバル人材開発施策…………251
グローバル戦略……………………158
グローバル・プレイヤー…………226
グローバル・マネジメント人材……153
グローバル・リーダーシップ・コンピテンシー（Global Leadership Competency）…119
グローバル・ローカル・トレードオフ
　…………………………………47, 48, 49
化粧品文化…………………………220
ゲマワット（Ghemawat, P.）………96, 97
高コンテクスト文化……………10, 29
高齢者雇用…………………………218
コカコーラ……………………………98
コーポレート・ガバナンス………294
コンテクスト・マネジメント………57

さ行

ザカート……………………………281
サムスン電子………………………113
CAGE…………………………………97
GHRD施策…………………………251

313

GLC……………………………………119	林吉郎………………………………12
資生堂……………………………220, 224	ハリス（Harris, P. R.）………………33
ズーカル（Zucal, B.）……………………122	フェアウェザー（Fayerweather, J.）……46
スーパーバイザリー・ボード…………294	船川淳志………………………………17
スペンサー・スペンサー (Spencer, L. M. and Spencer, S. M.)…119	普遍的視点……………………………14
	フラット化………………………157, 169
制度化理論……………………………52	文化相対的視点………………………14
た 行	文化的多様性……………………72, 83
	文化変容………………………………50
第一生命保険相互会社……………175, 191	ホフスティード（Hofstede, G.）……6, 104
ダイバーシティ・コンピテンシー……128	ホール（Hall, E. T.）……………10, 29
ダイバーシティ・マネジメント ………………………5, 175, 178, 202	ホルト（Holt, D. B.）…………………110
	本社インサイダー化…………………254
多文化主義……………………………46	本社のグローバル化…………………136
知識創造………………………65, 67, 72	**ま 行**
超文化経営……………………………110	
低コンテクスト文化………………10, 29	マインドウェア………………………16
帝人グループ…………………………303	松下幸之助……………………………203
テーラー………………………………158	松下電器………………………………203
テレワーク……………………………216	メタナショナル化……………………45
同型化………………………………53, 56	メタ認知理論…………………………131
トマス（Thomas, Jr., R. R.）……………176	モダニズム……………………………159
Transcultural Management Society (TMS)…4	モダン・マネジメント……………161, 163
トランペナーズ（Trompenaars, F.）………8	モーラン（Moran, T.）…………………33
な 行	**ら 行**
ナレッジ………………………………168	リージョナル人材開発施策……………251
日本（アジア）発 GHRD 施策…………252	労働契約法……………………………148
日本人派遣者………………………144, 153	ローカル………………………………164
ネスレ…………………………………98	ローラン（Laurent, A.）………………23
は 行	**わ 行**
バイリンガル・コンピタンス…………255	ワークシェアリング…………………301
萩原工業……………………………234, 235	ワーク・ライフ・バランス……………195
パナソニック………………………202, 203	

▰ 執筆者一覧（執筆順）

馬越恵美子　（編著者紹介参照）第1章

桑名　義晴　（編著者紹介参照）第2章

太田　正孝　（早稲田大学）第3章

林　　倬史　（国士舘大学）第4章

大石　芳裕　（明治大学）第5章

永井　裕久　（筑波大学）第6章

白木　三秀　（早稲田大学）第7章

安室　憲一　（大阪商業大学）第8章

有村　貞則　（山口大学）第9章

小野　豊和　（東海大学）第10章第1〜3節

中村　好伸　（パナソニック株式会社）第10章第4節

東久保和雄　（元・株式会社資生堂）第11章

萩原　邦章　（萩原工業株式会社）第12章

松田　豊弘　（三菱商事株式会社）第13章

櫻井　秀子　（中央大学）第14章

大槻　紀夫　（元・帝人株式会社）第15章

▨編著者紹介

馬越　恵美子（まごし　えみこ）
上智大学外国語学部卒業，慶應義塾大学大学院経済学研究科修士課程修了，同博士課程単位取得退学。博士（学術）（東亜大学）。
同時通訳，東京純心女子大学教授を経て，現在，桜美林大学経済経営学系教授，筑波大学客員教授，異文化経営学会会長，東京都労働委員会公益委員。
主著
『異文化経営論の展開』（学文社，2000年）（戦略経営協会・アンゾフ・アウォード特別文献賞受賞）
"Diversity Management and the Effects on Employees' Organizational Commitment : Evidence from Japan and Korea," *Journal of World Business*, Vol. 44, No. 1, January 2009（共著，国際ビジネス研究学会・学会賞受賞）

桑名　義晴（くわな　よしはる）
駒澤大学経済学部卒業，駒澤大学大学院商学研究科博士課程修了。
千葉商科大学商経学部教授，フロリダ大学客員研究員，レディング大学客員研究員などを経て，現在，桜美林大学大学院経営学研究科教授，早稲田大学大学院商学研究科非常勤講師，異文化経営学会理事，国際ビジネス研究学会常任理事。
主著・訳書
『新版　理論とケースで学ぶ国際ビジネス』（共編著，同文舘出版，2006年）
『国際ビジネス研究の新潮流』（共編著，中央経済社，2008年）
『異文化組織のマネジメント』（共監訳，マグロウヒル，1992年）
『国際ビジネス・エコノミクス』（共監訳，文眞堂，2005年）

▨**異文化経営の世界**
――その理論と実践――

〈検印省略〉

▨発行日――2010年3月28日　初版発行
　　　　　　2013年3月28日　初版2刷発行
▨編著者――馬越　恵美子・桑名　義晴
▨著　者――異文化経営学会
▨発行者――大矢栄一郎
▨発行日――株式会社　白桃書房

〒101-0021　東京都千代田区外神田5-1-15
☎03-3836-4781　📠03-3836-9370　振替00100-4-20792
http://www.hakutou.co.jp/

▨印刷・製本――松澤印刷
© Emiko Magoshi, Yoshiharu Kuwana, Transcultural Management Society 2010
Printed in Japan
ISBN 978-4-561-26532-0 C3034

本書のコピー，スキャン，デジタル化等の無断複製は著作権法上での例外を除き禁じられています。本書を代行業者等の第三者に依頼してスキャンやデジタル化することは，たとえ個人や家庭内での利用であっても著作権法上認められておりません。

JCOPY 〈（社）出版者著作権管理機構　委託出版物〉
本書の無断複写は著作権法上での例外を除き禁じられています。複写される場合は，そのつど事前に，（社）出版者著作権管理機構（電話03-3513-6969，FAX 03-3513-6979，e-mail : info@jcopy.co.jp）の許諾を得てください。

落丁本・乱丁本はおとりかえいたします。

安室憲一【編著】
新グローバル経営論

活動拠点が地球規模で分散配置され，相互に連携しあうグローバル経営。各国市場への適応，全世界でのオペレーション効率とイノベーションの追求，新しい知の創出。これらの経営課題にどのように対応すべきかを明らかにする。

ISBN978-4-561-26466-8　C3034　A5判　324頁　本体3500円

株式会社
白桃書房

（表示価格には別途消費税がかかります）

大石芳裕【編】グローバル・マーケティング研究会【著】
日本企業のグローバル・マーケティング

グローバル市場で生き残るのは誰なのか。(1)現実を直視する, (2)実務家に役立つ, (3)学生の興味を喚起することを意識し, はじめに定義と分析枠組みを設定した上で, 日本企業 10 社のマーケティング戦略を収めた事例集。

ISBN978-4-561-65177-2　C3063　A5 判　274 頁　本体 2800 円

株式会社
白桃書房

（表示価格には別途消費税がかかります）

好 評 書

安室憲一【編著】
地球環境時代の国際経営 本体 3,200 円

大石芳裕【編著】
グローバル・ブランド管理 本体 3,300 円

矢作敏行・関根孝・鍾淑玲・畢滔滔【著】
発展する中国の流通 本体 3,800 円

高橋浩夫【著】
グローバル企業のトップマネジメント 本体 2,500 円
　　―本社の戦略的要件とグローバルリーダーの育成

山口隆英【著】
多国籍企業の組織能力 本体 3,400 円
　　―日本のマザー工場システム

古沢昌之【著】
グローバル人的資源管理論 本体 3,600 円
　　―「規範的統合」と「制度的統合」による人材マネジメント

稲垣京輔【著】
イタリアの起業家ネットワーク 本体 3,600 円
　　―産業集積プロセスとしてのスピンオフの連鎖

折橋伸哉【著】
海外拠点の創発的事業展開 本体 2,800 円
　　―トヨタのオーストラリア・タイ・トルコの事例研究

岩谷昌樹【著】
トピックスから捉える国際ビジネス 本体 2,600 円

―――― 東京　**白桃書房**　神田 ――――

本広告の価格は本体価格です。別途消費税が加算されます。